THOMAS GOTTSCHALK

HERBSTBUNT

Wer nur alt wird,
aber nicht klüger,
ist schön blöd

WILHELM HEYNE VERLAG
MÜNCHEN

Sollte diese Publikation Links auf Webseiten Dritter enthalten,
so übernehmen wir für deren Inhalte keine Haftung,
da wir uns diese nicht zu eigen machen, sondern lediglich auf deren
Stand zum Zeitpunkt der Erstveröffentlichung verweisen.

Penguin Random House Verlagsgruppe FSC® N001967

Taschenbucherstausgabe 05/2022

Copyright © 2019 by Wilhelm Heyne Verlag, München,
in der Penguin Random House Verlagsgruppe GmbH,
Neumarkter Straße 28, 81673 München
Umschlaggestaltung: Hauptmann & Kompanie Werbeagentur, Zürich
Coverfoto: Susanne Krauss, München
Satz: Schaber Datentechnik, Austria
Druck: GGP Media GmbH, Pößneck
Printed in Germany

ISBN: 978-3-453-60626-5

www.heyne.de

»Life is what happens to you
while you are busy making other plans.«

John Lennon

INHALT

LIFE IN THE FAST LANE

The Eagles

Ein Leben auf der Überholspur schien mir immer das passende Daseinskonzept für mich zu sein. Ich habe die Kriechspur irgendwann voller Ungeduld verlassen, nicht weil ich mich für was Besseres hielt, sondern weil es mir dort einfach zu langsam voranging. Wann das war, weiß ich nicht mehr. Während meiner Ausbildung sicher nicht, denn in der Schule und auf der Uni gehörte ich eher zu denen, die hinterherhinkten. Sobald ich aber meinen Platz hinter dem Mikrofon beziehungsweise vor der Kamera gefunden hatte, wusste ich, wo ich im Leben hingehörte, und war mir meiner Sache so sicher, dass ich mir im Rückblick fast eine gewisse Arroganz eingestehen muss. Das wurde mir aber erst klar, als mir im letzten Drittel meiner Reise nach meinem beruflichen auch mein privates Leben um die Ohren flog.

Um im Bild zu bleiben: Ich war immer auf Autopilot unterwegs. Ich bin nie in dunkle Seitenstraßen eingebogen, habe mich selten verfahren und war immer auf der breiten Autobahn unterwegs. Klar, es gab auch in meinem Leben die eine oder andere Baustelle, von kleineren Pannen blieb auch ich nicht verschont, aber wenn ich im Stau vom Gas musste, habe ich einfach die Musik lauter gedreht. Bekümmert hat mich das alles nicht. Ich war immer gut unterwegs und habe aus meiner

Nobelkarosse fröhlich in die Kleinwagen gegrüßt, an denen ich vorbeizog. Meistens wurde zurückgewinkt.

Aber wie das mit Reisen so ist: Irgendwann sind sie zu Ende. Man hat das Ziel vor Augen, es droht der Augenblick, in dem es gilt anzukommen. Die philosophische Lebensbetrachtung des Konfuzius, wonach der Weg das Ziel ist, hilft irgendwann auch nicht weiter. Das erste Hinweisschild »Ende der ausgebauten Strecke« muss ich übersehen haben. Erst als die Fahrbahn holprig wurde, ist mir aufgefallen, dass ich den Großteil meiner Reise hinter mir hatte und es nicht mehr viele Ausfahrten geben würde, bevor die roten Lichter blinkten: Ende der Fahrbahn.

Da bin ich doch ziemlich erschrocken.

Mit *Herbstbunt* wollte ich mir und meinen Lesern beweisen, dass *Herbstblond* nicht die letzte Jahreszeit eines, zumindest nicht meines Lebens sein muss. Ich weiß, dass ich auf dieser Reise nicht alleine unterwegs bin. Eine große Anzahl von Zeitgenossen hat mir bestätigt, dass sie genauso ratlos aus dem Fenster blicken und fasziniert zuschauen, wie draußen die Zeit vorbeifliegt. Wir sind die Generation, die ohne Navigation unterwegs war. Uns hat keine Computerstimme gesagt, wie es weitergeht. Wir haben im *Shell Atlas* gesucht, wo's lang ging, und Umwege in Kauf genommen, nur weil die Landschaft schöner war. Wir konnten es uns leisten zu trödeln, der Hintermann nervte nicht ständig mit der Lichthupe. Wir verpesteten mit unseren Karren die Umwelt und hatten nicht mal Schuldgefühle. Das Motto des mutigen Dieselfahrers war »Lieber tot als Schwung verlieren«, und »Vorglühen« gehörte zum Autofahren wie überquellende Aschenbecher und angelaufene Scheiben.

Das erschien uns alles normal und richtig. Elektroautos und Carsharing kamen nicht mal in Zukunftsfilmen vor. »Blond«

stand für naiv, und auch meine Lebensbeschreibung in *Herbstblond* steht im Rückblick nicht für Altersweisheit. *Herbstbunt* soll meine Erkenntnis beschreiben, dass ein Leben nicht im Grau und schon gar nicht im Grauen enden muss.

Ich habe mir mit diesem Buch ein paar Jahre Zeit gelassen und das Ende nicht gekannt, als ich angefangen habe, es zu schreiben. Deswegen sind manche Dinge heute nicht mehr so, wie ich sie beschrieben habe. Die Wirklichkeit hat mich an vielen Stellen eingeholt, an manchen hat sie mich überholt und damit auch das, was ich erst kurz zuvor geschrieben hatte. Ich habe es weitgehend so stehen lassen und nicht geschmeidig der neuen Wirklichkeit angepasst. Panta rhei, alles ist im Fluss. Das habe ich gemerkt, und damit erklären sich manche Sprünge im Geschehen und auch manche Widersprüche, die der aufmerksame Leser bemerken wird. Es hat mich selbst überrascht, was da noch alles am Straßenrand lag, und so soll diese Wegbeschreibung auch Mut machen, sich vor frühen Festlegungen zu hüten.

Ich war mir so sicher, dass mein Plan aufgehen würde, bis ich merkte, dass ich gar keinen hatte. Dass der Mensch denkt und Gott lenkt, ist eine fromme Binse, und dass Alter nicht vor Torheit schützt, im Zweifelsfalle die beweisbarere These. Auf den folgenden Seiten gibt es Beispiele für beide Sichtweisen. Am Ende des Buches werden Sie, ebenso wie ich, nicht klüger sein, aber sich schlauer fühlen. Mehr können Sie von mir nicht erwarten. Aber Spaß soll es machen. Ich bin, auch beim Schreiben, Entertainer und wünsche Ihnen gute Unterhaltung.

EVERYBODY HURTS

R.E.M.

In dem für mich typischen Planungswahn hatte ich den Beginn meines Daseins als alter Mann auf den sechzigsten Geburtstag festgelegt. Also suchte ich im Mai 2010 die mönchische Abgeschiedenheit des Gasteinertals und inszenierte die ganz große Zäsur. Allein wollte ich dem Elend des Altwerdens ins Auge blicken. Ich hatte mir eine idyllische Berghütte im Blockhausstil vorgestellt. Die gibt es aber nur in Heimatfilmen, und ich fand mich in einer Wellblechbutze auf einer tropfnassen Bergwiese wieder.

Von Aussicht konnte im kalten Frühjahrsnebel keine Rede sein. Die paar Krüppelkiefern, die ich in der grauen Suppe ausmachen konnte, hätten auch im Ruhrpott stehen können, und mich wärmte kein Kaminfeuer, sondern ich stolperte über einen Radiator auf Rädern. Meine Bereitschaft, mich einer misslichen Lage anzupassen, statt sie zu beklagen, hat mir zwar oft den Vorwurf eingebracht, ich könne mir jeden Dreck schönreden, war aber in meinem Leben immer hilfreich. Nach kurzem Hadern fand ich die Umgebung dem Anlass also durchaus angemessen. Ich würde den einsamen Exorzismus in passendem Ambiente durchziehen und mich den bösen Geistern, vor denen ich lange genug geflüchtet war, endlich kampflos ergeben.

Am nächsten Morgen erwachte ich, wie geplant, als alter Mann. Auf den hatte ich mich eingestellt, und ich war der Erste, der ihn sehen wollte. Ich stolperte ins kalte Badezimmer, aber aus dem Rasierspiegel starrte derselbe stoppelige Kerl zurück, der sich gestern ins Bett gelegt hatte. Nichts war anders. Alles war wie immer. Die Götter hatten darauf verzichtet, mir den Ernst der Lage ins Gesicht zu zeichnen. Ich sah aus wie immer und fühlte mich wie immer. Das war der Beweis, ich war zu ewiger Jugend verdammt: forever young. Mit diesem Schicksal konnte ich leben. Das Thema Alter hatte sich für mich vorerst erledigt und war auf einen unbestimmten Tag verschoben.

Der kam eher, als mir lieb war, sechs Jahre später. Es war passenderweise ein Aschermittwoch, an dem mir das Schicksal das Kreuz der Hinfälligkeit auf die Stirn zeichnete. Und auch der Ort war angemessen.

Ich war Gast des berühmten Dormitio-Klosters auf dem Berg Zion. Einer der Benediktiner-Patres führte mich durch die verschiedenen Viertel der Altstadt Jerusalems und erklärte mir deren komplizierte Geschichte. Wir waren für den nächsten Tag wieder verabredet, es hatte in der Nacht geregnet, und ich war gerade dabei, mir eine Tasse Kaffee zu besorgen. Vor dem Hotel rutschte ich auf den feuchten Pflastersteinen aus und krachte ziemlich unglücklich mit dem ganzen Körper auf mein linkes Bein. Ich lag hilflos auf dem Schotter der heiligen Stadt wie weiland unser Herr Jesus.

Wenn in Jerusalem heute jemand auf dem Gehsteig liegt, befürchten Umstehende oft einen terroristischen Anschlag. Eine Dame kreischte, ein paar Passanten gingen in Deckung, und mir war das alles in erster Linie peinlich. Nach kürzester Zeit hielt ein Polizeiwagen mit heulender Sirene, und ich versicherte den Beamten glaubwürdig, dass ich über meine eigenen Füße gestolpert war. Ein hilfreicher Samariter half mir aufs rechte Bein – das linke war ganz offensichtlich nicht mehr benutzbar – und bugsierte mich zurück ins Hotel. Ich hatte, wie jeder deutsche Spitzenathlet, die Telefonnummer von Dr. Müller-Wohlfahrt in der Tasche, rief ihn an und wurde umgehend zu einem Fachmann nach Tübingen zur Diagnosefindung beordert.

Am Flughafen winkte ich den deutschen Touristen aus dem Rollstuhl zu, und an Bord des Flugzeugs behandelte man mich wie einen Schwerverletzten. Ich wurde in einer leeren Reihe quergelegt und musste mehrfach versichern, dass künstliche Ernährung nicht erwünscht war. Nach der Landung in Frankfurt musste ich warten, bis sich alle Passagiere beim Aussteigen mit den besten Wünschen und einem Selfie von mir verabschiedet hatten. Auch ein paar Japaner.

Der Sanitäter im Rotkreuzwagen sagte: »So kennt man Sie gar nicht.« Obwohl ich im Liegen ziemlich genauso aussehe wie im Stehen, wusste ich, was er meinte. Wer sonst im Gehrock mit geföhnter Tolle die Showtreppe runtertanzt, wirkt in einem Krankentransporter hochgradig deplatziert.

Ich bin es gewohnt, überall mit Komplimenten empfangen zu werden. Mich freuen auch die verlogenen. Es war also ein doppelter Tiefschlag, dass die Krankenschwester in der Notaufnahme nicht »Oh, der Gottschalk!« ausrief, sondern »Ach Gottchen!« sagte. Der Tonfall war neu. Den hatte ich zum letzten Mal beim Kinderarzt gehört. Der Professor, drunter mache ich es mittlerweile nicht mehr, bestätigte Müller-Wohlfahrts Ferndiagnose: Der Quadrizeps war gerissen.

Hier vielleicht eine kleine anatomische Anmerkung. Wer jetzt denkt, warum macht der Mann so ein Gegacker um einen

Bänderriss, den muss ich zur Ordnung rufen. Der Bänderriss ist ein relativ häufiger Sportunfall, der mich nicht aus der Bahn geworfen hätte. Als meine Frau bei unserem ersten gemeinsamen Skiausflug mit einem gerissenen Band im Innenknie auf der Piste lag, habe ich ihr aufgeholfen und bin mit einem munteren »Das schaffst du schon!« ihr voraus ins Tal gewedelt. Das wirft sie mir heute noch vor. So viel zum Bänderriss.

Der Quadrizeps ist eine ganz andere Geschichte, die Sie gerne bei Wikipedia nachschlagen können: Der Musculus quadriceps femoris (lateinisch für »vierköpfiger Oberschenkelmuskel« oder »vierköpfiger Oberschenkelstrecker«) ist ein Riesenlappen, der in den seltensten Fällen reißt. Reißt er doch, ist das Bein unbenutzbar. Es liegt herum wie ein nasses Steak, und man muss um Hilfe bitten, wenn man es bewegen will. Oder man hüpft wie Rumpelstilzchen auf einem Bein durch die Gegend, dabei tut das andere aber höllisch weh. Danach war mir nun wirklich nicht zumute.

Ungern und ausführlich musste ich mir anhören, dass ich »immerhin schon Mitte sechzig« und mein Quadrizeps wohl schon »ziemlich abgenutzt« sei. Ich habe keinen meiner Geburtstage verpasst und durchaus mitgezählt. Aber muss man mir das so unsensibel hinreiben? Meine Stimmbänder waren auch schon Mitte sechzig, ich hatte sie nie geschont, und sie waren immer noch top.

Ich widme meinem linken Knie das erste Kapitel dieses Buches, weil es in meinem Leben als gut gelauntes, schrill gekleidetes, fröhliches Perpetuum mobile einen Wendepunkt einleitete. Auf einer spartanischen Liege in der gekachelten Notaufnahme der Tübinger Klinik ging mir auf, dass ich offenbar in einem Alter war, in dem der menschliche Körper sich langsam aufzulösen beginnt. Als junger Mann war ich allen Möglichkeiten, mir die Knochen zu brechen, sorgfältig aus dem Weg gegangen. Ich war kein besonders rasanter Skifahrer, hielt mich von allen wagehalsigen Sportarten fern und wäre nie auf die Idee gekommen, auf Berge zu klettern oder etwas zu riskieren, das auch nur ansatzweise gefährlich erschien. Dies mag der Grund gewesen sein, warum es mir erst ziemlich spät im Leben an den Kragen beziehungsweise ans Knie ging. Ich war im Umgang mit dieser Art von Missgeschick vollkommen ungeübt. Jugendliche stecken Knochenbrüche als Betriebsunfall weg und tragen den Gips mit dem Stolz des Wagemutigen. Das hatte ich mir erspart. Im Alter aber riecht jede Verletzung nach Verschleiß. Das tut doppelt weh. Ich fühlte mich deshalb nicht nur elend, sondern sah meine Felle gleich insgesamt davonschwimmen. Es ging ans Eingemachte, und ich wurde, eher untypisch für mich, ziemlich nachdenklich.

Hatte ich überhaupt vorgesorgt? Ein Testament gemacht? Eine Patientenverfügung? Wüsste meine Frau all die Passwörter und Codes, die sie braucht, um in unsere Häuser und Konten zu kommen? Und meine Söhne? Keiner von ihnen ahnt, dass eine meiner Armbanduhren richtig teuer war. Ich hatte mich nie getraut, ihnen zu sagen, wie teuer. Würde die jetzt mit mir begraben werden oder beim Trödler landen? Wären die Kerle ohne Vater überlebensfähig? Ich bekomme zweimal pro Woche einen Anruf, der mit »Ey, Papa, haste ma kurz Zeit …?« beginnt. Hab ich immer.

In unserer über mehrere Kontinente verstreuten Familie fungiere ich als Hütehund, der die Herde zusammenhält. Ich plane, wann sich alle wo treffen, ich berate, wenn ein Jobwechsel, ein Umzug, eine Ehe, eine Scheidung, eine Geburt, eine

Taufe ansteht. Deswegen ist es von allerhöchster Dringlichkeit, dass ich nicht einfach langsam wegbröckele. Ob ich nicht doch noch mal schnell telefoniere, falls es, wie man den plötzlichen OP-Tod gern umschreibt, »eine Komplikation« gibt? Und wer stellt die Maschinen ab …?

Der Narkosearzt setzte noch einen drauf. Seine vordringliche Pflicht schien es zu sein, dem Patienten zu erklären, dass mit einem Wiedererwachen nicht unbedingt zu rechnen ist. Gehirnschäden seien zwar selten, aber auch nicht völlig auszuschließen. Ich möchte dem guten Mann hier keine seelische Grausamkeit unterstellen, aber mit Abwinken – so pflege ich im Allgemeinen unangenehme Themen zu beenden – schien es hier nicht getan zu sein. Ich winkte mehrfach ab, der Arzt machte mehrfach weiter.

Zurück zu meinem Bein. Vorsichtshalber schaute ich es mir vor der OP noch mal genau an. Ich mochte das lange malibugebräunte muskulöse Ding. Es war mir nicht nur an den Rumpf, sondern auch ans Herz gewachsen und hatte mich klaglos durchs Leben getragen. Ich war auf ihm getänzelt und durch die Massen stolziert. Ob Standbein oder Tanzbein – hätte ich es pfleglicher behandeln sollen? Warum hatte es mir so abrupt den Dienst versagt? Was, wenn ich es verlieren würde? Mit dem Prädikat, ein einmaliger Showmaster zu sein, konnte ich leben. Einbeinig musste nicht auch noch sein. In den letzten Sekunden vor meiner Narkose gelobte ich sämtlichen Gliedmaßen und Organen ewige Dankbarkeit und zukünftige Aufmerksamkeit.

Das alles war nach gelungener OP natürlich sofort vergessen. Nahtlos nahm ich die Rolle des Entertainers wieder ein, alberte mit der Physiotherapeutin, jonglierte zur Gaudi des Personals im Treppenhaus der Klinik mit zwei blauen Krücken und signierte die Gipsbeine der Mitpatienten. Den Unfall degradierte ich zum Vorfall und packte ihn in die Schublade »halb so wild«. Altern und Entertainment passen einfach nicht zusammen.

Für einen runden Geburtstag von RTL hatte eine Maskenbildnerin Günther Jauch und mich einmal zu Greisen geschminkt, die im Stil der beiden alten Nörgler aus der *Muppet Show* mit brüchiger Stimme übers Fernsehen räsonierten. Weißhaarig und an Stöcken taperten wir als »Waldorf & Statler« durchs Bild und fanden das ziemlich lustig. Wie war ich froh, mir den alten Knacker abends wieder abschminken zu können! Das klappt heute nicht mehr, aber Alter und Entertainment hatten sich bis dahin für mich ausgeschlossen.

Ich habe mindestens fünf Jahre täglich Radio gemacht und in dreißig Jahren meine Fernsehauftritte nicht gezählt. Niemals in meiner Laufbahn musste eine Sendung wegen Erkrankung abgesagt werden. Aber auf Krücken moderieren?

Ein Produktionstermin für die RTL-Show *Die 2 – Gottschalk & Jauch gegen alle* stand seit Wochen fest. Eine Livesendung, also ohne Netz und doppelten Boden! Bei so einer Veranstaltung greifen viele Räder ineinander. Wenn es bei einem davon knirscht, geraten alle aus dem Takt. Günther Jauch und Barbara Schöneberger haben enge Terminkalender. Der Regisseur, die Techniker, die Studiokapazitäten … Verschiebungen sind für alle Beteiligten eine Katastrophe, die berühmte »Ausfallversicherung« ist für die Sender ein rotes Tuch.

Ich erschien also pünktlich zum Dienst, und wir machten, was in solchen Fällen das Beste ist: aus der Not eine Tugend. Barbara trug ein Krankenschwesternkostüm, was viele Männer immer schon mal sehen wollten, und Günther schob den ziemlich besten Freund – sozusagen ironisch überhöht – im Rollstuhl ins Studio. Ich wäre nicht ich, wenn ich nicht nach drei Minuten aus dem Gefährt gesprungen und auf die kleine Studiobühne geturnt wäre, auf der Jauch und ich gegen das Publikum antraten. Die bereitgestellten Krücken warf ich von mir und faselte was von Wunderheilung. Die Stimmung war gut, die Quote auch.

Am nächsten Tag saß ich im Flugzeug nach Los Angeles. In Malibu ist man mit dem Surfbrett unterwegs und nicht am Stock. Ich spielte die Sache runter, mimte zu Hause den taufrischen Galan und ließ halt beim Workout ein paar Gewichte weg.

Die blauen Krücken tauschte ich gegen einen schicken Spazierstock mit Pferdekopf als Silberknauf. Ostern kam heran. Meine Schwiegertochter samt Enkel war in Deutschland auf dem Weg zum Flughafen, meine Frau kontrollierte zum dritten Mal, ob in jedem Bad sowohl Shampoo als auch Duschgel verteilt waren, und bei mir klingelte das Telefon. Jedes Mal die gleiche Frage: »Musst du da drangehen?«, jedes Mal die gleiche Antwort: »Ja, ich muss.« Dieses Mal hätte ich es lassen oder mich weniger hektisch bewegen sollen. Es war dasselbe fiese Geräusch, an das ich mich allzu gut erinnerte. Das Ding war noch mal durchgerissen! Meine Frau wollte mich, Enkel hin, Enkel her, eigenhändig nach Deutschland in die Klinik schleifen. Das hätte mir noch gefehlt, ich leide sowieso lieber alleine.

Jetzt ging es – wieder in Tübingen – wirklich ans Eingemachte. Die Krankenschwester sagte: »Ach Gottchen, da isser wieder«, und der Narkosearzt nervte mit den gleichen trostlosen Ansagen. Nach der zweiten Operation musste ich für mehrere Wochen in eine Rehaklinik. Das verstörte mich in bis dahin unbekanntem Maße. Ich bekam zwar das »Steinmeier-Zimmer«, in dem sich der damalige Außenminister von einer Operation erholt hatte, aber auf diese Ehre hätte ich gerne verzichtet. Auch dass Dieter »Thomas« Heck dort schon mal gebettet wurde, tröstete mich wenig. Was mir richtig zusetzte, war die Tatsache, dass ich von nun an dauernd Menschen begegnete, denen das Schicksal wesentlich übler mitgespielt hatte als mir. Wenn im Aufzug ein Schlaganfallpatient, halb so alt wie ich, mit schlotternden Händen den richtigen Knopf suchte, dann war das für mich der Blick auf ein Elend, dem ich immer aus dem Weg gegangen war. Ganz bewusst. Für die Kranken und Siechen da sein wollte ich immer, aber nie zu ihnen gehören. Immer wieder hatten mich Ärzte und sozial engagierte Menschen gebeten, in Kinderkliniken, Altenheimen und Einrichtungen für Behinderte mit meinem sonnigen Gemüt für Abwechslung und fröhliche Stimmung zu sorgen. Ich bin diesem Ruf oft und gerne gefolgt. Manchmal war ein Kamerateam dabei, oft waren die Bilder später in den Zeitungen. Auch wenn es mir nie um Selfpromotion ging, muss ich zugeben, dass ich immer froh war, wenn es vorbei war. Ich habe die traurigen Bilder abgeschüttelt wie ein nasser Hund das Wasser. Vielleicht auch deshalb, weil jede dieser Begegnungen eine Konfrontation mit meiner eigenen Sterblichkeit war. Und nun war die Flucht davor plötzlich nicht mehr möglich.

Es ist ein Unterschied, ob man auf dem Rosenball federnd über den roten Teppich der Schlaganfall-Stiftung schreitet oder einem jugendlichen Opfer dieser Krankheit begegnet. Mir liefen und rollten in der Rehaklinik täglich viele jüngere Patienten über den Weg, die sich keine Hoffnung mehr machen konnten, dass irgendwas irgendwann irgendwie wieder zusammenwachsen würde. Das geht auch an die Festen des Glaubens.

Soll man Gott dafür beschimpfen, dass er »so was« zulässt, soll man ihm danken, dass man selber nur »aufs Knie« gefallen ist, oder hört man besser gleich auf, an ihn zu glauben?

Begegnet ist mir der Herr über Leben und Tod in der Reha nicht, dafür aber Männer und Frauen meines Alters, die sich gerade an ihre Ersatzhüfte gewöhnten oder ihre neuen Kniegelenke ausprobierten. Diese Patienten hielten mich augenzwinkernd für einen der Ihren und wollten mich in Fachgespräche verwickeln, denen ich mich schnellstens entzog. Mit den alten Knackern, die jünger waren als ich, musste ich auch noch in derselben Turnhalle turnen. Immer wieder geriet ich in Räume, in denen Senioren sich zu diversen Gruppentherapien zusammengefunden hatten. Meine Witzeleien (»Bin ich hier richtig bei der Schwangerschaftsgymnastik?«) wurden dort eher als unpassend empfunden.

Man muss sich das vorstellen: Ich, der Bodybuilder aus Malibu, gegen die Rentner aus Charlottenburg. Leider lag ich nicht in Führung. Das Elend jeder Reha ist es, dass das Kommando immer mit »Und jetzt gaaanz langsam« beginnt. Begriffe wie »vorsichtig« und »erst einmal« spielen ebenso eine wichtige Rolle wie dieses besorgte »Tut das weh?« oder, ganz schlimm: »Geht's noch?«

Dabei tat es immer weh und ging manchmal wirklich nicht mehr. Eine neue, bittere, machtvolle Erfahrung. Es wird ja viel über das Altwerden geschrieben, aber das überliest man entweder oder nimmt es mit der Distanz des amüsierten Lesers zur Kenntnis. Ganz anders und an Brutalität nicht zu überbieten ist es, wenn man es am eigenen Leibe erfahren muss. Vor allem für einen bekennenden Verdränger wie mich.

Ich habe es ja weitgehend geschafft, das Motto meines Opernhelden Papageno aus der *Zauberflöte* nachzuleben: »Stets lustig, heißa hopsassa.« Allerdings bleiben Opernhelden ewig jung. Im Unterschied zu Publikumslieblingen. Die werden alt. Wenn sie Glück haben. Und dann begreifen sie es doch als Unglück. Ich zumindest kann nicht behaupten, dass ich begeistert auf die siebzig zusteuere. Der Konflikt zwischen Erfahrenmüssen und Nicht-wahrhaben-Wollen knirscht nicht in den Knochen oder im Herzen, er bohrt sich in die Seele. Und Schwermut kann ich nicht brauchen, mein Betriebskapital ist die gute Laune.

Als Überschrift für meine Rehawochen leihe ich mir mal kurz *Bonjour Tristesse* von Françoise Sagan aus. Ich beging – feiern kann man das nicht nennen – in dieser Zeit auch noch meinen sechsundsechzigsten Geburtstag, an dem laut Udo Jürgens das Leben überhaupt erst anfängt. Eine Party mit Rollstuhlrennen und Krückenweitwurf wollte ich mir ersparen, und im Übrigen fragte ich mich, ob in diesem Alter Geburtstage überhaupt noch ein Anlass zum Feiern sind.

Als ich an diesem Tag mit schmerzendem Knie in der Reha erwachte, musste ich an meine Nacht in der Berghütte denken. Damals wollte ich das Alter umarmen, und es hatte sich mir verweigert. War das nun das Zeichen, auf das ich zu meinem Sechzigsten vergeblich gewartet hatte? Plötzlich schien es mir, als sei ich jetzt fällig. Erntereif sozusagen. War das der Anfang vom Ende?

Mein Vater war zwei Wochen vor seinem vierundsechzigsten Geburtstag an Krebs gestorben. Ihn hatte ich schon mal überlebt. Ich war aufs Bein gefallen und nicht auf den Kopf. Der Quadrizeps war mir zweimal gerissen, aber das war besser als die Wirbelsäule einmal gebrochen. Mann, ging es mir gut!

Außerdem war für mich ein paar Tage vorher ein Traum in Erfüllung gegangen, der nur für wenige Männer wahr wird: Barbara Schöneberger stand neben meinem Rehabett. Sie hatte irgendwann versprochen, mich zu besuchen, wie man das halt so verspricht und wie ich das anderen ein Dutzend Mal versprochen habe. Aber plötzlich war sie wirklich da. Ohne jede Voranmeldung. Um zu verhindern, einen fidelen Opa mit neuen Hüften aus dem Gleichgewicht zu bringen, hatte Barbara es vermieden, sich ordnungsgemäß am Empfang anzumelden, sondern sie war über den Zaun geklettert. Ein solcher Verstoß gegen die Hausordnung käme für Günther Jauch nie infrage. Der hielt sich ans Protokoll und erschien pünktlich, als die Ärzte mir den ersten Ausflug erlaubten.

Günther fuhr in einem gerade erstandenen Oldtimer vor und ließ mich den Preis schätzen, für den er ihn gekauft hatte. Ich lag um das Dreifache drüber. Eigentlich hätte ich es wissen müssen: Wenn es kein Schnäppchen gewesen wäre, hätte mein Freund die Kiste nie erworben.

Ich stand wieder mitten im Leben, aber eben nur auf einem Bein. Das andere wollte nicht mehr so recht mitspielen. Mein Knie schwoll nur langsam ab, mein mühsam antrainierter, einst gewölbter Oberschenkel war nun flach wie eine Pizza und hat bis heute nicht zu seiner Form zurückgefunden. Das linke Bein konnte ich lange nicht anwinkeln. Im Theater sah mich eine Sitznachbarin böse an, weil sie dachte, ich suchte beim *Prinz von Homburg* ihren Beinkontakt, dabei wusste ich vor Schmerzen nicht mehr, wohin mit der Haxe. Und beim Autofahren muss ich auch jetzt noch immer wieder anhalten, um mir die Füße zu vertreten. Mein pantherhafter Gang der geschmeidig starken Schritte, wie ihn schon Rilke beschrieben hat, ist Geschichte. Wenn ich schneller laufen will und den vierten Gang einlege, bekomme ich diesen Humpelschritt, also versuche ich, mich in gemessenem Tempo fortzubewegen. Wenn ich mit der U-Bahn unterwegs bin, stürme ich nicht wie zu meinen besseren Zeiten die Treppen hoch, sondern hangele mich am Geländer entlang. Und wenn ich im Zug einen leeren Platz erspechte, setze ich mich drauf. Das scheint niemanden zu verwundern. Nur mich selbst. Ich bin nicht mehr ganz der Alte und habe gleichzeitig das Gefühl, es langsam zu werden.

Wir merken uns: Das Alter erwischt uns nicht da, wo wir es feierlich in Empfang zu nehmen gedenken, sondern zu einem Zeitpunkt, der uns gar nicht in die Planung passt. Zu meinem sechzigsten Geburtstag, als ich glaubte, es wäre so weit, hatte es meine Einladung noch schnöde ausgeschlagen. Sechs Jahre später zwang es mich in Jerusalem in die Knie. Ich zeige bis heute gerne ein blutiges Operationsfoto beim Dinner, vor allem, wenn es Bolognesesoße gibt. Kommt immer gut an.

STAYIN' ALIVE

The Bee Gees

Ich war selbst ganz benommen von der Erkenntnis, dass meine Masche noch funktionierte. Ein DJ in den Sechzigern spielt Musik aus den Sechzigern für die Generation Sechzig plus, einmal im Monat, im Bayerischen Rundfunk.

Von meinem Radiocomeback befeuert, schlug ich vor, in der Silvesternacht 17/18 eine Tanzparty mit Classic Rock und Publikum anzuzetteln. In das große Aufnahmestudio passen ungefähr siebenhundert Gäste – über achtzehntausend hatten sich um Tickets beworben. Zum Jahreswechsel 18/19 gab es eine Neuauflage, da hatten wir schon sechzigtausend Anfragen. Es läuft.

Dort wo sonst das Symphonieorchester geigt, hatte ich vor vierzig Jahren bei den berühmten »Rundfunkbällen« als Discjockey Platten aufgelegt. Mit meinem alten Radiokumpel Fritz Egner und mit mir stand in dieser Nacht die musikalische Kompetenz von mehr als hundertdreißig Jahren an der Diskothek.

Die Zuhörer tanzten wie die Derwische. Ein schöner Anblick war das nicht, aber unser Gewackel auf der Bühne war auch nicht sehr geschmeidig.

Fritz brachte seine neue Hüfte zum Glühen, und für mich begann das neue Jahr mit einem Notarzteinsatz. Ich war zu dem Event extra eingeflogen, war vom Jetlag gebeutelt und hatte mich in meine zu engen Jeans gehungert, um mir nicht mit einem Bauch die drahtige Discjockeyfigur zu verhunzen. Das öffentlich-rechtliche Catering bestand aus zwei Bananen, einem Schokoriegel und einer Tüte Studentenfutter. Ich warf alles ein, aber war wohl zu wenig. Nach der letzten Tanzrunde – alle Zeugen waren schon weg – sank ich erst Fritz Egner in die Arme und dann zu Boden. Der Krankenwagen rollte an.

»Dehydriert und unterzuckert« ist eine Diagnose, die jede Nachtschwester im Seniorenheim schon gestellt hat. Nach zwei Stunden war ich zwar wiederhergestellt und lag in meinem Hotelbett, aber mein Rutsch ins neue Jahr war diesmal wörtlich zu nehmen.

Mir war von vornherein klar gewesen, dass es keine sehr vernünftige Lebensplanung sein kann, in Kalifornien zu wohnen und jeden ersten Sonntag im Monat im Funkhaus an der Arnulfstraße anzutreten, wo meine Laufbahn einst begonnen hatte. Meiner Frau habe ich den Notarzteinsatz bis heute verschwiegen, die tanzte mit meinem Sohn, den ich dazu verdonnert hatte, mich zu vertreten, in Beverly Hills ins neue Jahr.

Thea hat nie versucht, mich zu »Extreme Rentnering« in Malibu zu überreden. Sie weiß auch, dass mir die Zeit davonläuft, und will mir mein Spielzeug nicht zu früh wegnehmen.

Ich habe zwar immer ein schlechtes Gewissen, wenn sie mir die Feuermeldungen aus Kalifornien nach Deutschland weiterreicht, und bin wenig hilfreich, wenn ich dann nassforsch aus München vermelde: »Hier regnet's.« Trotzdem winkt sie mir jedes Mal freundlich nach, wenn ich das Haus verlasse. Dass sie von meiner Spätblüte begeistert ist, wage ich zu bezweifeln. Ich schon.

Einmal im Monat freue ich mich wie ein Kind, dass mir meine Magnetkarte automatisch die Studiotür zum Senderaum von Bayern 1 öffnet. Meinen Kopfhörer trage ich seit vier Jahrzehnten so, dass ein Ohr frei bleibt, damit ich merke, wenn ich bei den Ansagen zu laut schreie. Mit dem anderen inhaliere ich Songs, von denen ich manche selber ewig nicht mehr gehört habe. Bei »You Keep Me Hangin' On« von Vanilla Fudge sind die Takte, bei denen ich zur Luftgitarre greife, seit 1967 exakt dieselben geblieben. Meine Hörer sind auch die letzten, die noch frankierte Briefe per Snail-Mail an den Sender schreiben. Ich habe allerdings darum gebeten, keine Fotos mehr beizulegen, das war zu ernüchternd.

Die Miss Bayern, deren Wahl ich 1982 moderierte, stand neulich nach der Sendung unten am Empfang. Sie ist immer noch hübsch und vertreibt inzwischen Cremes für die Haut ab vierzig. In alter Freundschaft überreichte sie mir eine Tube davon gratis. Die große, mit doppeltem Wirkstoff.

Technisch wäre ich als Radio-DJ mittlerweile völlig überfordert. Die Zeiten, wo ich mit dem Saphir des Plattenspielers nur die schwarze Rille zwischen zwei Titeln treffen musste, sind vorbei. Statt der drei Regler, mit denen ich früher hantierte, gibt es jetzt ein Dutzend, und von mehreren Monitoren springen einen Wetterbericht und Verkehrsmeldungen an. Weil ich beim Verlesen des Wetterberichts immer unterschlage, dass er »kompakt und zuverlässig« ist, und bei den Verkehrsmeldungen das Wortmonster »minutengenaue Stauzeitmessung« weglasse, gelte ich bei den Hörern als Revoluzzer. So schnell geht das heute.

Im Radio fühlte ich mich sofort wieder zu Hause. Das Band, das mich mit meinen Hörern verbindet, ist nie gerissen. Nach knapp einem halben Jahrhundert geht es mir jetzt darum, ein Fähnlein der Aufrechten zu motivieren, sich an einem Sonntagabend zu meinen Gunsten gegen den *Tatort* zu entscheiden.

Der *Tatort*. Wie sich die Dinge wandeln und wir uns mit ihnen. Mit zwanzig ging mir dieser Satz noch flüssig in Latein über die Lippen, eben musste ich nachschauen, wie die zweite Hälfte ging: »tempora mutantur et nos mutamur in illis«. Wie er betont wird, weiß ich auch noch.

T-E-mpora mut-A-nt-U-r et n-O-s mut-A-mur in-I-llis.

Anzufügen wäre aus meiner Sicht, dass nicht alles, was sich ändert, auch besser wird. Das gilt für mich ebenso wie für den *Tatort*. Als ich den ersten sah, war ich ein junger, schlanker und fröhlicher Twen, der Kommissar ein griesgrämiger Opa namens Trimmel. Trimmel gibt es nicht mehr, mich und den *Tatort* schon. Früher lag da zu Beginn des Krimis eine Leiche, die mit Rücksicht auf die jugendlichen Zuschauer die Augen geschlossen halten musste, und am Ende erklärte Trimmel, wer der Mörder war. Es gab keine Einsatzkommandos, die mit Maschinenpistolen Hochhäuser stürmten, und der Kommissar hatte weder einen Vater mit Alzheimer zu Hause noch ein verhaltensgestörtes Kind. Wenn es in seiner Ehe kriselte, hielt er das von den Zuschauern fern, die hatten selber Eheprobleme. Was er hatte, waren dicke Augenbrauen. Ich fand das gut.

Nach dem behäbigen, spießigen Kommissar Trimmel kam der aufsässige, coole Schimanski. Der sagte im Fernsehen »Scheiße« und pinkelte an graue Ruhrpotthäuser. Fand ich auch wieder prima. Ich riss im Radio inzwischen auch die Klappe ganz weit auf und versuchte im Fernsehen, soweit ich mich traute, jede Form von »political correctness« zu vermeiden. Das gelang mir ganz gut. Bald hatte ich höhere Einschaltquoten als

der *Tatort*, obwohl die Leichen inzwischen die Augen aufbe-
halten durften und in jeder Folge ein Gerichtsmediziner zu
sehen war, der in Mordopfern herumsägte, denen kleine Kof-
ferzettel von toten Zehen baumelten.

Langsam drehte sich der Wind. Beim *Tatort* und bei mir. Die
Kommissare wurden jünger, ich wurde älter. Meine Quote
sank und die vom *Tatort* stieg. Dort waren plötzlich junge und
vor allem weibliche Ermittler an der Macht, die mich irritier-
ten. Sie saßen mit dem Colt im Schulterhalfter am Schreibtisch und zischten beim Verhör dem Verdächtigen schon mal
»Fick dich!« ins Ohr. Ich wurde auf meiner *Wetten-dass*-Couch
schon bei geringeren Anzüglichkeiten zur Ordnung gerufen.

Inzwischen ist der *Tatort* die letzte verbindliche Größe, auf
die sich das deutsche Fernsehpublikum einigen kann, und
es ist vielleicht meine kleine Rache an dieser Entwicklung,
dass ich ihm einmal im Monat ans Bein pinkle, indem ich im
Radio »Highway to Hell« spiele, während der sensible Kommissar Borowski mit ungewöhnlichen Ermittlungsmethoden
den Täter überführt. Spontane Hörer-E-Mails wie »Geile Mucke
heute wieder! Wer schaut *Tatort*, wenn er Thommy hören kann!«
nehme ich hocherfreut zur Kenntnis.

Ein bisschen tricksen ist alles. Wer Paul McCartney nicht
als Opa sehen will, der muss halt die Augen schließen, wenn
er in seinen Konzerten »Yesterday« singt. Und wer mit dem,
was gestern bei *Wetten, dass..?* im Schaufenster lag, nichts mehr
anfangen kann, der soll das Radio einschalten und kriegt mich
taufrisch. Ich bin von heute, nur die Musik ist von gestern.

Mit vierzig habe ich vollmundig getönt, dass ich spätestens
mit sechzig in den Sonnenuntergang reiten würde. An meinem fünfzigsten Geburtstag war ich dann wirklich auf dem
Höhepunkt meiner Laufbahn und fand, zehn Jahre seien doch

etwas knapp. Meinen Sechzigsten feierte ich mit großem Tamtam in New York, der Intendant und der Programmdirektor des ZDF machten sich die Mühe anzureisen, ich war immer noch ihr bestes Pferd im Stall. Und auch mein siebzigster Geburtstag wird, wie ich mich kenne, nicht unter Ausschluss der Öffentlichkeit passieren.

Dafür kann es gut sein, dass mein Achtzigster ganz ohne mich stattfindet.

Falls ich ihn aber erlebe, was ich fest vorhabe, dann bitte so wie Larry King. Vor einiger Zeit war ich zu einem Dinner mit ihm eingeladen. Wie ein Marabu mit Hosenträgern hatte der in Hunderten von CNN-Talkshows an seinem Tisch gehockt und seine Gäste schräg von unten durch die Einweckgläser seiner Brille gemustert. Obama war einer davon, Clinton und so ziemlich alles, was Rang und Namen hatte. Ich übrigens auch. *Larry King* war die einzige US-Talkshow, zu der ich jemals eingeladen wurde. Ich flog extra nach Washington, und der Gastgeber begrüßte mich vielversprechend: »Ein Deutscher und ein Jude, das wird lustig!« War es auch. Nur als King seine Zuschauer dazu animierte, live im Studio anzurufen, um den Talkgast persönlich zu befragen, wurde mir mulmig. Würde das Telefon überhaupt klingeln?

Meine Rettung waren Deutsche, die in Amerika lebten, und Amerikaner, die früher in Deutschland gelebt hatten. Alle dachten gerne an ihren Aufenthalt in Germany zurück, und ich war ein Teil davon geworden. Das half mir auch in Kings Augen nach vorne. Vielleicht lag es aber auch am Ausschnitt mit dem klugen Hund aus *Wetten, dass..?*, den er bei meiner Vorstellung zeigte. Der Hund konnte auf Frauchens Befehl die BVB-Mütze aus allem möglichen Krempel herausfinden und war danach öfter im US-Fernsehen als ich.

Kein Wunder, dass Larry King sich nicht mehr an mich erinnerte, als man mich jetzt, ein paar Jahre nach meinem Auftritt bei ihm, an seinem Tisch platzierte. Ich saß neben seiner jungen Frau, die Gott sei Dank mal mit Giorgio Moroder zusammen war, den ich gut kenne. So jung war sie also auch nicht mehr, aber solange King noch lebt, wird sie die »junge Frau an seiner Seite« sein. Ich nenne das den Heesters-Effekt. Frau King und ich hatten zumindest ein gemeinsames Thema.

Als Larry zu einem kleinen Talk auf die Bühne gebeten wurde, wackelte meine Entscheidung mit dem Aufhören wieder, denn da stand ein Mann mit vierundachtzig und war wesentlich lustiger und unterhaltsamer als die meisten seiner halb so alten Kollegen.

Und er konnte Geschichten erzählen: Als Highschoolstudent in Florida nahm ihn John F. Kennedy nur unter einer Bedingung als Anhalter in seinem Auto mit. JFK war damals Senator und hatte gerade den Entschluss gefasst, sich um das Amt des US-Präsidenten zu bewerben. Bevor er den jungen Larry King einsteigen ließ, musste der ihm in die Hand versprechen, ihn später zu wählen. Larry schlug ein und hat sich an sein Versprechen gehalten.

Da stand ein Entertainer, der den jüngeren Interviewer sehr schnell alt aussehen ließ, das Publikum hatte seinen Spaß mit dem alten Knacker. Ich als Fachmann war begeistert. Und King ist seitdem mein King.

MY GENERATION

The Who

Als Vertreter meiner Generation fühle ich mich seit einiger Zeit von meiner Umwelt ständig herausgefordert. Menschen, die es gut mit mir meinen, raten mir, Alterskoketterie gefälligst zu unterlassen. Entweder ich würde damit auf etwas hinweisen, was jeder längst bemerkt hätte, oder ohne Not betonen, was sonst niemandem aufgefallen wäre. In beiden Fällen also überflüssig. Obwohl ich mich bemühe, den Rat umzusetzen, tappe ich doch immer wieder in die gleiche Falle. Entweder werfe ich mich in die Brust, um zu beweisen, dass ich ein cooler Alter bin, oder ich stilisiere mich als tapsiger Tanzbär, der seine Kunststücke noch beim »fahrenden Volk« gelernt hat. Ich fall da auch gerne mal von einem Extrem ins andere.

Vielleicht liegt eine Erklärung in dem Song, dessen Titel ich diesem Kapitel vorangestellt habe. Ich war fünfzehn, als die Who mit »My Generation« überall in den Charts vertreten waren. In Latein lasen wir gerade *De re publica* von Cicero, und in Griechisch krebsten sich die Hellenen bei Xenophon mühsam dem rettenden Meer entgegen. Mein Englisch reichte nicht mal zum Erwerb einer Bahnsteigkarte in Londons Victoria Station, wie also sollte ich den hellsichtigen Satz verstehen, den Who-Gitarrist Pete Townshend in diesem Song hervorstieß: »I hope I die, before I get old«?

Auch die seltsamen Stotterlaute »s-s-sensation … g-g-ge-neration« in diesem Lied konnte ich nicht als das begreifen, als was sie gemeint waren: Die Unfähigkeit des Teenagers, sich in einer Welt zu artikulieren, die kein Verständnis für ihn zu haben scheint. Im Grunde handelt es sich um dieselbe Ge-mengelage wie meine aktuelle Unsicherheit, mich in einer Welt zu artikulieren, die kein Verständnis für Menschen über sechzig zu haben scheint. Diese Parallelität muss man sich ge-waltsam vor Augen führen, denn »Junge« und »Alte« sind in dem Zusammenhang betriebsblind. Den jungen Menschen ist der Vorzug ihrer Jugend nicht bewusst, die alten verdrängen ihre Situation.

Meine Generation pubertierte in einer Zeit, als die Röcke der Mädchen so kurz waren wie nie zuvor. Die »Pille«, wenn-gleich vom Papst verschmäht, war bereits ein Thema und Aids war noch keins. Der Kalte Krieg war eine überschau-bare Angelegenheit. Kennedy war der sympathische Berliner, und Chruschtschow haute mit seinen Schuhen rum. JFK hatte mit Jackie eine perfekte »Society Lady« an seiner Seite, und Nikitas russische Babuschka hieß Nina Petrovna und sah auch so aus. Da sind wir schon bei einem Defizit, das den Männern meiner Generation nicht erst seit heute um die Ohren fliegt: Unser Umgang mit Frauen und wie wir über sie reden.

Harvey Weinstein gehört zu meiner Generation. Und be-nutzt diese Tatsache dafür, sein Verhalten zu entschuldigen. Er käme eben noch aus einer »anderen Zeit«, gab er zu Proto-koll. Aber aus der komme ich doch auch?

Ich bin zwar auf einem anderen Kontinent, aber in einem ähnlichen kulturellen Umfeld groß geworden. In Fernseh-serien *(Lassie)* gab es nur intakte Familien, in TV-Komödien

(Millowitsch-Theater) war der Vater zwar ein tumber Schussel, aber er bestimmte trotzdem, wo's langging, und in der Werbung war die »züchtige Hausfrau« für Essen und Wäsche zuständig. Die »heile Welt« war die Norm, die sich alle gegenseitig und mit großem Erfolg vorspielten. Über Abweichungen und Ausschweifungen wurde entweder flüsternd und hinter vorgehaltener Hand getuschelt, oder sie wurden einer sozialen Schicht angedichtet, zu der man nicht gehörte. Man kann das verlogen nennen, es war sicher »spießig«, aber es hatte auch etwas Kuscheliges.

Als Heranwachsender hatte ich keinen Grund, an dieser Komfortzone zu zweifeln.

In Kulmbach habe ich erst vor Kurzem einen alten Schmalfilm auf dem Dachboden gefunden, dessen Vorspann »Silvester 1954« ankündigt. Ich war damals vier und spielte nicht mit, mich hatte man offensichtlich unter Narkose gesetzt und zu Hause gelassen. Die Erwachsenen sind unter sich und prosten zu Beginn mit einer Glastasse ins Bild, in der sich vermutlich Bowle befindet. Die Herren im dunklen Anzug, mein Vater mit runder Brille und Zigarre, meine Mutter im kleinen Schwarzen mit kurzen Chiffonärmeln. Abgemagert sah da keiner aus, in dem knappen Jahrzehnt seit Kriegsende hatte man sich wieder eine ziemliche Schwarte angefuttert. In der zweiten Hälfte des Streifens – ich habe keine Ahnung, wer die Schmalfilmkamera führte – kam erkennbar Stimmung auf. Die Krawattenknoten waren zwar nicht geöffnet, aber die Herren trugen jetzt großteils Pappnasen, manche in der charmanten Kombiausführung mit Schnurrbart und Drahtbrille. Einige hatten alberne Partyhüte auf, von deren Spitze Lametta baumelt, der Gummizug schnitt in die feisten Bäckchen. Es wird getanzt und faszinierenderweise auch musiziert. Der Apotheker, an den ich mich als »Onkel Jakob« gut erinnere, spielt trotz falscher Nase eher ernsthaft auf der Geige, der Studienrat Dr. Kloesel blockflötet, und meine Mutter sitzt am Klavier. Mein Vater singt mit erkennbarer Hingabe, und ich war an dieser Stelle ein bisschen froh, dass es sich um einen Stummfilm handelt.

Dem Streifen ist eine Rollenverteilung zu entnehmen, die jede Feministin dazu brächte, ihn auf den Index zu setzen. Die Herren paffen, souverän auf der Couch zurückgelehnt, ihre Zigarren, und die Damen kichern, mit geschlossenen Knien vorne auf der Sofakante. Dazu passt ein Satz, den Mutti in meiner Kindheit und Jugend sehr oft wiederholte: »Als ich den Vati kennengelernt habe, war ich ein dummes Gänschen.« Mit dieser Selbstentwertung wäre sie heute aus jeder Frauengruppe geflogen, zu ihren Lebzeiten hat sie nie an einer teilgenommen. Mit dreiundvierzig war sie Witwe und allein dafür verantwortlich, dass es ihre beiden Söhne trotz Faulheit und finanzieller Engpässe zu einem Universitätsabschluss brachten. Als Heimchen ist sie mir dabei nicht aufgefallen, sondern als selbstbestimmte Person. Aber sie war ein Produkt der Zeit, in der sie lebte. Meiner Schwester riet sie nachdrücklich zu einer »guten Partie«, die diese zu ihrer Freude auch machte. Die Verbindung hielt exakt bis zu Muttis Tod; solange sie lebte, wollte ihr meine Schwester die Scheidung nicht antun.

Mein Frauenbild wurde in dieser Zeit geprägt, es ist etwas diffus, das können wohl nur Gleichaltrige richtig verstehen. Seit einiger Zeit versuche ich, heftig nachzujustieren. Deshalb verfolge ich die aktuellen Diskussionen, bereit zu revidieren, wo es sein muss.

Im Kulmbach meiner frühen Jugend gab es nur wenige berufstätige Frauen. Da waren zwei Ärztinnen, die mit ihren Ehemännern eine Gemeinschaftspraxis betrieben, was mir logisch erschien. Dann gab es einen Hutsalon, in dem der Ehemann der Besitzerin, obwohl studierter Jurist, an der Kasse saß. Vor allem Frauen, meine Mutti eingeschlossen, haben sich darüber das Maul zerrissen. Heute wäre der Mann ein Held.

In unserer Nachbarschaft gab es alleinstehende Frauen, die als »alte Jungfern« abgeheftet wurden. Der weibliche Normalfall war die brave Hausmutter, die sich um Kinder und Küche kümmerte, ohne dabei einen besonders unglücklichen Eindruck zu machen. *Frau und Mutter* hieß eine Illustrierte, die nicht nur wir abonniert hatten, und damit hatte ich es sogar schriftlich. Ich ging zur Schule, um später in der Lage zu sein, meine Familie zu ernähren, und meine Schwester eignete sich dort alles an, was sie brauchte, um eine gute Partie machen zu können beziehungsweise es für ihren Zukünftigen zu werden. Im Rückblick eine beklemmende Vorstellung, aber mit sechzehn fand ich daran nichts, was mich irritiert hätte. In jeder Hitparade meiner Jugend sangen schmachtende Frauen davon, dass ihr Lebensglück zwangsläufig zu Ende wäre, wenn der Geliebte sich anderweitig orientieren würde.

Wann und wo sollten wir diese Prägung, die für alle gilt, die mit mir in der Mittelschicht der Bundesrepublik der Fünfzigerjahre groß wurden, wieder loswerden? Und warum? Die Mädchen, die ich mit Anfang zwanzig kennenlernte, gingen zur Uni oder arbeiteten irgendwo; was beruflich aus ihnen werden würde, interessierte mich weniger. Ich fragte sie nach ihrer Telefonnummer, nicht nach ihrem Lebensziel.

Eine gemeinsame Zukunft plante ich immer nur für die nächsten vierundzwanzig Stunden.

Als es dann mit meiner Thea irgendwann in den frühen Siebzigern ernster wurde, war die ferne Zukunft noch kein Thema, aber zumindest die Versorgungslage übersichtlich. Ich kam mit meinem Bafög gerade so klar, und sie verdiente in ihrer Werbeagentur mehr als ich, also gab jeder, was er gerade hatte. Um die Kohle gab es keinen Streit. Unseren ersten Krach hatten wir, als ich meiner Mutter am Telefon erzählte, ich würde mit einem Freund ins Kino gehen, obwohl ich eigentlich mit meiner Freundin ins Bett wollte. Daraus wurde aber nichts, weil ich versucht hatte, mich zwischen den beiden Frauen, die mein Leben zu dieser Zeit bestimmten, durchzumogeln, und dafür die entsprechende Abreibung bekam.

Der Einfluss meiner Mutter wurde im selben Maße schwächer, wie der meiner Freundin wuchs. Ich hing immer so ein bisschen wundgescheuert dazwischen und hatte für die Emanzipation der Frau schon deswegen kein Ohr, weil ich mit meiner eigenen beschäftigt war.

Vielleicht bin ich ein Softie, aber ich habe für »harte Kerle« immer nur im Kino Verständnis aufbringen können. Im wirklichen Leben waren sie mir unsympathisch. Gleichzeitig hat mich fasziniert, dass es ihnen offenbar völlig egal war, was die weiblichen Wesen in ihrem Umfeld von ihnen hielten. Für ihre Stimmung schien das keine Rolle zu spielen, Whisky und Marlboro schmeckten immer.

Ich fand meinen Seelenfrieden immer nur dann, wenn der Kampf zwischen den Frauen, die mir etwas bedeuteten, gerade ruhte. Weder tat ich meiner Mutter den Gefallen, bei Thea »auf den Tisch zu hauen«, noch dachte ich daran, meiner Mutter »die Meinung zu sagen«, wie sich meine Freundin das gewünscht hätte. Mit meinem Lavieren zwischen den beiden erkaufte ich mir jeweils kurze oder längere Atempausen.

Durch markiges Auftreten habe ich nie gepunktet. Schon allein das Heben der Stimme im häuslichen Streit fiel mir schwer. Ich kann mich nicht erinnern, eine Frau jemals angeschrien zu haben. Dem überlieferten Machowissen der Großväter: Wenn eine Frau »nein« sagt, meint sie »vielleicht«, und wenn sie »vielleicht« sagt, meint sie »ja«, widersprach ich zu jeder Zeit energisch.

Ich habe immer schon die Flucht ergriffen, wenn ich im Blick einer Frau zu erkennen glaubte, sie könne vielleicht nur deswegen »ja« sagen, weil sie mir aus Höflichkeit ein »vielleicht« ersparen wollte. In Bezug auf die Minne bin ich wohl eher ein Angsthase als ein Draufgänger, und wenn ich erst hätte zur Leier greifen müssen, um ein holdes Weib zu betören, war ich eh schon über den Burggraben davon. Wenn ich mich jemals in meinem Leben einer Frau gegenüber in Ton und Tat vergriffen hätte, hätte ich mich bei der leisesten Form von Zurückweisung nicht nur sofort zurückgezogen, sondern mich entschuldigt und in Grund und Boden geschämt. Hat mir zu tollkühnen Liebestaten, deren sich andere Männer rühmen, das Testosteron gefehlt?

Wie auch immer, als Mann fühle ich mich automatisch in Mithaftung genommen, obwohl ich für die übergriffigen Sausäcke, die zu der Zeit, da ich das schreibe, fast täglich aus den Schlagzeilen fallen, nicht das geringste Verständnis habe. Vor meiner Garderobiere Hanni und meiner Maskenbildnerin Uschi bin ich nur beruflich leicht bekleidet herumgeturnt, mit dem Kopf immer in der Vorbereitung auf irgendeinen Auftritt. Mein gynäkologischer Fehltritt zum Thema Eierstöcke in einer Fernsehshow, die passenderweise *Na sowas!* hieß, ist verjährt und entsprang allein der Sorge um die Gesundheit meines hochbetagten Studiogastes. Machosprüche hatte ich nie im Repertoire, weder vor noch hinter der Kamera.

Vorsichtshalber habe ich bei Uschi und Hanni kürzlich nachgefragt, ob ich irgendwann durch ungeziemendes Auftreten ihre Gefühle verletzt hätte. Meine Maskenbildnerin, die seit über zwanzig Jahren die alleinige Verantwortung für meine Frisur trägt und weiß, dass diese keinen Duschvorgang überlebt, antwortete: »Dann wären wir längst weg.«

Eine für mich völlig logische und eindeutige Antwort.

Ausgerechnet mich hat man in den späteren Jahren meiner Karriere zum Vater des Herrenwitzes gemacht. Zu Unrecht, wie ich meine. Und dass ich dauernd an den Knien der Frauen herumgezerrt haben soll, die auf meiner Fernsehcouch saßen, ist auch eher ein Running Gag als ein Vorwurf, den ich ernst nehmen müsste.

In meinen Shows war ich immer mit dem Kopf woanders als mit den Händen, und nur bei Jessica Biel und Charlize Theron hat mich kurz der Gedanke durchzuckt, welche Schönheiten mir da mein Beruf aufs Sofa gesetzt hatte. Schon allein die Tatsache, dass ich mich in diesem Kontext nur an zwei erinnere, zeigt, dass ich die meisten Beautys, die in dieser Prominentenkarawane an mir vorbeizogen, als das betrachtete, was sie waren: berufliche Kurzbegegnungen.

Es hat zwischen mir und einem Weltstar nur einmal geknistert, und zwar wörtlich.

Catherine Deneuve gehört zweifellos in die Abteilung schöner und begehrenswerter Weltstars. Ich hatte sie ein paarmal in meinen Sendungen zu Besuch und immer ein bisschen Muffe, wenn sie auf der Gästeliste stand. Das mag an dieser Begebenheit liegen, die sich bei unserer ersten Begegnung zugetragen hatte.

Es war bei mir üblich, meine Gäste vor ihrem Auftritt in der Garderobe zu besuchen und kurz die Themen durchzugehen. Obwohl Catherine auf meine Frage, ob ich eintreten dürfe, eindeutig mit »oui« geantwortet hatte, stand die Grande Dame des französischen Kinos in Strumpfhosen und BH vor mir. Ich setzte gerade zu einem Salto rückwärts an, aber ein eindeutiges »non, non, non« stoppte meinen Rückzug. Dem fügte sie irgendetwas auf Französisch an, das sich nicht in meinem Vokabular befand, dazu malte sie mit den Fingern einen Luftkreisel. Ich sollte mich umdrehen. Machte ich natürlich. Mit dem Blick auf die geschlossene Tür lief in meinem Kopf der Film ab, wie die Diva ihrer Strumpfhose entstieg. Das samtene Surren, unterlegt von elektrischem Geknister, ging mir durch Mark und Bein. Gleichzeitig abwägend, ob ich mich mit einem gehauchten »Madame« anschleichen oder einem forschen »Oh, là, là« herumschnellen sollte, tat ich weder das eine noch das andere. Als ich das Kommando erhielt, mich wieder umzudrehen, stand Catherine in ihrer kompletten Bühnengarderobe vor mir und tat so, als sei überhaupt nichts passiert.

War ja auch nicht, obwohl sich die Sache, nach dem, was ich heute weiß, auch hätte anders entwickeln können. In der sensiblen #MeToo-Debatte erregte nämlich ausgerechnet meine Freundin Catherine das Missfallen ihrer Geschlechtsgenossinnen, als sie in einem offenen Brief forderte, Männer sollten durchaus dazu in der Lage sein dürfen, »Frauen anzumachen«, und selbst eine »ungeschickte

Anmache« sei nichts Verwerfliches. Letzteres hätte ich in jedem Fall hinbekommen.

Aber das sind müßige Überlegungen, und wäre es anders gelaufen, hätte ich an dieser Stelle nicht darüber berichtet.

Unabhängig vom eigenen Handeln ist natürlich auch die innere Überzeugung von Interesse, die ein Mann dieser Tage zur Situation der Frauen hat. Meine eigene Unsicherheit bei diesem Thema schützt mich ja nicht davor, im richtigen Moment das Falsche zu sagen. Es ist mir ohnehin aufgefallen, dass ich meine spontanen Wortkaskaden zu diversen Themen, bei denen ich früher keine Zurückhaltung kannte, inzwischen stark eingedämmt habe. Einen Shitstorm kann man heute relativ einfach erzeugen, und ich käme mit vielem, was ich in den vergangenen Jahrzehnten fröhlich plappernd von mir gegeben habe, jetzt nicht mehr heil davon. Das habe ich schnell gelernt.

Als der reife Herr Brüderle einer *Stern*-Reporterin in den Ausschnitt linste und sich seine Gedanken dazu machte, war ich noch augenzwinkernd auf seiner Seite, aber verließ diese schlagartig, als der Wind sich drehte. Auf einmal war Schluss mit lustig, und lustig war es vielleicht ja nie gewesen. Sondern es war genauso toleriert worden wie das Rauchen in Flugzeugen.

Natürlich habe ich begriffen, dass sich seit der Mitte des vorigen Jahrhunderts der Blick auf vieles verändert hat. So war ich noch bei meinem eigenen Nachwuchs der festen Überzeugung, dass ein Kind erst ab drei oder vier Jahren in den Kindergarten gehörte und bis dahin sein Platz zu Füßen der Mutter war. Meiner Schwiegertochter unterstellte ich mangelnden Einsatzwillen, als sie meinen Enkel zum erstbesten Termin in die Kita schleppte, und dem Staat war ich für dieses Angebot deswegen auch nicht unbedingt dankbar. Es wurde mir jedoch sehr schnell klar, dass ich falschgelegen hatte. Der Kleine war begeistert von der neuen Umgebung, und die Herausforderung, sich mit anderen Kindern auseinander- und sich notfalls gegen diese durchzusetzen, hat meinem Enkel mindestens ebenso viel gegeben wie mir im selben Alter die Heiligengeschichten meiner frommen Verwandtschaft. Als mein Sohn Roman mir sehr vorsichtig mitzuteilen versuchte, er trage sich mit dem Gedanken, sich bei der Geburt seines ersten Sohnes eine Zeit lang aus seinem Job zu verabschieden, rannte er bei mir bereits offene Türen ein. Ein paar Jahre zuvor hätte ich ihm noch ätzend beschrieben, wie er sich künftig mit anderen Müttern auf dem Spielplatz um die Schaukel streiten würde.

Seine Frau arbeitet von zu Hause aus, kann sich aber auf den Job nur konzentrieren, wenn das Baby in Obhut ist. Da will Roman ran, und ich unterstütze das aus voller Überzeugung. Vielleicht habe ich wieder mal mein Fähnchen nach dem Wind gedreht. »Stay-at-home-Dads« sind in den USA gerade der letzte Schrei, und seine Karriere kann warten.

Ich kenne zu viele Männer, die beruflich alles richtig gemacht haben, denen auf dem Weg in den Erfolg aber die Familie abhandenkam. Das Geld, das sie in all den Überstunden verdient haben, in denen Frau und Kinder frustriert zu Hause saßen, waren sie nach der Scheidung schnell wieder los oder haben es für die Reha ihres verkorksten und verkoksten Nachwuchses ausgegeben, den sie einst der Obhut irgendwelcher Nannys überlassen hatten.

Man mag mir den Vorwurf machen, ich hätte in meiner Eigenschaft als Buchautor Kreide gefressen, und sehr progressiv klingt das ja nun trotzdem alles nicht. Würde ich lügen, dann gleich richtig, aber ich glaube mich auf einem Weg weg von alten Zöpfen und Vorurteilen, der mir allerdings immer wieder sehr holprig erscheint.

So dauerte es bei mir ziemlich lange, bis ich testen konnte, ob ich eventuell unter jener Homophobie leide, die vielen Männern meiner Generation zu eigen sein soll und der sie in lauten Witzen oder leisen Klagen Luft machen. Als ich in der fränkischen Provinz aus meiner Pubertät erwachte, hatte sich dort noch niemand geoutet. Ich kannte zum Beispiel einen richtig guten Typen in Kulmbach, von dem ich erst viel später erfuhr, dass er sich »zu Knaben hingezogen« fühlte. Offenbar war ich keiner dieser Knaben gewesen, sonst hätte ich es gemerkt. Die entsprechende Antenne ist bei mir nicht eingebaut.

Dass mich meine Mutter mit einem leicht frömmelnden Untermieter von uns zum Zelten fahren ließ, ich muss so um die fünfzehn gewesen sein, zeigt, wie unbedarft auch sie in diesen Angelegenheiten war. Als der im Dunkeln zähneklappernd neben mir lag, bewog mich meine christliche Nächstenliebe, ihm abzunehmen, dass er fror. Warum sonst sollte er in meinen Schlafsack kriechen wollen? Ich hab es zwar zuerst für einen Unfall gehalten und später verdrängt, aber irgendwas passierte da an meinem rechten Bein, was mir weder recht noch angenehm war. Für ihn mag das ein erotisches Erlebnis gewesen sein, für mich war's definitiv keins.

Den ersten bekennenden Schwulen traf ich im Bayerischen Rundfunk. So liberal war der in den Siebzigern dann doch. Der Mann trug die Hosen in kniehohe Stiefel gesteckt und hatte die Haare rotstichig gefärbt, am Hinterkopf leicht antoupiert. Ich lud ihn nach Kulmbach ein, weil ich ihn mochte und vielleicht auch, weil ich dort meine neue Welt-läufigkeit beweisen wollte. Meine Mutter merkte wieder nichts, freute sich über die Blumen – von mir bekam sie nie wel-che – und bewertete den Kollegen als »sehr gepflegt«. Wie eine exotische Eroberung schleifte ich meinen Gast durch die überschaubare Kulmbacher Nachtszene und war mir si-cher, er würde dort durch eine homoerotische Wüste schrei-ten. Weit gefehlt. Ein paar Stunden später sah ich ihn mit einem Kerl an der Bar knutschen. In einer Diskothek, in der ich vor Kurzem noch Platten aufgelegt hatte!

Niemanden schien das besonders aufzuregen. Ich war sogar ein bisschen stolz auf diese Liberalitas Bavariae, aber schon allein die Tatsache, dass ich sie gedanklich bemühen musste, zeigt mir, wie verklemmt ich wirklich war. Und dazu ein-fältig genug, um anzunehmen, dass es sich bei Homosexua-lität um eine Angelegenheit handelte, die sich in den dunk-len Vierteln der Großstädte abspielte, aber doch nicht in der »kleinen Kneipe in unserer Straße«.

Ich bin einen langen Weg gegangen, bis es mir gelang, schwules Verhalten als normal zu betrachten. Männer, die Händchen halten, finde ich inzwischen total in Ordnung. Wenn sie sich küssen, will ich denken »Warum nicht?« und komme nur bis zu: »Warum?« Von spießigen Reflexen bin ich immer noch nicht ganz frei und werde es wohl auch nie sein.

Als meine Frau davon träumte, aus einem meiner Söhne könnte ein zweiter Nurejew werden, habe ich ihr diesen Zahn schnell gezogen. Die Assoziation Ballett – Tänzer – schwul gab es auch bei mir, der ich, wenn es gerade passte, auch gern lautstark verkündete, ich hätte mit Schwiegersöhnen statt -töchtern überhaupt kein Problem.

Sogar zum Thema sexuelle Ausnutzung durch Prominente habe ich etwas beizutragen, obwohl es zum Hashtag #MeToo nicht ganz reicht: In der plüschigen Atmosphäre der Münchner In-Kneipe »Kay's Bistro« saß ich zu Zeiten beginnender Radiopopularität neben einem weltberühmten Modeschöpfer und war ein bisschen starstruck. Nein, Karl Lagerfeld war es nicht, aber der Typ sprach mal italienisch, mal französisch mit mir, was ich beides nicht verstand, und der Alkohol hatte uns wohl schon etwas benebelt. Irgendwann spürte ich seinen heißen Atem an meinem Hals. Ich zog weg, er rückte nach. Als ich nicht mehr weiter konnte, hatte ich, schwupp, was Nasses im Ohr. War ihm eine Auster abhandengekommen? Eher nicht. Das war volle Absicht, und es war seine Zunge. Nach einem Moment der Schockstarre entwand ich mich seiner Zuneigung, und er gab sofort Ruhe. Wäre das ein Mensch aus meiner normalen Umgebung gewesen, hätte ich vielleicht entsetzt oder sauer reagiert, aber der Name dieses Mannes hatte mir schon als Jugendlicher in den Ohren geklungen, und jetzt hing der ganze Kerl da dran. Ich dachte: »So sind sie halt, die Weltstars«, und das Ohr war auch schon wieder getrocknet. Weder dort noch in meinem Hirn ist ein bleibender Schaden zurückgeblieben. Ich habe in mir seitdem kein Trauma, sondern nur eine alberne Geschichte herumgetragen. Und mir seither immer vorsorglich die Ohren gewaschen, bevor ich mit berühmten Modeschöpfern unterwegs war.

Damit soll nicht allen Fragen der Ernst genommen werden, die mit der Genderdiskussion zu tun haben. Ich gebe zu, dass ich da immer noch unsicher bin und meinen angeborenen Impuls, mich vorlaut und vorschnell zu äußern, stark eingeschränkt habe. Meine üblichen Wortspielchen oder

Vernebelungsversuche lässt man mir immer seltener durchgehen. Vielleicht kommt die mangelnde Flexibilität auch aus der beleidigten Erkenntnis, dass der »ältere heterosexuelle weiße Mann«, eine Spezies, der ich mich zurechne, mittlerweile das einzige lebende Wesen ist, das keinerlei Artenschutz für sich reklamieren kann.

HUNGRY
LIKE THE WOLF

Duran Duran

Für Menschen, die sich ohne jeden Zwang und auch noch gerne vernünftig ernähren, hatte ich mein Leben lang nur Hohn und Spott übrig. Eine blau gekochte Forelle als »köstlich« und ein Glas Wasser als »erfrischend« zu betrachten wäre mir nie eingefallen, wobei Leute, die das tun, gerne »erfrüschend« sagen. Ich hab die immer abschätzig Naturapostel genannt. Ihr geschmackliches Glück fanden sie im Reformhaus, zur Entspannung gab es bei ihnen »eine schöne Tasse Tee«.

Heute muss ich zerknürscht zugeben, dass die alles richtig gemacht haben und ich vieles falsch. Jede Pizza, jede Cola und in meinem Falle auch jeder Goldbär war eine kleine Sünde, für die ich heute büßen muss.

Nicht dass mir das im Nachhinein leidtut, damals musste es ja sein, aber heute bin ich schlauer. Ein Lernprozess, der gedauert hat und der schmerzlich war, auch für die, die es gut mit mir meinten. Ich habe mich lange und erfolgreich taub gestellt, wenn mir mal wieder die neueste Gesundheitsfraß-variante vorgetragen wurde. Mal war »fat free« angesagt, mal »low carb« oder »no carb«, dann sollte ich mich ernähren wie ein Steinzeitmensch, dicht gefolgt von der »Warrior«-Diät. Nur bin ich weder vierzehn Tage in der Savanne unterwegs, bevor mir das nächste Mammut über den Weg läuft, noch muss ich ständig meine Streitaxt schwingen, um erst meine Feinde zu erschlagen und ihnen dann den Bären wegzufressen. Stattdessen landete ich ständig nach Shows oder Gala-Events in fröhlichen Kneipen, wo ich mir kurz vor Mitternacht noch schnell ein Pfeffersteak reingepfiffen habe, und wenn Pommes übrig blieben, wurde Mayo und Ketchup nachgeordert.

Es ist ja nicht so, als wären mir die Verlockungen von Biokost und Kultdiäten verborgen geblieben. Der untadelige und adelige Doktor Hirschhausen hat wohl gerade das Intervallfasten entdeckt. Das ging ja flott! Damit haben mir wohlwollende Menschen schon 2014 in den Ohren gelegen. Aber ich wollte einfach nichts davon hören. Mal ging die Hose leichter zu, mal musste ich mehr zerren. Hanni, meine Garderobiere, bemerkte dann zwar immer, ganz nebenbei, ich sei wieder »bissi fester worn«, aber sie machte die Hose halt dann ein paar Zentimeter weiter. Und damit der etwas üppigere Leibesumfang im Fernsehen nicht auffiel, toupierte mir Uschi, meine Maskenbildnerin, einfach die Frisur breiter. Damit stimmte das Gesamtbild wieder.

Das klappte ziemlich lange, und mit der regelmäßigen Mayr-Kur im Sommer hielt ich meine Façon über die Jahre hinweg auf einem erträglichen Level. Selbst der oft zitierte Jo-Jo-Effekt blieb unbemerkt, was wohl auch an meiner stattlichen Größe liegt. Ich konnte mich immer darauf verlassen, dass ich während der Kur jeweils sieben Kilo in vierzehn Tagen verlor, und habe dann sorgsam darauf geachtet, mir bis zum nächsten Besuch jedes Gramm wieder anzufuttern.

Der Darmsanierer Dr. Franz Xaver Mayr ist mit seinem Gesundheitskonzept neunzig geworden und hat gerade noch die ersten Hits der Beatles erlebt, bevor er 1965 ganz aufgehört hat, Nahrung zu sich zu nehmen. Friede seiner Seele. Man tut ihm unrecht, wenn man ihn nur mit alten Semmeln in Verbindung bringt, aber Fasten und Bewegung sind und bleiben die beiden festen Größen bei jeder Verschlankung. Es war nur eine Frage der Zeit, bis einer auf die Idee kam, da eine Kombi draus zu machen.

Der Blutdruck steigt, die Wampe wuchert, die Zecherei hängt in den Tränensäcken. Mit einem jährlichen Einmaleinsatz in den österreichischen Bergen ist es seit einiger Zeit nicht mehr getan.

Noch vor ein paar Jahren hätte ich jemanden, der das Wort »Fastenwandern« in meiner Gegenwart aussprach, sofort mit Spott übergossen. Als mir 2017 eine schlanke und ranke Freundin mit Blick auf meine Hüftpolster diese eigenartige Kombination aus Essensverweigerung und Fortbewegung dringend ans bereits leicht verfettete Herz legte, gab ich meinen Widerstand auf. Es irritierte mich allerdings, dass diese Veranstaltung in der Berliner Umgebung stattfinden sollte. In Tibet hätte ich mir ja so was noch vorstellen können. Im Himalaja, begleitet von Mönchen in orangenen Tüchern, die dabei auf irgendwelchen Zimbeln rumkloppen.

Einen Aufbruch in Tegel, wo man sich treffen wollte, konnte ich mir nur per Flugzeug vorstellen. Zudem versprach das bunte Einladungsblättchen auch noch ein abschließendes gemeinsames Essen am Ende der Wanderung. Das klang besser als die Basenbrühe am Ende eines Mayr-Tages. Zudem hatte ich meine amerikanische Schwiegertochter zu Besuch, die sich in den ersten Monaten ihrer Schwangerschaft viel bewegen sollte. Ich hatte keine Lust, mit ihr durch Berliner Museen zu latschen, und die »früsche« Berliner Luft würde ihr und mir guttun. So wie mich die Freundin in dieses Unternehmen gequatscht hatte, moderierte ich es meiner Schwiegertochter schön, was leichter war, als ich gehofft hatte, ich konnte also nicht mehr zurück.

Vor den Wandervögeln hatte ich ein bisschen Angst, denn was würden das für Leute sein, die sich hungernd durch die Büsche schlagen wollten? Auf keinen Fall Autogrammsammler oder Selfie-Freaks. Das war schon mal beruhigend. Und zu viele würden es auch nicht sein, wer macht so was schon freiwillig. Damit sollte ich recht behalten. Die Initiatoren ein junges Ehepaar, der Treffpunkt eine Pension in Alt-Tegel. Außer mir und Schwiegertochter Melissa hatte sich nur noch eine Lehrerin mittleren Alters eingefunden. Die Freundin, die mir das Experiment eingeredet hatte, wurde ausgerechnet an dem Tag, an dem ich einstieg, krank.

Das junge Wanderpaar hatte eine wohltuend ansteckende Energie, der Lehrerin war es wumpe, mit wem sie wanderte. Ich machte erst gar nicht auf Promi, mit einer Extrawurst durfte ich bei dieser Unternehmung eh nicht rechnen. Die Moderation übernahm sofort die Expeditionsleiterin, mit angenehmem französischem Akzent. Es würde den ganzen Tag nur Wasser geben, am Ende des Tages aber ein ausreichendes Abendessen in einem Fischrestaurant.

Das lag noch in weiter Ferne, erst mal war ich tatsächlich überrascht, wie schnell in Berlin die Wildnis beginnt. Ausgerechnet in der Nähe der Rehaklinik, in der ich mein kaputtes Knie kuriert hatte, überquerten wir ein paar Straßen und befanden uns tatsächlich sofort im Wald. Und das war keine mickrige Fichtenschonung, im Gegenteil, schon nach einer halben Stunde hatte ich das Gefühl, der erste Dinosaurier würde gleich um die Ecke kommen. Da gab es grüne Tümpel, in denen es eigenartig gluckste, und die Bäume waren seit Jahren dort liegen geblieben, wo sie gerade umgefallen waren. Dass Jurassic Park gleich hinter Tegel beginnen würde, hatte ich nicht vermutet. Ich kam mir mit Wasserflasche und Schwiegertochter wie Indiana Jones vor, der eine schwangere Blondine aus dem Dschungel rettet. Gut, die Lehrerin passte nicht in den Film und die Fastenreferentin auch nur begrenzt. Trotz des französischen Akzents.

Ihr Mann war zum stillen Mitwandern verdammt. Er war ziemlich drahtig und bekam wohl auch an den Tagen nicht viel zu essen, an denen er nicht durch den Forst latschen musste. Er wusste auch längst, was ich gerade erst erfuhr: Wir praktizierten einen Schnupperkurs in der Disziplin des Intervallfastens. Inzwischen bin ich, wie viele, ein Fan dieser Lebensweise. Als ich gerade dabei war, sie kennenzulernen, habe ich noch gemault. Wenn der Körper, in diesem Falle handelte es sich leider um meinen, achtzehn Stunden keine Nahrung bekommt, fängt er angeblich an, sich nicht nur an den Fettreserven zu bedienen, sondern auch, sich gründlich durchzuputzen. Danach könnte auch das versprochene Fischgemisch, das für den Abend geplant war, keinen größeren Schaden mehr anrichten.

Der zweite Tag führte durch neue Sumpf- und Heidegebiete, die ich im Berliner Umfeld so nicht vermutet hätte, und ich fing an, Schmetterlinge und Schwäne zu fotografieren, eine mir unbekannte, sensiblere Seite an mir, die wohl schon mit mangelnder Hirndurchblutung zu tun hatte. Das Ganze gipfelte sogar in einem Picknick, auf bunter Decke in grüner Wiese, bei dem einige Nüsse und Körner herumgereicht wurden, ich glaube mich dunkel an eine Dattel erinnern zu können, aber zu diesem Zeitpunkt war ich bereits sehr geschwächt.

Das kam auch davon, dass wir eine große Strecke des »Mauerweges« abgewandert waren. Die Berliner Mauer konnte nicht sehr viel kürzer gewesen sein als die chinesische. Ein weiterer Höhepunkt war ein Treffen der Wanderfastentruppe bei einem Rohkostdinner. Das muss am dritten Abend gewesen sein, ich war so weit, Papiertaschentücher naschen zu wollen, und kein Wort der Klage kam über meine Lippen, als mir ausführlich die Speisenfolge erklärt wurde. Der junge Koch servierte ausschließlich Veganes, das zudem nicht durch heißes Wasser erschreckt werden durfte. Eine Currywurst mit Pommes hätte er nicht überlebt. Ich schon. Meine schwangere Schwiegertochter war aber so begeistert von dem geschnippelten Gemüsekram, dass ich mir wie ein Schuft vorgekommen wäre, wenn ich ihr den vermiest hätte.

Der Höhepunkt der Fastenwanderei war für mich die Kombination mit spirituellem Tagesabschluss im Buddhistischen Haus in Berlin-Frohnau. Die dreiundsiebzig Stufen, die zu diesem Tempel führten, waren für mein lädiertes Knie und meinen leeren Magen eine ziemliche Herausforderung, und ich befand mich aufgrund des Nahrungsentzugs ohnehin bereits in einer Art kontemplativen Schwebezustand. Dem Angebot, zu meditieren, hätte ich mich im Normalzustand mit lästerlichen Scherzen entwunden, aber die Aussicht auf Essen erstickte jede Form von Gegenwehr.

In mein Inneres hineinzuhorchen habe ich immer in der Befürchtung vermieden, dort eisigem Schweigen zu begegnen. In diesem Fall ging ich davon aus, zumindest meinen Magen knurren zu hören, und versenkte mich in einer Art Andachtsraum voller Hingabe in mich selbst. Ob ich in Meditationshaltung kurz weggenickt bin, ob mir dabei buddhistische Gottheiten oder katholische Engel zugewinkt haben, weiß ich nicht mehr, ich kam erst in der schrabbeligen Küche wieder zu vollem Bewusstsein. Ein freundlicher Mönch aus Sri Lanka hatte etwas zusammengekocht. Es war mir völlig egal, was es war, es war wunderbar, trotz der starken Cumin-würze, der ich sonst eher aus dem Wege gehe.

Nach diesem prägenden spirituellen Gemeinschaftserleb-nis als Höhepunkt unserer Fastenwanderung zerfiel die Gruppe wieder in ihre Einzelteile. Mir blieb nur die schwangere Schwiegertochter und ein Döschen mit Birkenzucker, das mir die Lehrerin am Ende der Unternehmung zugesteckt hatte.

Das Fastenwandern war für mich der Einstieg in die Idee des »intermittierenden« Essensverzichts. Von wegen, was Häns-chen nicht lernt, lernt Hans nimmermehr!

Heute sehe ich erstaunt, dass ich damals das gemacht habe, was man »seine Ernährung umstellen« nennt, und zwar spie-lerisch leicht.

Wenn ich das schaffe, können Sie es auch: achtzehn Stun-den nur trinken und dann sechs Stunden essen, was man will. Aber nicht mogeln! Trinken heißt Kaffee, Wasser oder Tee ohne Zucker. Alles andere ist Nahrung. Ich mogel na-türlich. In den Kaffee haue ich mir Kaffeeweißer rein. Ich hätte nie gedacht, dass ich von meiner klebrigen Kondens-milch wegkomme, die mir immer wichtiger war als der Kaf-fee, in den ich sie gekippt habe. Und statt Zucker habe ich mir Zimt angewöhnt. Mit etwas Fantasie schmeckt er sogar ein bisschen süß.

Nach meinem Workout mogel ich schon wieder und leiste mir einen Smoothie. Ich haue mir alles mögliche Obst, gerne auch gefroren, in meinen Mixer und schredder das zu einem Drink, den ich mit Kokossaft verdünne, um nicht daran zu ersticken. Ich guck jetzt auch immer auf die Zuckerwerte auf dem Container, da bin ich inzwischen eisern. Ich bin neuerdings regelrecht auf der Flucht vor allem, was süß ist, und kann keinen Supermarkt mehr ohne Lesebrille betreten. Das Unheil liegt im Kleingedruckten. Die paar Gramm Zucker, die uns die Weltgesundheitsbehörde noch gönnt, werden nämlich bei einem normalen Frühstück schon zweimal überschritten. Und fast alle Alternativen sind auch ungesund, die künstlichen noch dazu giftig.

Gut, ein bisschen süß darf es schon sein. Sag ich mal hier. So komme ich, mit zweimal mogeln, gut über den Tag und freu mich wie ein Schneekönig, wenn um 16 Uhr mein Essfenster aufgeht. 18/6 ist meine neue Zauberformel für Gewichthalten.

Das geht bei mir auch deswegen, weil meine Frau und ich völlig unterschiedliche Schlafgewohnheiten haben. Schon wegen meines dauernden Jetlags, den ich nie ganz loswerde, weil ich immer nur für zwei, drei Wochen in Kalifornien bin, lebe ich dort wie ein Schulkind. Ich gehe lächerlich früh ins Bett und stehe im Morgengrauen wieder auf, Thea haut sich den Großteil der Nacht um die Ohren und pennt dafür länger. Also fällt es gar nicht auf, dass ich aufs Frühstück verzichtet habe, wenn wir uns weit nach Mittag zum Lunch hinsetzen. Dann habe ich mit dem Nachtschlaf schon einen großen Teil der Fastenzeit verschlafen, und die restlichen Stunden kommt man ohne Futtern überraschend gut über die Runden.

Auch die alte Regel, dass man wie ein Kaiser frühstücken muss, ist längst überholt. Ich kriege mein morgendliches Workout auch nüchtern hin, ohne entkräftet vom Trimmgerät zu fallen.

Die Tatsache, dass man sechs Stunden essen kann, was man will, nutzt man zu meiner eigenen Verwunderung nicht so schamlos aus, wie man könnte. Damit halte ich mein Gewicht schon seit geraumer Zeit. Die Alternative, ein paar Tage zu essen, was und wann man möchte, und dann zwei rigorose Fastentage einzuschieben, kommt für mich nicht infrage, Totalverzicht – das kann ich nicht!

Auch auf anderen Gebieten habe ich Kreide gefressen und Fakten akzeptiert, die man einfach nicht leugnen kann. Und mittlerweile höre ich auch besser hin, wenn man mir mit dem Argument kommt, damit würde ich mein Leben verlängern. Ich höre das nicht nur, sondern mir sind auch die Augen aufgegangen.

Ich erspare Ihnen hier statistische Einzelheiten und die Aufzählung aller Leiden, die Sie sich mit Fleisch und Zucker anfressen. Von Wurst, Geflügel und Käse fang ich gar nicht erst an. Man muss gar kein Tierschützer mehr sein, um so was abzulehnen. Es reicht schon, alt werden zu wollen. Und: »Wer sehr alt werden will, muss beizeiten damit anfangen.« Karl Kraus. Da haben Sie's. Wenn Sie gedacht haben, nach Peter Kraus ist bei mir Schluss, tun Sie mir schwer unrecht.

Meine Werbung für die Goldbären und anderes Naschzeug war finanziell sicher leichter zu rechtfertigen als medizinisch. Was immer ich damit verdient habe, einen pädagogischen Orden sicher nicht.

Man muss mir nicht erklären, dass das eine späte Einsicht ist. Woher kommt es, dass man dafür erst ein bestimmtes Alter erreicht haben muss? Weil man bis zu einem gewissen Zeitpunkt ungestraft davonkommt. Der Körper steckt's weg, der Kopf hat keinen Grund, sich damit auseinanderzusetzen.

Es war mir mit dreißig völlig wurscht, dass ich den Körper hatte, den ich jetzt gerne hätte. Egal was ich verdrückte, ich bekam davon weder einen Bauch noch Bauchschmerzen. Jetzt schaffe ich beides mit der halben Menge.

»Winter is coming« sagen die bei *Game of Thrones* immer, wenn sie ihre Befestigungsanlagen ausbessern. Seh' ich Väterchen Frost auch schon seine kalte Hand nach mir ausstrecken?

IN THE ARMY NOW

Status Quo

An dieser Stelle muss ich in meinen ernährungskundlichen Betrachtungen kurz innehalten, weil ich den inneren Drang verspüre, philosophisch zu werden.

Was ist es, das uns die Jugend und deren Blüte so überschätzen lässt, und warum macht uns der Gedanke an den Herbst, in dem Laub und Haut gelb werden, so schwermütig? Oder sind es nur die Oberflächlichen unter uns, die diese Gefühle entwickeln? Wäre es nicht ein Zeichen von Lebensklugheit und kontemplativer Gelassenheit, diese Veränderungen wenn schon nicht freudig zu begrüßen, so doch gleichmütig zu ertragen?

Na klar, ich würde gern so tun, als wär mir das egal, und lästere über jeden Mann meines Alters, der mit Lifting versucht, sein Geburtsdatum zu vertuschen, ohne zu bemerken, dass ihm lediglich der Haaransatz nach hinten rutscht.

Ich hatte kürzlich ein Abendessen mit dem »Creative Director« einer Werbeagentur. Als der mich nach meinem Alter fragte, habe ich mich doch, ohne eine Sekunde zu zögern, tatsächlich jünger gemacht. Ich war selber erschrocken. Das war ein Businessmeeting und kein Date.

Wollte ich mich tatsächlich für die Zielgruppe jünger lügen? Wie peinlich. Und dazu noch dumm in einer Zeit, in der jeder sein Gegenüber unterm Tisch durchgoogeln kann. Andererseits, wie weit kommt man mit der ehrlichen Altersangabe? Das Beste, was damit rauszuholen ist, ist ein pflichtgemäßes: »Hätte ich jetzt nicht gedacht.« Dafür kann ich mir weder was kaufen, noch bekomme ich dafür einen Werbevertrag. Der ging auch trotz der Alterslüge knapp an mir vorbei. Wahrscheinlich an einen zwölfjährigen Influencer.

Sobald das Gemogel mit dem Alter nur den Sinn hat, auf dem Markt der Eitelkeiten einen besseren Platz in der Auslage zu bekommen, halte ich das für peinlich.

Mein Ehrgeiz ist es inzwischen, meinen Körper so fit und gesund zu halten wie möglich, und das ist mir die eine oder andere Anstrengung wert. Das Wort Verzicht kommt auch erst seit Kurzem in meinem Wortschatz vor. So selten wie möglich. Aber ich reiße mich jetzt öfter und ganz bewusst zusammen. Das nennt man wohl Disziplin. Ich lasse mich neuerdings von meinem Körper in die Pflicht nehmen. Die Aufmerksamkeit hat er auch verdient. Über ein halbes Jahrhundert habe ich ihn nicht besonders verwöhnt, sondern nur gefordert, und er hat geliefert. Jetzt unterstütze ich ihn und merke auch, dass er mir das dankt.

Dass ich optisch langsam dahinwelke, ist eine Tatsache. Manchmal werde ich noch für jünger gehalten, aber ich versuche mir nichts vorzumachen. Es ist doch unsinnig, von seinem Spiegelbild belogen werden zu wollen, solange man nicht bereit ist, die eigene Geburtsurkunde zu verbrennen. (Inzwischen ist sie mir tatsächlich verbrannt, aber das Standesamt in Bamberg hat mir eine Zweitschrift mit demselben Geburtsdatum ausgestellt.) Und wenn man das Datum, an dem man geboren wurde, wirklich nicht mehr weiß, ist es auch egal, wie man aussieht.

Lange leben wollen wir ja alle, alt sein will keiner, alt aussehen schon gar nicht. Im täglichen Kampf gegen das Dahinsiechen helfen Eselsbrücken wie diese natürlich nicht. Das wissen Sie, das weiß ich. Helles Licht im Bad kann einem am Morgen schon den Tag verderben. Irgendwann ist der Dimmer dann so weit unten, dass man das Elend im Spiegel nicht mehr sieht und über die Kloschüssel stolpert. Brüche sollte man ab einem gewissen Alter aber auch vermeiden. Und jammern sowieso. Also habe ich angefangen gegenzusteuern: Ich versuche, den körperlichen Verfall zu akzeptieren und ihn gleichzeitig aktiv zu verzögern.

Das Fasten macht einen vielleicht schlanker und gesünder, schöner und jünger wird man davon nicht. Deswegen trifft man dort auch eher uneitle Naturapostel als reife Reiche. Denen begegnet man eher in einem Resort, auf das mich noch der Jetsetfachmann Gunter Sachs aufmerksam gemacht hatte. Immer wenn ich mir im Kalender ein halbes Dutzend Tage freischaufeln konnte, machte ich mich nach Südtirol dünne. Dort gibt es in Meran das alte »Hotel Palace«, in dem sich ein gewisser Monsieur Chenot ausgebreitet hat. Als ich zum ersten Mal dort aufkreuzte, stand im Foyer noch ein Hoteldirektor, neben dem ein Dackel saß. Der Maître rieb sich beflissen die Hände und fragte, ob man zum Feiern oder Fasten angereist sei. Die Zecher waren ihm natürlich lieber, zu denen war er auch netter. Die Fastenbrüder trafen sich im »Speisesaal«, die anderen dinierten dreigängig im stuckverzierten Nobelrestaurant. Kein Wunder, dass sich die beiden Fraktionen nicht besonders mochten. Das Publikum war damals eher mediterran, die Italiener tranken abends in der Bar ihre Grappas, die Franzosen pafften ihre Gitanes.

Ich saß mit den spaßfreien deutschen Nahrungsverweigerern in der Schmollecke beim Kräutertee, ein trauriger Mann spielte dazu auf einer Harfe.

Das ist viele Jahre her. Inzwischen ist der Hoteldirektor in Rente, der Dackel tot, und Monsieur Chenot hat das ganze Hotel übernommen. Ich war gerade erst wieder da. Auch in Meran hat man festgestellt, dass Fasterei weder frisch noch fröhlich macht. Also hat man auf Wellness umgestellt. Gehungert wird zwar immer noch, aber auf höchstem Niveau. Die Ober tragen Fliege, der Chefkellner ist im weißen Smoking unterwegs und macht vor jedem Tisch eine Art Bückling. Die Portionen sind klein, fleischlos und kalorienarm, sehen aber immer appetitlich aus. Ohne Abspecken geht also auch hier nichts. Von meinen sechs Kurtagen ist der dritte ein Fastentag, aber den überlebt man mit Wassersuppe, die es in zwei geschmacksfreien Sorten gibt und die aus silbernen Kännchen serviert wird. Den Bückling des Obers gibt es auch dazu, aber am nächsten Abend ist der Fisch dann wieder gegrillt, und man freut sich den ganzen Tag darauf. In der Bar gibt es keine lärmenden Italiener und keine rauchenden Franzosen mehr. Nur noch Kräutertee und den traurigen Harfenisten.

Dafür gibt es jetzt eine Menge von »spezifischen ästhetischen Behandlungen«: Tägliche Massagen mit dem Aufsetzen schmatzender Glasglocken und der Verteilung wohlriechender Öle gehören genauso zum Pflichtprogramm wie eine morgendliche Fangopackung. Die warme Pampe wird einem nach einer halbstündigen Wannensitzung auf den Körper gespachtelt und trocknet dann langsam vor sich hin. Das hat was von Einbalsamierung. Ich liege da immer etwas gedankenschwer im Halbdunkel und fühle mich wie ein Pharao.

Früher, zu Zeiten des Dackels, war das alles noch etwas schrabbelig, jetzt liegt man in Badewannen, bei denen alle drei Minuten die Beleuchtung von Rosa auf Lila wechselt. Die Badabteilung ist einer der wenigen Orte auf der Welt, an denen man noch in Anwesenheit von jungen Damen den Bademantel ablegen darf. Ich tue dies auch dort nur sehr ungern, weil mir die Bademeisterinnen, nach einem strengen »Arme hoch«-Kommando, gnadenlos mit kaltem Wasser aus einem Gartenschlauch den Fangoschmodder vom Leibe fräsen.

Im kalten Licht der Folterkammer sorge ich mich nicht nur über den Anblick, den ich den Waschfrauen biete, sondern sie müssen sich auch noch mein mädchenhaftes Gequietsche anhören, wenn mich der kalte Strahl trifft. Das ist der unangenehmste Teil der Veranstaltung.

Bei meinen letzten Besuchen habe ich angefangen, mich für die Geheimnisse zu interessieren, die seit einigen Jahren im Obergeschoss der Kurklinik angeboten werden und die ich immer tunlichst gemieden habe. Es gibt da einen »Beautybereich«, in dem mehr Frauen als Kerle auf den Wartebänken sitzen. Alle in weißen Bademänteln, das ist dort tagsüber die Pflichtuniform. Das Publikum ist inzwischen stark russisch geprägt. Es gibt auch einen Ableger des Hotels in Aserbaidschan. Die Männer des Ostens scheinen ein stärkeres Körperbewusstsein entwickelt zu haben, seit Putin sich öfters oben ohne zeigt. Die meisten haben aber noch einen weiten Weg vor sich. Im Bademantel sehen sie sich alle etwas ähnlich, das Attraktivste an ihnen sind meist ihre kräftigen Waden, und sie scheren sich selten um das Handyverbot. Hört man ihnen beim Telefonieren zu, und es bleibt oft nichts anderes übrig, dann sorgt man sich immer um den Menschen am anderen Ende der Leitung.

Meist sitzen ohnehin Frauen im Wartebereich. Die wenigsten zum ersten Mal. Schmale Lippen sieht man kaum. Und man kann an einer Doktorarbeit über weiblichen Umgang mit Haaren arbeiten. Es muss wissenschaftlich bereits erwiesen sein: Frauen mit mehr Geld in der Tasche haben auch mehr Haare auf dem Kopf. Ob naturlang oder angelötet, sie durchpflügen die Mähne gerne mit gespreizten Fingern von der Stirn nach hinten, worauf sie sich teilt und schimmernd auf ihre Schultern fließt. Ich erkenne bereits am leichten Zurücklehnen des Kopfes, dass es gleich wieder so weit ist. Reifere Patientinnen schlingen sich auch gerne diese raffinierten Handtuchturbane ums Haupt, die zusammen mit dem weißen Bademantel wie ein königliches Ornat getragen werden. Bei mir löst sich das Handtuchkonstrukt immer schon nach zwei Minuten auf, aber man muss wohl sehr langsam und vor allem aufrecht schreiten, wenn es halten soll.

Der Sinn eines Aufenthalts bei Monsieur Chenot ist das Wiederfinden einer »gesunden Harmonie zwischen Körper und Geist«. So steht es im Prospekt, und da gibt es bei mir doch gewisse Diskrepanzen. Mein Körper ist sehr viel schwerfälliger als mein Geist. Der wiederum ist erfreulicherweise etwas langsamer gealtert. Böse Zungen sprechen sogar von geistiger Unreife. Dabei befindet sich mein Hirn in einem wesentlich besseren Zustand als mein Rücken. Also her mit der Harmonie!

Beim letzten Besuch besorgte ich mir sogar einen Termin beim großen Meister. Bis dahin hatte ich Henri Chenot für einen Friseur gehalten, der seinen Salon um eine Geschäftsidee erweitert hatte. Weit gefehlt! Der Mann hat zwei Doktortitel und beschäftigt sich seit einem Vierteljahrhundert mit

Anthropologie und Philosophie, vor allem aber mit der traditionellen chinesischen Medizin. In seinem Büro herrscht in der Tat eine zenhafte Ordnung, und der Meister selbst strahlt die Ruhe eines Laotse aus. Er fasste mich milde ins Auge und riet mir als Erstes, mich gleich am nächsten Morgen aufzuhängen. Am besten sofort nach dem Aufstehen und das dann möglichst jeden Tag.

Entweder war ich bereits steifbeinig wie John Wayne in sein Amtszimmer geschwankt oder ich saß ihm so krumm gegenüber, dass er sofort bemerkte, was ich bei jedem Schritt spüre: Meine Bandscheiben sind im Eimer. Wenn ich meine Wirbelsäule also jeden Morgen aushängen würde, indem ich mich von der Decke baumeln ließe, wäre das eine willkommene Entlastung der Rückenknochen. Das mache ich seitdem, wann immer ich etwas zum Festhalten über mir finde, plumpse aber relativ schnell wieder auf den Boden. Muss an der Erdanziehung liegen.

Nun sind ja tägliche Verrenkungen etwas, das man uns schon ans Herz gelegt hat, seit wir mit dem Turnbeutel unterwegs waren. Nach Hopserlauf und Liegestütz haben wir schon als Kinder im Turnunterricht mitbekommen, wie segensreich sich tägliche Leibesertüchtigung später bemerkbar machen würde. Dehnen, Gliederstrecken und Greifen nach den Fußspitzen hätte ich mir angewöhnen sollen, bevor meine Beine zu lang wurden, um die Zehen zu erreichen. Jetzt ist es zu spät, und mir geht alles nicht mehr schnell genug.

Auch optisch bin ich immer noch nicht da, wo ich gerne wäre. Ganz weg geht der Bauch weder mit Fasten noch mit Sport.

Jetzt hilft nur noch die schnelle Lösung: absaugen, wegbrennen, flachfrieren. Letzteres kriegt man inzwischen in jedem

Solarium. In den USA heißt die Methode »Cool Sculpting«. Hört sich naiv und einfach an. Was Michelangelo bei seinem David noch mit dem Meißel hingekriegt hat, wird bei mir auch mit einem Eiszapfen nicht mehr funktionieren.

Bei Monsieur Chenot steht diese Methode als »Kryolipolyse« ohnehin nur noch als Vorspeise auf der Karte. Ich schritt sofort zum Hauptgang: Der wird unter »Liposonix« angeboten, nutzt »thermische Ultraschallenergie« und lokalisiert nicht nur die Fettzellen unter der Haut, sondern reduziert sie auch. Hört sich super an. Meine Frage, ob das denn auch wirklich funktioniert, beantwortete der grauhaarige Arzt im weißen Gewand überraschend mit Ja. Man kann nicht behaupten, dass diese Behandlung preisgünstig wäre, aber ich hatte ja die ganze Zeit gearbeitet, in der ich mich um meinen Körper hätte kümmern sollen, also betrachtete ich diese Ausgabe als Rückinvestition. Die angebotenen Schmerztabletten vor der Behandlung lehnte ich stolz ab, der russische Oligarch und die französische Beauté brauchen so was vielleicht, aber doch nicht ich, die deutsche Eiche.

Hätte ich mal lieber. Das ging ganz schön ans Eingemachte, und die alte Erkenntnis, dass leiden muss, wer schön sein will, kann ich seitdem aus eigener Erfahrung bestätigen. Direkt nach der Prozedur sieht man natürlich genauso aus wie vorher, plus ein paar blaue Flecken, die später erst grün und dann gelb werden. Zahlen muss man zwar gleich, aber das Ergebnis würde sich erst nach vier Wochen in ganzer Pracht erweisen. Bis dahin solle man sich viel bewegen und weniger essen. Na prima, hätte man sich dann die Prozedur eventuell gleich ganz ersparen können? Der eine sagt so, der andere sagt so. Bei Michelangelo war das

Ergebnis eindeutiger, aber ich wäre nicht ich, wenn ich mir nicht erfolgreich einreden könnte, es hätte wirklich was gebracht.

Beim nächsten Mal nehm ich die Pille vorher, fällt bei meiner täglichen Ration ohnehin nicht auf.

In schöner Regelmäßigkeit sitze ich vor meinen Plastikcontainern und sortiere kontemplativ acht Pillen in sieben Fächer. Immer von Mo bis So. Ich nehme das gemischte Sortiment gegen meinen hohen Blutdruck, gegen Verkalkung der Gefäße und zur Senkung des Cholesterinspiegels. Wofür die anderen sind, habe ich vergessen. Ich schluck sie trotzdem. Bis vor ein paar Jahren habe ich gleichaltrige Männer, die sich dauernd Tabletten einwarfen, für Hypochonder gehalten. Ich hatte was von hohem Blutdruck gehört, ich wusste von Schlaganfällen, Herzinfarkten und Diabetes, aber mit mir hatte das nichts zu tun. Ich war davon überzeugt, dass mein Blutdruck nach fünfzig Jahren keinerlei Grund mehr haben würde, anzusteigen. Die Aufregungen hatte ich weitgehend hinter mir, und was noch kam, würde ich wegstecken, ohne die Pumpe auf Overdrive schalten zu müssen. Ich hatte mit der »Gelassenheit des Alters« gerechnet und mich offensichtlich verkalkuliert.

Mein Blutdruck ist zu hoch, und zwar richtig. Ich besitze ein Messgerät, das aussieht wie in der Klinik, und Reiseversionen davon aus diversen Duty-free-Läden. Meine Söhne haben mir mehrfach erklärt, welche Apps ich mir herunterladen muss, um den Druck in meinen Arterien mit dem Smartphone messen zu können. Egal wie ich es mache, es kotzt mich an. Die Werte sind nie da, wo sie sein sollen.

Eine halbe Stunde Cardio am Tag wäre hilfreich. Und regelmäßiges Workout. Es ist schwer, ein deutsches Wort zu finden, mit dem man diese Aktivität halbwegs vernünftig beschreiben kann. Als ich in den Achtzigern damit anfing, besuchte ich noch ein »Bodybuilding Studio« in München, das einem Spezi von Arnold Schwarzenegger gehörte. Die meisten, die da rumliefen, eiferten ihrem Idol auch erkennbar nach. Man hat sie damals abschätzig als »Muskelprotze« bezeichnet, und für mich führte da ohnehin kein Weg hin. Das waren eher gedrungene Wichte mit breiten Schultern und einem runden Nacken. Viele haben mit Steroiden daraus einen Stiernacken gezüchtet. Den fand ich nie erstrebenswert, aber die hellenischen Ringkämpfer in meinen Griechischbüchern gefielen mir schon besser als ich mir selbst mit meinen Hängeschultern und meiner Trichterbrust. Also fing ich an, das zu tun, was alle taten, die sich dort rumtrieben: Ich stemmte Hanteln und anderes Schwermetall immer wieder nach oben. Ziemlich eintönig, dafür in schöner Regelmäßigkeit. Das ist wichtig. Denn was einem da an Muskeln langsam zuwächst, verschwindet auch relativ schnell wieder, wenn man nicht immer weiter macht.

Schnell bemerkte ich, dass mir eine Bodybuildertugend fehlt: stoische Disziplin. Arme, Schultern, Bauch. Immer wieder. Und Beine möglichst auch. Jeder Storch knickt irgendwann um, wenn Brust und Bizeps zu schwer werden. Aber das war meine geringste Sorge, dafür fehlte es mir an der nötigen Ausdauer. Man lernt beim Workout eine Fachsprache, die der normale Mensch nicht kennt. Die Weinpresse war mir bereits ein Begriff, die Beinpresse war mir neu. Bei den Bizeps-Curls werden Hanteln nach oben gestemmt, es gibt für den Fachmann noch die Hammer-Curls und für einige wenige Illuminati auch die Arnold-Curls. Wie die gehen, verrät Schwarzenegger aber nur seinen Spezis. Denen empfiehlt er immer zwölf am Stück. Vielleicht wegen der zwölf Apostel. Ich hielt mich eher an die sieben Zwerge.

Das konnte nichts werden. Vor allem weil um mich herum all diese Hagestolze schnauften und ächzten und schwitzten, während sie ihre Schwellkörper wohlgefällig in der verspiegelten Wand betrachteten. Bei mir gab es nicht viel zu sehen, und ich ersetzte das Triple Arme-Schultern-Bauch ziemlich schnell durch Sauna-Sofa-Sonnenbank.

Erst als ich anfing, einen größeren Teil meines Lebens in Kalifornien zu verbringen, wurde das Workout wieder ein regelmäßiger Teil desselben. Arnold war inzwischen Governor geworden und rauchte ab und zu eine Zigarre mit mir. Zwischendurch machten wir auch mal einen gemeinsamen Trip auf der Harley. Die muskelbepackten Schrate wurden jetzt eher als spleenige Freaks wahrgenommen. Optische Idole, denen man nacheifern wollte, waren sie nicht mehr. In den »Gyms« trafen sich mittlerweile vor Arbeitsbeginn die Executives der Filmbranche. Weniger um Gewichte zu stemmen, sondern um auf Laufrädern oder Stepmastern sich und ihren Konkurrenten Fitness zu demonstrieren. Ein Waschbrettbauch gilt immer noch als sexy, ein Oberarm in Form und Farbe einer gebratenen Ente ist inzwischen völlig aus der Mode.

Die Trainer von einst haben sich umgestellt. Wer was auf sich hält, hat in Malibu einen eigenen. Meiner heißt Joe und hat vielleicht deswegen die militärische Präzision der Actionfigur G.I. Joe. Er nennt mich mal »Chief«, mal »Mister T.« und gibt jeden Morgen die Parole aus. Da hat sich seit den Achtzigern wenig geändert. Aus »Brust-Arme-Rücken« wurde »chest-arms-back«. »Legs« sind für mich besonders wichtig geworden, seit es mir den Quadrizeps zersägt hat. Ins »Malibu Gym«, wo ich Joe einst schon als Trainer von Sylvester Stallone beobachtet hatte, muss ich nicht mehr.

Angesichts meiner schwindenden Kondition hatte meine Frau mich gezwungen, mich von zwei Oldtimern zu trennen, die mir sehr ans Herz gewachsen waren. Wo einst ein Aston Martin DB5 und ein Rolls-Royce Silver Shadow ihre Ölflecken hinterlassen hatten, standen jetzt ein paar massive Trimmgeräte. Und eine ganze Batterie von blitzenden Hanteln. Seit geraumer Zeit bringe ich mein tägliches Training mit geradezu religiöser Inbrunst hinter mich. Ich könnte Joe jedes Mal in den Hintern treten, wenn er kommt, und ihn umarmen, wenn er geht. Von ihm habe ich mehr als von den spritfressenden Nostalgiekutschen. Statt Motoröl tropft jetzt der Schweiß auf den Garagenboden. Meine Figur hat sich tatsächlich sichtbar verändert. Die Oberarme sind bei genauem Hinsehen durchaus »definiert«, das heißt, der Bizeps ist als solcher erkennbar. Mit dem Brustmuskel kann ich bei Bedarf zucken, allerdings nicht so imposant wie die beiden Kandidaten, die sich einst damit gegenseitig bei *Wetten, dass..?* Musiktitel zufunkten.

Wenn man einmal angefangen hat, zu bemerken, dass sich der Körper zum Positiven verändert, kann das ungeheuer motivierend sein. Sobald mich jemand für ein Selfie am Arm packt, spanne ich ungefragt alle neuen Muskeln an. Allerdings reagiert nur mein Enkel darauf mit der gebotenen Begeisterung. Wer weiß, was aus mir hätte werden können, wenn ich schon früher und konsequenter an meiner Optik gearbeitet hätte. Auf Wahlplakaten wäre ich alternativlos rübergekommen. »Sie kennen mich« hätte auch draufstehen können. Der kalifornische Gouverneursposten war zwar besetzt, aber vielleicht hätte ich es zum Ministerpräsidenten von Mecklenburg-Vorpommern geschafft? »Tommy's Meck-Pomm« wäre doch ein toller Slogan gewesen. Und Currywurst bei der Wahlparty.

Zu spät. Mir geht es inzwischen auch nicht mehr um Ruhm und Ehr, sondern nur um ein paar Jahre mehr.

TAKE ME HOME, COUNTRY ROADS

John Denver

Kürzlich schrieb mir ein Follower auf Twitter: »Ich wäre gerne du.« Meine Antwort war vielleicht etwas unwirsch: »Lass mal.« Aber ich konnte mir gut vorstellen, was in dem Knaben vorgeht. Er hatte wohl ein paar Angebertweets gelesen, die ich gerade aus Malibu abgefeuert hatte. Erst das Foto eines goldenen Sonnenuntergangs am Meer, der im deutschen November auf besonders fruchtbaren Boden gefallen sein musste, und dann noch mal der nachdrückliche Hinweis, dass ich Tür an Tür mit Miley Cyrus lebte. Das reichte einem Halbwüchsigen, der sich wahrscheinlich gerade ein paar Pickel ausgedrückt hatte und am nächsten Tag in die Schule musste, allemal, um mit einem alten Knacker tauschen zu wollen, der es hinter sich hat und am Pazifik in die Abendsonne blinzelt. Wahrscheinlich würde ich mich in seiner Haut wohler fühlen als er sich in meiner, aber woher sollte er das wissen?

Ich hätte, als ich sechzehn war, sofort und ohne mit der Wimper zu zucken, mit Lex Barker getauscht. Der war Old Shatterhand, hatte einen Lederanzug mit Fransen, und Winnetou war sein Freund. Im schlimmsten Fall war er ein Schauspieler mit breiten Schultern, dem die Frauen nachliefen. Was wusste ich damals davon, dass der Mann niemals so richtig glücklich war und mit knapp über fünfzig an einer New Yorker Straßenkreuzung tot umfallen würde. Also Vorsicht mit der Idee, das Leben der anderen leben zu wollen, wenn es im eigenen mal gerade nicht so toll zugeht. Ich habe in solchen Momenten immer versucht, neuen Halt in meiner alten Existenz zu finden. Und, als das nicht mehr reichte, habe ich meinen Wurzeln nachgespürt.

Genauer gesagt, neulich erst.

Meine Mutter hat es mir bis zu ihrem Tod nicht verziehen, dass ich den Rodeo Drive in Beverly Hills interessanter fand als den Tauentzienplatz in Breslau, an dem doch immerhin mein Vater seine erste Anwaltskanzlei hatte. Ich musste siebenundsechzig Jahre alt werden, um endlich erstmals über das sternförmig angelegte alte Kopfsteinpflaster zu gehen, und die Chancen sind nicht schlecht, dass mein Vater genau dort lief, um in sein Büro zu kommen. Und weil das in der frühen Hälfte des letzten Jahrhunderts passiert sein muss, kam es mir wie ein tiefer Blick in die Vergangenheit vor. In meine eigene. Zuvor war ich in Kaulwitz gewesen, einem winzigen Kaff, in dem mein Vater geboren ist. Die erste Station meiner Schlesienreise. Ich hatte die eigentlich aus schlechtem Gewissen geplant.

Mein Sohn Roman und seine Frau Melissa waren zu einem letzten Trip nach Deutschland gekommen, bevor ihr Baby, mein Enkel, auf die Welt kommen würde. Ich tütete den Trip als pädagogische Maßnahme für meinen Sohn und als geschichtliche Erkundungsreise für meine neue amerikanische Verwandte ein. Die beiden fanden das auch prima, waren aber genauso überrascht wie ich, dass Polen schon eine gute Stunde hinter Berlin anfängt. Für mich war »Mutter Schlesien«, wie der Vertriebene seine verlorene Heimat gerne nennt, immer etwas Märchenhaftes. Die Tatsache, dass diese »Heimat« für mich nie Heimat war, hatte bei mir auch zu völligem Unverständnis über die Hartnäckigkeit geführt, mit der die Tanten, Onkel und Bekannte ihrer verlorenen Scholle nachjammerten. Meine Generation versuchte ja wirklich nachzufühlen, dass Enteignung und Flucht eine traumatische Erfahrung gewesen sein müssen, aber nun war's auch gut. Aus Oberschlesien war halt jetzt Oberfranken geworden. Sei's drum. Der Gnadenaltar in Vierzehnheiligen strahlte ebenso gülden wie der für die schwarze Madonna von Tschenstochau, und am Main gab es genauso schöne Ecken wie an der Oder. Die »Landsmannschaft Schlesien«, die sich in Kulmbach noch regelmäßig traf, war für mich ein tütteliger Heimatverein, in dem Rezepte für »schlesisches Himmelreich« und Erinnerungen an den Katholikentag in Breslau ausgetauscht wurden. Interessierte mich alles nicht. Ich kannte Schlesien aus den Gutenachtgeschichten meines Vaters. Besonders nahm mich das grausame Schicksal seines Dackels mit, der der Legende zufolge auf der Hauptstraße von Kaulwitz von einem Auto überfahren wurde. Die Frage, wie man einen Hund, der aussieht wie eine Wurst auf Beinen, »Tigerle« nennen konnte, drängte sich mir damals nie auf, aber just an dieses unglückliche Tier musste ich denken, als ich in Kaulwitz auf der menschenleeren Hauptstraße stand.

Auf dem Ortsschild steht jetzt »Kowalowice«, und wenn der Verkehr vor über hundert Jahren nicht wesentlich dichter war als heute, muss das arme Tigerle schon großes Pech gehabt haben. Gleich neben dieser Hauptstraße steht die Kirche aus roten Backsteinen, in der mein Vater getauft wurde, und vor dem kleinen Gotteshaus mit dem spitzen Turm liegt der »Kirchhoff«, wie meine schlesischen Tanten die Ansammlung einiger Gräber genannt hätten. Die meisten ungepflegt oder mit verblassten Blumengestecken aus Plastik dekoriert. Es dauerte nicht lange, bis ich auf einer der wenigen Grabsteinplatten einen Namen entdeckte, den ich gut kannte, denn es war meiner. Zumindest konnte man die verdreckten Hieroglyphen als »Gottschalk« deuten. Hier wurde es ein bisschen würdelos, denn ich holte aus dem Kofferraum das Sprühzeug, mit dem ich sonst die angetrockneten Insekten von der Windschutzscheibe löse, und aus dem Koffer einen der kleinen Kulturbeutel, die ich bei jedem Flug von der Lufthansa geschenkt bekomme. Mit Fliegenspray und einer Reisezahnbürste ging ich meiner Herkunft auf den Grund. Mein Sohn sprühte weißen Schaum auf den bemoosten Grabstein, meine Schwiegertochter rieb sich den Bauch, in dem mein Enkel schwamm, und ich kratzte meinen Namen aus dem Schatten der Unkenntlichkeit.

Da lagen sie, Franz und Franziska Gottschalk. Das klang ein bisschen nach dem ulkigen Ehepaar »Paul und Pauline Neugebauer«, das der schlesische Komiker Ludwig Manfred Lommel erfunden hatte. Von einem Franz oder einer Franziska war in den Geschichten meines Vaters nie die Rede gewesen. Ich wusste von einer Tante Zilly, die Cäcilia geheißen hatte, und habe einen Onkel Oswald aus Kaulwitz noch als Kind kennengelernt. Im Netz hatte ich zumindest einen ganz frühen Hinweis im *Namslauer Kreisblatt* von 1872 gefunden. Demzufolge wurde »der Dienstjunge Johann Gottschalk aus Kaulwitz am 4. Mai auf Antrag des Brodherrn« im Kreiskrankenhaus Namslau aufgenommen und am 10. Mai wieder entlassen. Das waren: »6 Verpflegungstage à 3 Sgr., zusammen 18 Sgr.«, und die waren »bis zum 20. I. M. an die Kreis-Communal-Kasse bestimmt einzuzahlen, widrigenfalls deren executivische Einziehung erfolgen müsste«. Unterschrieben hat das Ganze am 30. Mai 1872 »Der Königliche. Landrath. Salice Contessa«.

Andere Recherchen hatten ergeben, dass ein Gottschalk auf dem »Allodialgut Kaulwitz bei Georg Graf Henckel von Donnersmarck« gearbeitet hat. Aber ich konnte ja dessen Nachkommen Florian gleichen Nachnamens kaum beim Oscar-Putzen stören und ihn fragen, ob mein Ururgroßvater vielleicht bei seinem Urgroßvater gearbeitet hat. Ob Dienstjunge oder Knecht auf einem Allodialgut, weiter scheinen es die frühen Gottschalks nicht gebracht zu haben, und das war irgendwie beruhigend. Wenn ich lange genug rumgoogeln würde, wäre schon noch ein Adelsmann aufgetaucht, aber irgendwie reicht mir dieser löchrige Stammbaum. Ich war und blieb in der Tradition und sehe mich ganz gerne als Mann des Volkes. Trotzdem klingelte ich im Pfarrhaus, denn irgendwo muss der Name meines Vaters im November 1902 im Kaulwitzer Taufbuch stehen, er wurde am fünften Tag dieses Monats geboren.

Der Gottesmann war zu Hause, aber er schaute etwas ängstlich drein, weil er wohl befürchtete, ich wollte ihn mit meinem Fliegenspray betäuben. Dabei hielt er sich den Bauch genauso wie meine Schwiegertochter. Er war gerade operiert worden, das sah nach Blinddarm aus, und versprach, sich auf die Suche nach meiner Herkunft zu machen. Ich spendete neuen Grabschmuck für Franz und Franziska, aber da war sicher noch was für die Nachbarn übrig. Dazu hinterließ ich meine Telefonnummer. Er will sich melden.

Wo mein Vater als Kind gewohnt hat, ließ sich natürlich auch nicht mehr ausmachen, aber ich habe mir einen romantischen Bauernhof ausgesucht, der mir passend schien. Es gab davon in Kowalowice einige. Verfallene Scheune, Apfelbaum im Garten und ein paar Hühner, die in der Abendsonne im Gras pickten. Und als es ganz still wurde, hörte ich das Tigerle bellen.

Ich habe diesen Ausflug in meine Ahnengeschichte zwar als romantischen Nostalgietrip abgehakt, aber die Frage, wo ich wirklich zu Hause bin, bewegt mich umso mehr, je älter ich werde. Ist es mir gelungen, so etwas wie eine Heimat zu finden, Wurzeln zu schlagen und meinen Kindern ein klares Gefühl dafür zu geben, wo sie herkommen und wo sie hingehören? Ich habe da meine Zweifel. Während ich in meiner fränkischen Heimat in den ersten beiden Jahrzehnten meines Lebens fest verwurzelt war, habe ich meine Kinder schon in frühen Jahren durch die Welt geschleppt. Meinen ersten Trip nach London erlebte ich mit siebzehn als eine weite Reise in ein fernes Wunderland und saß glücklich kotzend auf einer kalten Fähre, die uns am frühen Morgen in Dover ausspuckte. Die Londoner Taxis waren mir, wie die Kutschen im Märchen, bis dahin nur in schwarz-weißen Edgar-Wallace-Filmen begegnet, plötzlich musste ich aufpassen, nicht von einem überfahren zu werden. Auf die Idee, eines anzuhalten, wäre ich nie gekommen, ich war froh, dass meine paar Kröten für die Londoner Tube reichten, und befürchtete ständig, in deren Tunneln verloren zu gehen.

Meine Kinder kannten solche provinziellen Ängste nie und mussten sich erst damit auseinandersetzen, dass es im Flugzeug eine Economyklasse gibt, als ich sie aus pädagogischen Gründen dorthin verfrachtete. Sie konnten nichts dafür, dass sie ihre ersten Flüge in der Businessclass absolvierten. Ich hatte mir das bereits leisten können, als sie noch klein waren, und wollte selbst nicht auf den Komfort verzichten. Als es

dann sogar für die First reichte, hielt ich es doch für über-
trieben, meine Kinder dort ebenfalls einzumieten. Außerdem waren sie da bereits alt genug, ohne elterliche Aufsicht
den Anweisungen des Personals zu folgen.

Ich werde nie vergessen, wie Tristan während eines Nacht-
flugs plötzlich neben meinem Erstklasssitz auftauchte und aufgrund einer befremdlichen Erkenntnis mit mir den Platz tauschen wollte: »Papa, ich kann nicht mehr Economy fliegen.«
Das hat er in der Zwischenzeit gelernt, aber ich habe wohl
meinen beiden Söhnen die Chance auf die Ochsentour aus
Eigennutz genommen. Ich habe in einem Alter Bratwurst mit
Senf noch als Delikatesse empfunden, in dem meine Söhne
bereits den Unterschied zwischen Sushi und Sashimi begriffen hatten. Und sie begriffen das nicht nur, sie bestellten es
auch.

Dass ich meine Behausungen jeweils ziemlich schnell meinen Einkünften anpasste, hatte zur Folge, dass ich nie lange
an einem Ort lebte. Als ich in den frühen Neunzigern für
meine Late-Night-Versuche in den Medien nicht nur gelobt
wurde, suchte ich beleidigt eine Fluchtmöglichkeit. Ich fand
sie in London, direkt am Hyde Park, in einem dieser elegan-
ten viktorianischen Prachtbauten mit weißen Säulen rechts
und links der Haustür. Der Vorteil war, dass ich mit meinen
Kindern unbehelligt im Hyde Park Fußball spielen konnte,
der Nachteil: Wir waren immer nur nach längeren Abständen ein paar Tage dort. Diese alten Häuser sehen zwar präch-
tig aus, aber sind innen ziemlich morsch. Immer wenn die
junge Griechin über uns duschte, und sie war sehr reinlich,
sammelte sich offenbar eine Wasserpfütze in der Wohnungs-
decke, die dann langsam abtropfte, während ich in Deutschland das Geld verdiente, das mich die Wohnung in England

gekostet hatte. Bei unserer Ankunft war nicht nur jedes Mal ein feuchter Kreis auf unserem Teppichboden, sondern darauf wucherte eine niedliche kleine Pilzkolonie. Der Hausmeister hatte sich auf die Seite der duschfreudigen Griechin geschlagen, wofür ich ein gewisses Verständnis hatte, und der Klempner zuckte mit den Schultern, wie nur Klempner weltweit mit den Schultern zucken können. Also zwang mich meine Frau, die Wohnung samt Pilzzucht wieder abzustoßen, was finanztechnisch eine große Dummheit war, inzwischen sind die Wohnungspreise, in London allgemein und in dieser Gegend besonders, so weit gestiegen, dass ich mir bei jedem Besuch dort einen neuen Teppichboden hätte leisten können.

Solche Verlustvorträge beeindruckten meine Frau aber nicht im Geringsten, und wir suchten uns ein neues Domizil in Kalifornien. Mein Nachbar war der Musiker Peter Frampton, wir sahen nachts die funkelnden Lichter von L.A. Das Haus steht heute noch, nur halb Malibu ist abgebrannt. Ausgerechnet dorthin zogen wir irgendwann mit Sack und Pack, und meine Kinder wuchsen zu jungen Amerikanern heran. Ich habe das mit einer Mischung aus Skepsis und Zustimmung beobachtet. Dass ich ihnen unter kalifornischer Sonne etwas von Rübezahl und Rumpelstilzchen erzählte, erschien mir selber albern, und gegen die Ninja Turtles und Dino-Riders kam ich damit eh nicht an. Ich tröstete mich mit der Erkenntnis, dass deutsche Sagen und die lustigen Streiche von Max und Moritz auch in der alten Heimat an ihnen abgeprallt wären.

Während mein Nachwuchs also kaum Chancen hatte, ein Heimatgefühl zu entwickeln, kam mir meines so langsam abhanden. Mal trieb ich mich in Los Angeles herum, mal in

New York. Dazwischen Urlaube in Thailand, auf Bali und den Seychellen. Ich tröstete mich mit der etwas überheblichen Erkenntnis, dass ich eben zum Weltbürger aufgestiegen war, aber einen gewissen Verlust spürte ich trotzdem. Ich war überall und nirgends zu Hause.

In der Zwischenzeit hat mich die Wirklichkeit eingeholt, denn wenn ich heute in Deutschland bin, halte ich mich meistens in Berlin auf. Der waschechte »Balina« ist inzwischen ein sehr seltenes Exemplar, und die Masse der Menschen, die sich da durch die Straßen schiebt, ist zwischen New York und der deutschen Hauptstadt beliebig austauschbar. Auch was die Sprache betrifft. Ich habe es mit guten Beziehungen geschafft, Mitglied der exklusiven Kultgemeinde zu werden, die weltweit ihre »Meetings« und »Business-Lunches« im »Soho House« abhalten. In New York und London bin ich demütig und buchstabiere bei der Tischbestellung gerne meinen Namen. In Deutschland gehe ich immer noch davon aus, dass die Stimme am anderen Ende der Telefonverbindung »Der?!« fragt, wenn ich »Gottschalk« sage. Im Berliner »Soho House« habe ich meinen fröhlich-forschen Telefonton schon auf sachlich runtergefahren. Denn jedes Mal, wenn ich dort angerufen habe, musste ich mich auf Englisch legitimieren. Den Promibonus gibt's da nur für Hollywood, und der letzte Berliner ist wahrscheinlich im Heizungskeller zu finden. Diese Entwicklung setzt sich fort, und irgendein deutscher Politiker, der das kürzlich zu beklagen wagte, wurde nicht nur in den sozialen Medien zum Provinzdödel degradiert.

Ist das Wort »Heimat« überhaupt noch »politisch korrekt«? Mir ist kürzlich aufgefallen, dass die Bundeskanzlerin es sorgfältig vermeidet, von Deutschen und Ausländern zu sprechen.

Sie hat in die Menschen unterschieden, die »zu uns gekommen sind«, und diejenigen, »die schon länger hier leben«. Ist also Heimatgefühl überhaupt noch etwas, das man seinen Kindern vermitteln sollte? Können wir den Bereich, aus dem wir stammen, auch für die Zukunft für uns reklamieren und davon ausgehen, dass alles so bleibt, wie wir es verlassen haben, bis es uns irgendwann einfällt zurückzukehren und uns dort unserer Herkunft zu versichern? Ich habe diesen Wunsch ab und zu, meine Kinder wissen nicht, wovon ich rede.

An der Kirche, in der sie getauft wurden, fahren sie ohne sichtliche Gefühlsregung vorbei, und als ich ihnen in meiner Heimatstadt den Apfelbaum gezeigt habe, auf dem ich als Kind immer gesessen habe, war ihnen nicht ganz klar, warum Menschen auf Apfelbäume steigen. Noch habe ich den Komfort, meine eigene Vergangenheit in der Gegenwart wiederfinden zu können, wenn ich das möchte. Das ist mir ein regelmäßiges Bedürfnis, und die alte Schule, die Kirche, in der ich als Kind kniete, stehen heute noch so da, wie ich sie verlassen habe. Ist das schon die etwas rührselige Sichtweise des älteren Mannes, der in der Romantik der alten Umgebung seine Jugend wiederfinden möchte?

Ich würde das bestreiten. Aber genau weiß ich es nicht.

FATHER AND SON

Cat Stevens

Ich bin, was man ein Beziehungstier nennt. Ohne Familienzusammenhalt könnte ich keinen Monat überleben. Mit meinen Eltern war ich bis zu ihrem Tode nie zerstritten, was keine Kunst war, denn mein Vater starb früh. Meine Mutter machte mich zwar meistens zur Schnecke, wenn sie mit mir sprach, aber richtete damit keine bleibenden Schäden an, denn ich wusste, dass sie mich aus ganzem Herzen liebte. Auch wenn sie, ich muss ungefähr sechzehn gewesen sein, ziemlich taktlos laut darüber nachdachte, was die Mädchen an mir fanden: »Du siehst aus wie ein Rabe.« Seelische Grausamkeiten wie diese habe ich meinen Kindern erspart, aber Erziehungsfehler sind mir ganz sicher unterlaufen.

Damit Sie es besser machen, werde ich mir im Folgenden Gedanken zum Thema Eltern und Kinder machen. Vor einer unnötigen Tiefe müssen Sie sich nicht fürchten, das wissen Sie, wenn Sie bis hierhin gelesen haben. Die wäre auch gar nicht angemessen, denn in Bezug auf den Umgang mit Kindern wurschteln sich die meisten Eltern genauso durch wie meine Frau und ich. Dabei machen wir jeden Tag was falsch und müssen dafür irgendwann bezahlen. Deswegen habe ich immer andere Eltern bewundert, die nach Prinzip erzogen haben, und diese um ihre Erfolge beneidet. Ich habe es als Misserfolg gewertet, wenn mein Sohn geklagt hat, er hätte »was im Auge«, während der Nachwuchs meines Freundes seinem Vater mit klirrender Präzision mitteilte, er habe dort ein »Fremdkörpergefühl«.

Erziehungsliteratur gab es auch zu meiner Zeit schon genug, meine Mutter legte sie mir des Öfteren kommentarlos auf den Nachttisch. Selber hat sie wohl auf pädagogische Nachhilfe verzichtet, denn dann wäre mir die eine oder andere spontane Ohrfeige erspart geblieben. Falls ich die Erziehungsratschläge überhaupt gelesen haben sollte, muss ich dabei zügig eingeschlafen sein, denn im Moment elterlicher Hilflosigkeit ist mir keiner davon eingefallen. Auch die Tatsache, dass ich Erziehungswissenschaften und Pädagogik studiert habe, hat mir in Momenten der Verzweiflung nur bedingt geholfen. Meine Frau hat allerdings regelmäßig auf diesen akademischen Unterbau gesetzt und mir in kniffligen Situationen die Handlungsvollmacht übertragen.

Wir haben die Fehler gemacht, die alle Eltern gemacht haben. Dass wir unsere Kinder verwöhnt haben, ist uns beiden klar. Mein jüngerer Sohn wuchs, bereits in den USA, in einem Haus auf, das zwei Ebenen hat. Ich erinnere mich noch gut, wie Tristan immer wieder auf der oberen Galerie erschien und wortlos drei Finger erhob. Thea verschwand daraufhin sofort in der Küche und eilte kurz danach mit drei Hotdogs in die obere Etage. Pädagogen und Ernährungsfachleute fallen sich an dieser Stelle weinend in die Arme, aber unser Kind war glücklich. Dies ist der Moment, in dem ich solche Fehler eingestehe, um Ihnen damit die Chance zu geben, es besser zu machen. Bringen Sie nur zwei Hotdogs! Behalten Sie die Lufthoheit!

Wobei Sie vermutlich eher zu der Generation der Groß-eltern gehören, die das, was sie als Eltern schon falsch gemacht haben, noch verschlimmern, wenn sie Opa und Oma und damit gänzlich unbelehrbar sind.

Meine Geschichte von Vätern und Söhnen beginnt am Anfang eines verflossenen Jahrhunderts. Obwohl mein Vater nicht alt wurde, umfasst die Gottschalk-Saga, in deren Mittelpunkt ich stehe, die Zeit vom November 1902, seinem Geburtsjahr, bis zum 1. Januar 2018, dem Geburtstag meines zweiten Enkels. Es könnte einem schwindlig werden, wenn man bedenkt, wie sich die Welt innerhalb von nur drei Generationen verändert hat. Auch wenn ich hoffe, meinem Enkel noch die Geschichte vom kohlschwarzen Raben weitergeben zu können, die mir mein Vater erzählt hat, als ich klein war, ist doch vieles aus seinem und auch aus meinem Leben für die Generation der Enkel auf ewig versunken. Um vieles ist es schade. Bei manchem muss man froh sein, dass es ihnen erspart blieb, gleichzeitig blieb ihnen die Chance verwehrt, aus den Fehlern der Eltern zu lernen. Es gibt Dinge, deren Wirkung sich ihnen nie erschließen wird, auch wenn es unserer Generation viel bedeutet.

Ich spreche hier nicht von der jeweiligen politischen Großwetterlage und betrachte es nicht als Verlust, den Zweiten Weltkrieg nicht miterlebt zu haben. Die Geschichten vom Winter vor Stalingrad habe ich immer wieder von Menschen gehört, die ihn erlebt haben. Einen besseren Menschen haben sie nicht aus mir gemacht. Ebenso wenig werden meine Enkel es vermissen, den Stacheldraht auf der Mauer gesehen zu haben, die fast vierzig Jahre meines Lebens Deutschland in zwei Hälften teilte. Ich rede von den Erfahrungen, die unseren ganz persönlichen Lebensweg prägen.

Nehmen wir das Beispiel der Taufe. Letztes Jahr habe ich in Polen die Kirche besucht, in der mein Vater Anfang des 20. Jahrhunderts getauft wurde. Das hat mir was bedeutet. Irgendwo in der Nähe muss das Haus gestanden haben, vor dem das »Tigerle« überfahren wurde. Der Tod des Dackels war die traurige Pointe der anderen Geschichte, die mir mein Vater immer wieder erzählt hat. Eigentlich hatte er nur diese zwei Geschichten drauf: die vom kohlschwarzen Raben und die vom »armen Tigerle«. Ich wollte auch keine anderen hören. Beide hatten eine schlichte Moral. Die vom Tigerle war, dass man überfahren wird, wenn man nicht aufpasst. Keine ganz schlechte Botschaft für einen Heranwachsenden, und ich bin auch bis heute nie mit etwas kollidiert, das mich gekillt hätte. Die vom Raben ist, dass er sich vom schlauen Fuchs dazu verleiten ließ, ihm das Stück Käse vor die Füße fallen zu lassen, das er bis dahin als sichere Beute im Schnabel gehalten hatte. Dazu hatte es nur einer Schmeichelei von Meister Reineke bedurft. Der hatte dem Raben scheinheilig bezeugt, ein schöner Vogel zu sein, und die Frage angehängt, ob er denn auch so schön singen könne. Natürlich hatte der Idiot sofort losgekrächzt. Die Lehre aus dieser Fabel habe ich zwar grundsätzlich verstanden, aber – im Rückblick – vielleicht nicht ganz so konsequent befolgt wie die vom toten Dackel. Aber beide haben sich in meine kognitive Struktur gegraben.

Ein Dackel und ein Rabe bilden die Summe meiner literarischen Früherziehung, und ich wage es, ein Buch zu schreiben. Meine Söhne habe ich – vermutlich aber in leicht angekotzter Diktion – mit pädagogisch wertvoller Kinderlektüre in den Schlaf gelesen. Beide nehmen Bücher nur widerwillig zur Hand. Daran, eins zu schreiben, denkt keiner von beiden. Und das, obwohl ich den großen Sohn, Achtung, Betonungssensation, RoMAN genannt habe.

Zurück zur Taufe und meinem Vater. Kürzlich habe ich von Tante Edeltraud erfahren, dass ihre Mutter, Tante Sophie, das Taufkleid meines Vaters über die Jahrhunderte gerettet hat. Auch ich wurde offenbar damit zum Kinde Gottes geweiht, es gibt sogar ein Beweisfoto. Zum Glück war das Taufkleid letztmals bei Tante Sophies Enkel Michael im Einsatz und ist deshalb noch blau (ist das heute noch politisch korrekt?) unterfüttert. Bei Michaels älterer Schwester Bettina war es jedenfalls noch rosa.

Der liebe Gott hat mir einen (männlichen) Enkel beschieden, das Taufkleid hat auf wundersame Weise bereits den richtigen Farbton. Tante Edeltraud glaubt an Fügung, ich an Zufall. Die Taufe selbst warf im Vorfeld eine Menge von Fragen auf, die ich mir in Teilen gerne erspart hätte. Zuerst einmal die, ob es überhaupt nötig ist, dass der kleine Sebastian getauft wird. Das haben sich meine Großeltern ganz sicher nicht gefragt, als ihr Sohn, mein Vater Hans, im schlesischen Kaulwitz geboren wurde. Die Gottschalks waren katholisch, und nach der damals gültigen Glaubenslehre wurde ein ungetauftes Kind, wenn es früh verstarb, des ewigen Lebens nicht teilhaftig. Der Säuglingstod war zu dieser Zeit nichts Außergewöhnliches und in der Familie meines Vaters bereits vorgekommen. Man wollte also jedes Risiko vermeiden. Noch zu meiner Zeit lernte ich im Religionsunterricht, dass ungetaufte Kinder in einer Art Limbo verharren und bestenfalls nach einer Zwischenstation im Fegefeuer das Licht der Herrlichkeit erblicken. Für meine Großeltern war das eine schreckliche Vorstellung, also wurde der kleine Hans umgehend getauft. Der entsprechende Eintrag findet sich für den

2. Dezember 1902 im Kaulwitzer Kirchenbuch. Ich habe eine Kopie, der polnische Pfarrer mit dem Blinddarm hat mittlerweile geliefert.

Auch ich wurde nicht gefragt, sondern mit Kerze, dem bereits erwähnten Taufkleid und Tante Tilla als Taufpatin ein paar Tage nach meiner Geburt in der Taufkapelle meiner Geburtsklinik in Bamberg zum Kind Gottes, in dessen väterliche Arme ich mich noch heute gelegentlich flüchte. Im Tagesgeschäft mache ich Gott nicht immer Freude. Es gibt sogar Momente, in denen ich ernsthaft bezweifle, dass es ihn gibt. Trotzdem war ich irgendwie froh, als mein Sohn Roman und seine Frau sich für Sebastians Taufe entschieden hatten. Melissa ist Amerikanerin und irgendwie auch katholisch. Zumindest ist es der Mann, den ihre Mutter geheiratet hat, nachdem sie sich von ihrem ersten hat scheiden lassen, der, glaube ich, Presbyterianer war. Sagen wir mal, sie ist im weitesten Sinne katholisch. Denn von dem Presbyterianer ist Melissas Mutter ja eh getrennt, und damit ist sie schon aus der Nummer raus. Scheidung bedeutet ja, wenn es nach Rom ginge, immer noch den Ausschluss von den Sakramenten. Ob eine geschiedene Mutter auch die jung verheiratete Tochter gleich mit ins ewige Verderben reißen muss, ist eine Ermessensfrage. Ich sehe es so, wie ein gütiger Gott es sehen würde, und mein Sohn ist auf jeden Fall nachweisbar und ordnungsgemäß getauft.

Um alles in die richtige Bahn zu lenken, war ich auf dem Pfarramt meiner Heimatgemeinde und habe die Taufe vorbereitet. Es gibt dort zwei Kirchen, zu meiner Zeit waren es auch noch zwei Pfarreien. Das eine Gotteshaus ist in den Sechzigerjahren erbaut worden und verbreitet die Feierlichkeit einer Kaufhausfassade. Das andere ist »Unserer Lieben

Frau« geweiht und hat noch viel Goldbronze im Hauptaltar. Dort habe ich als kleiner Junge ministriert und im Glockenturm unter Spinnweben nach einem verborgenen Schatz gesucht, der bis heute nicht gefunden wurde. Mit Rücksicht auf die amerikanische Verwandtschaft habe ich mich für die Goldbronze entschieden. Der Pfarrer war zu dem festgesetzten Termin im Urlaub, und zuständig wäre eigentlich der indische Kaplan gewesen. Ich habe rumgedruckst und in aller Demut gefragt, ob das nicht zu international ist, wenn ein Priester aus Indien in gebrochenem Deutsch das amerikanische Kind meines deutschen Sohnes in Oberfranken tauft. Daraufhin hat sich der andere Kaplan bereit erklärt, seinen Urlaub zu verschieben. Der deutsche Kaplan kommt aus Erlangen, sein Latein ist besser als sein Englisch, und ich habe als Übersetzer fungiert. Also erst vom Frängischn ins Deutsche und dann ins Englische. Der junge Geistliche hat mir nämlich versichert: »Ich mach so a Daufe immer gern a weng logger. Hot der Sebastian denn scho a Brüderla?«

Damit waren wir bereits wieder auf theologischem Glatteis. Mein jüngerer Sohn ist bereits geschieden. Obwohl ich ihm damals erklärt hatte, dass es keine gute Idee wäre, mit zwanzig Vater und Ehemann zu werden, wusste er das natürlich besser. Drei Hotdogs auf einmal waren auch keine gute Idee, und er hat sie gekriegt. Tristan hat entschieden, dass sein Sohn, der inzwischen sieben Jahre alt ist, später selbst entscheiden soll, welcher Religionsgemeinschaft er angehören möchte. Er sieht sich als Agnostiker, wir hatten kürzlich eine lautstarke Diskussion darüber, was den Agnostiker vom Atheisten unterscheidet. Ich sah meine Mutter in ihrem Grabe rotieren, und wie es sich für einen Katholiken gehört, lasten seitdem schwere Schuldgefühle auf meinen Schultern.

In einem Moment innigen Verständnisses zwischen mir und Tristan versuchte ich deshalb, eine kuschelige Doppeltaufe beider Enkel ins Gespräch zu bringen.

Keine Chance.

Wenigstens hat er nichts dagegen, dass ich den großen Enkel mit zur Taufe des Kleinen nehme. Ich muss ihn bloß so am Taufstein positionieren, dass er nicht durch einen unglücklichen Zufall von einem Spritzer Weihwasser getroffen wird.

Den Erlanger Kaplan habe ich dann einfach gefragt, ob man auch ein Heidenkind in einen Ministrantenkittel stecken könnte – und es geht! Offenbar gibt es kein kanonisches Recht, das dies verbietet. Vielleicht lässt sich der Heilige Geist unbemerkt auf beide Enkelkinder nieder. Wenn Jameson im Nachklang wie durch ein Wunder schneller und leserlicher in sein Schulheft kritzelt, lässt sich vielleicht auch mein ungläubiger Thomas, nein, Tristan, von Gottes Allmacht überzeugen.

Die Anreise der kalifornischen Verwandtschaft war selbst für mich als Vielflieger eine logistische Herausforderung. Dazu kam natürlich eine gewisse Sensibilität, welche Verwandten besser nicht aufeinandertreffen und wie man es anstellt, dass die es nicht bemerken, dass man vorsichtig um sie herum geplant hat.

Auch wenn ich in diesem Moment noch nicht ahnte, dass meine eigene Beziehung irgendwann wackeln würde, gab es in meiner Familie bereits Ansätze von Patchwork. Mein Sohn Tristan und meine Schwester waren von ihren Ehepartnern bereits geschieden. In den Gesprächen darüber war oft von »Ehrlichkeit« die Rede und vom Mut, »sich Dinge einzugestehen«. Ich fühlte mich zu diesem Zeitpunkt noch herausgefordert zu widersprechen, weil ich eher dazu neigte, Risse in meinem Weltbild mit Honig zu verspachteln, bevor sie so groß wurden, dass die Gefahr bestand hineinzufallen.

Mein großer Sohn hat Teile meiner Harmoniesucht übernommen, der jüngere verzichtet dankend. Ich ärgere mich manchmal darüber, aber es beruhigt mich auch. Sie hampeln nicht rum, um mir zu gefallen, so wie ich es mit meinen Eltern gemacht habe, sie sind einfach, wie sie sind.

Wie jeder Vater frage ich ab und zu, ob ich in der Erziehung meiner Kinder alles richtig gemacht habe. Ich möchte den sehen, der mit voller Überzeugung sagen kann, es wäre ihm gelungen. Und überhaupt, was ist schon richtig?

Haben meine Eltern alles richtig gemacht? Und die Eltern meiner Eltern? Ich kann mich sehr gut an die Geschichten erinnern, die meine Eltern aus ihrer eigenen Kindheit erzählt haben. Die meines Vaters spielte sich zu Beginn des 20. Jahrhunderts ab. Da gab es in der Schule unregelmäßig Kloppe und zu Hause regelmäßig. Er nannte seine Mutter Mamá. Französisch, mit Betonung auf dem zweiten a. Sein Vater hatte einen kleinen Bauernhof, seine Tante leitete das Postbüro, dessen einzige Angestellte sie war. Keine schillernde Szenerie. Der kleine Hans war eins von drei Kindern, das vierte war im Kindbett verstorben. Neben der Schule arbeitete er auf dem Bauernhof, pädagogischen Feinsinn muss man meinen Großeltern nicht unterstellen. Immerhin erlaubten sie meinem Vater auf eigenen Wunsch nach der Volksschule ein Selbststudium, und er schaffte tatsächlich das Abitur, das ich rund fünfzig Jahre später mit Ach und Krach bestand. Als mein Vater feststellte, dass ich mit dreizehn noch nicht wusste, wo auf der Landkarte Norden und Süden ist, hielt er mir einen längeren Vortrag, an den ich mich gut erinnern kann.

Er sprach von dem Unverständnis seiner Eltern für die akademische Karriere, die er anstrebte, von der bitteren Kälte, in der er seinen Schulweg zurücklegte, und immer wieder vom »eisernen Willen«, der wohl dieser Generation zusammen mit einem »unerschütterlichen Glauben« an irgendetwas eingehämmert worden war. Das alles konnte ich später als Nazi-Deutsch gemeinsam mit dem »gesunden Volksempfinden« in den Mülleimer der deutschen Geschichte treten. Dass ich damit auch jeder intellektuellen Herausforderung aus dem Weg ging, hat meine geistige Entwicklung sicher nicht gefördert.

Meine Mutter stand in ihrer Kindheit im Schatten ihrer musisch hochbegabten Schwester. Ihr flogen ebenso wenige schulische Bestleistungen zu wie später mir. Was mir immerhin ihr Verständnis sicherte. Letztlich musste aber ich den Preis dafür zahlen, dass die zwölfjährige Tante Hildegard mit einem Klavierkonzert im Rundfunk aufgetreten war. Was Mutti an musikalischem Talent fehlte, sollte ich gefälligst nachliefern. Natürlich dachte ich nicht daran. Tante Hildegard war mittlerweile als Nonne im Kloster gelandet, eine Konkurrenz mit ihrem Nachwuchs war nicht zu befürchten. Musikalisch war ich weder begabt noch von Ehrgeiz beseelt. Meine Mutter hatte die unangenehme Angewohnheit, sich neben mich ans Klavier zu setzen und mir eine zu kleistern, wenn ich mich verspielte. Und ich verspielte mich oft.

Immer wieder behauptete sie wahlweise, ich würde ihr später noch mal dankbar sein oder mich entsprechend darüber ärgern, dass ich kein Instrument beherrschte. Sowohl meine Dankbarkeit als auch mein Ärger hielten sich in Grenzen. Trotzdem habe ich meinen Söhnen Vorträge gehalten, die denen meiner Eltern nicht unähnlich waren. Ich mag dabei nicht sehr überzeugend gewesen sein und tendiere prinzipiell eher zum Flehen als zum Befehlen.

Sagen wir es, wie es ist: Es fehlt mir an der nötigen Konsequenz. Wobei: Sitzen nicht alle Eltern in einem Boot, dessen Kurs schwer zu berechnen ist? Einige beruhigende Worte aus der Kita, ein paar Zensuren im oberen Bereich und man wähnt sich in ruhigen Gewässern mit dem wohligen Gefühl, alles richtig gemacht zu haben. Dann aber beißt der Nachwuchs im Kindergarten seine Spielgefährten oder verbreitet im Schulbus pornografisches Gedankengut – sofort bricht jede pädagogische Gewissheit zusammen.

Dieser Effekt wird offensichtlich von Generation zu Generation größer. Mittlerweile sind wir bei den Helikoptereltern angekommen, die ihre Kinder vor lauter Angst überhaupt nicht mehr aus den Augen lassen, und trotzdem sind die Schulklassen voller kleiner Monster. Ich bezweifle, dass zu Zeiten meines Vaters irgendein Kind Ritalin schluckte, und ich weiß, dass während meiner Schulzeit niemand sein Smartphone abgeben musste, weil er sich sonst die Antworten der Klassenarbeit zusammengoogeln würde. Wie plump. Wir haben uns auch nicht online darüber beklagt, dass das Matheabitur zu schwer gewesen wäre. Für mich war es eindeutig unlösbar, aber ich habe mein »ungenügend« mannhaft zur Kenntnis genommen, die Tränen meiner Mutter mitfühlend getrocknet und mit einer halbwegs vernünftigen Leistung in Deutsch gerade mal so ausgeglichen. Bis dahin hatte ich mich durchgemogelt.

Das Verschießen von Spickzetteln mit dem Schnipsgummi war eine anspruchsvolle Tätigkeit, die sowohl Feinmotorik als auch Präzision verlangte. Ist es albern, in diesem Zusammenhang von der »Gnade der frühen Geburt« zu sprechen?

Das Leben eines Bauernjungen, wie es mein Vater zu Beginn des vergangenen Jahrhunderts führte, war sicher nicht romantisch. Er war zwölf Jahre alt, als der Erste Weltkrieg begann, und wurde mit siebenunddreißig in den Zweiten geschickt. Mit ihm tauschen zu wollen wäre mir nie eingefallen. Allerdings hätte ich meinen Söhnen gewünscht, in meiner Zeit aufzuwachsen. Bedankt hätten sie sich dafür gewiss nicht, und ich weiß, dass dies ein törichter Gedanke ist. Aber so töricht er ist, so schön ist er auch! Räuber und Gendarm! Beatles und James Bond!

Sentimentalitäten wie diese werden heute von der nachwachsenden Generation milde belächelt, und wir Babyboomer haben das ganze Rentensystem zum Straucheln gebracht. Man wäre uns ganz gerne los, während wir hilflos, aber auch ein bisschen wütend auf die Facebookgeneration blicken. Unsere Kinder schreiben keine Liebesbriefe mehr, sondern entfolgen und blocken ihre Partner online.

Es gibt genügend Zitate in Griechisch und Latein, die belegen, dass schon im Altertum die vorangegangene Generation skeptisch auf die nächste blickte, aber solche wahnsinnigen Entwicklungssprünge, wie wir sie kennen, hat es in der Geschichte der Menschheit noch nie gegeben. Über Jahrhunderte hat man sich erst das Kerzenlicht weitergereicht und dann die Ölfunzel. Mein Vater war noch auf dem Pferdefuhrwerk unterwegs, ich habe mit meinem VW-Käfer schon die Umwelt verpestet, und mein Sohn macht mich wahnsinnig, wenn er sein Elektrofahrzeug auf Autopilot stellt und die Hände vom Steuer nimmt. Die Menschheit hat sich nie so schnell weiterentwickelt wie in den letzten beiden Generationen. Das Internet gibt es überhaupt erst seit dreißig Jahren, und die Entstehung des Smartphones habe ich in allen

Schritten verfolgt. Ich war einer der Ersten, der in seinem Auto ein Funktelefon mit sich führte, das man bei Bedarf auch mit sich schleppen konnte. Es hatte das Gewicht von mehreren Briketts. Dann kam diese mittelalterliche Keule, aus der man zu Gesprächsbeginn eine meterlange Antenne zog.

Mir scheint das alles nur ein paar Jahre her zu sein, und was ich zuerst als Segen empfand, ist in meinen Augen heute eher ein Fluch. Ich befürchte, meine Söhne würden eher mich im Restaurant vergessen als ihr Handy. Ich habe meinen Eltern noch Briefe aus dem Urlaub geschrieben, die ich mit einer bunten Borte verziert habe, meine Söhne verwöhnen mich ab und zu mit Emojis. Ein ausgestreckter Daumen ist schon ein dickes Lob, ein Herz ein seltener Gefühlsausbruch, und die lieben Grüße nach einer Zweizeilenbotschaft werden mit LG abgekürzt. Gerade hat sich so ein Onlinedackel, der sich mit dem Smartphone sicher besser auskennt als ich, in einer Quizshow, die ich moderiert habe, in meinen Augen orthographisch bis aufs Blut blamiert. Statt sofort im Boden zu versinken, fuhr er sich aber nur einmal locker mit den Fingern durch die Gelfrisur. Die Frage lautete: Was bedeutet »MfG« am Ende einer Mail? Seine Antwort: »Mit vielen Grüßen!« Da haben Sie's. Die Jugend von heute.

Ich leide, wenn ich auf den Screens meiner Söhne platzende Köpfe sehe und das Geknatter von Maschinengewehren höre, obwohl mir Psychologen immer wieder versichern, dass es keine Charakterschäden hervorruft, wenn in Videospielen stundenlang auf Zombies, feindliche Söldner oder Aliens geballert wird. Ich denke dann an meine »Erbsenschusspistole« aus Plastik, mit der ich im gleichen Alter meinen Bruder attackiert habe, und frage mich, ob seine Macken damit zu tun haben. Eher nicht. Auch die Tatsache, dass wir beide zu Zeiten des Kalten Krieges aufgewachsen sind, hat aus uns keine kalten Krieger gemacht. Ich glaube, dass jeder Mensch mit dem leben muss, was seine Zeit für ihn an Geschenken und Herausforderungen bereithält. Wir sind so geschaffen, dass wir damit umgehen können.

Mein Vater wurde zu Beginn, ich genau in der Mitte und meine Söhne gegen Ende des vergangenen Jahrhunderts geboren, meine beiden Enkel bereits im neuen Jahrtausend. Sebastian, der bisher letzte, am 1. 1. 2018. Wenn die Wissenschaftler recht behalten, ist er bereits Teil einer Generation, deren Lebenserwartung hundert Jahre und mehr beträgt. Für ihn wird meine Welt genauso abenteuerlich aussehen wie für mich der Wilde Westen. Sein Leben wird in dem Maße von Algorithmen beeinflusst werden wie meines vom Katholizismus. Die künstliche Intelligenz wird Teil einer Zukunft sein, mit der ich vielleicht nichts mehr zu tun haben werde.

Ich kann mich nicht ganz entscheiden, ob ich froh darüber sein sollte oder neidisch. Das ist vielleicht auch ein Teil der Kunst, alt zu werden.

SON OF A
PREACHER MAN

Dusty Springfield

Wer sich in den Oldie-Charts auskennt, der weiß, dass die Titelzeile dieses Kapitels Dusty Springfields Liebeserklärung an den Sohn eines Predigers ist. Ich denke mir ein Fragezeichen dazu, seit die pummelige Kassiererin in unserem Edeka-Laden von mir genau das wissen wollte und sich mit Verschwörerblick aus ihrer Kassenbox stemmte, in der sie kaum Platz hatte. Sie zog mich diskret zu sich ins Lager. Es ging wohl nicht nur um ihre eigene Neugier, sondern auch um die ihrer Kundinnen: »Sooch amol … dei Mudder un der Pfarrer …«

Mehr musste ich gar nicht hören, um rote Ohren zu bekommen. Der Pfarrer, damit konnte nur Onkel Hans gemeint sein, der zwar kein Pfarrer war, aber immerhin ein katholischer Priester und damit dem Zölibat verpflichtet. Uns aber auch, denn er war der beste Freund meines Vaters gewesen und hatte nach dessen Tod nicht nur die Aufgaben des Testamentsvollstreckers übernommen, sondern war gleichzeitig zur Vaterfigur für uns geworden und zur Klagemauer für meine Mutter.

Onkel Hans war oft bei uns und tat mir jedes Mal furchtbar leid, wenn meine Mutter den Frust, den sie mit uns hatte, wortreich bei ihm ablud. Wir wohnten in der Nähe der Kirche, und manch fromme Kulmbacherin musste Onkel Hans wohl nach Mai- oder Rosenkranzandachten dabei beobachtet haben, wie er an unserer Haustür klingelte. Sicher nicht, um mit meiner verwitweten Mutter zu kuscheln, sondern sich, jedes Mal aufs Neue erschüttert, eine Auflistung dessen anzuhören, was ich mir zu Hause geleistet und in der Schule stattdessen nicht geleistet hatte.

Ich kann das bezeugen, denn ich war nicht nur immer dabei, sondern auch meistens das einzige Thema. Meine Schwester war noch klein, und die Untaten meines Bruders drangen nur selten aus dem Benediktiner-Internat im Kloster Scheyern nach Kulmbach durch. Meine Verfehlungen wurden zu einer wöchentlichen Hitparade zusammengefasst, mit der Onkel Hans beschallt wurde, sobald er freitagabends bei uns eintraf. Er war, so wie ich heute, ein hochgewachsener Mann und hatte, so wie ich heute, kaputte Bandscheiben. Deswegen lauschte er der Klagelitanei meiner Mutter immer im Stehen, wobei er seinen rechten Ellenbogen auf einen Schrank ablegte, der allen anderen bis zum Kopf reichte. Mit der linken Hand stützte er sein schmerzendes Rückgrat. Mich überkam dabei jedes Mal das Gefühl, die Qualen von Onkel Hans seien die Strafe Gottes für meine Untaten. Jede Fünf in Mathe, jede Lüge, jeder Verweis schoss ihm einen Wirbel weg. Ich weiß heute genau, wo es ihm damals wehtat.

Meine Mutter neigte zu spontanen, unbedachten Kundgebungen ihres Unwillens, und eine gedankenlose Ohrfeige für mich war eine ziemlich normale Angelegenheit, die ich gleichmütig wegsteckte. Onkel Hans war aber von Natur aus ein sanftmütiger Mensch und noch dazu beruflich der Nächstenliebe verpflichtet. Sein leidender Blick ging mir sehr viel nachdrücklicher zu Herzen als die aufgeregten Spontanausbrüche meiner Mutter. Das gequälte, von leichten Zuckungen begleitete Aufbäumen des Körpers kennt jeder, dem der Rücken Probleme macht. Man kann es auch dazu nutzen, seiner Umwelt ein schlechtes Gewissen einzureden. Das unmittelbare Signal: An dem Kreuz, das du mir aufbürdest, trage ich schwer. Mit diesem Eindruck und dem Versprechen, mich zu bessern, verließ ich den lästigen Freitagstermin, wohlwissend, dass ich eine Woche später wieder antreten müsste.

Schon wegen dieser regelmäßigen Tortur waren die Besuche von Onkel Hans bei uns keine Zeit für Minnegesänge, sondern für Klagelieder, da lag die Kassiererin bei Edeka nachweislich falsch.

Ein Moment, in dem ich nicht zugegen war, war allerdings der meiner Zeugung. Ich gehe fest und unerschütterlich davon aus, dass mein Vater und meine Mutter, so wie sie in meiner Geburtsurkunde stehen, dabei unter sich waren. Aber was weiß man denn? Und was will man wissen? Zu detektivischen Nachforschungen besteht kein Anlass, und im Supermarkt wird immer viel getratscht.

Trotzdem. Mir war die Sache höchst unangenehm, und auf die Reaktion meiner Mutter war ich gespannt genug, um ihr den bösen Verdacht nicht zu verschweigen. Ihre Reaktion war blankes Entsetzen: »Wenn das die Runde macht, häng ich mich auf!«

Ich fand das angemessen und ausreichend. Damit war die Sache für mich und den Kulmbacher Boulevard wohl erledigt. Alle Beteiligten sind lange tot, und ich betrachte amüsiert alte Fotos, auf denen ich neben Onkel Hans stehe. Wir haben beide blaue Augen, sind über eins neunzig, blass, schlank und blond. Wenn ich ein Foto meines Vaters beim Taubenfüttern danebenhalte: eher olivfarbene Haut, gedrungen, mit erkennbarem Bauchansatz, die Haare schwarz, die Augen braun. Supernasen haben wir alle drei, und mit einiger Fantasie kann man bei meinem Sohn Roman das eher rundliche Kinn meines Vaters wiederentdecken.

Es müssen nicht die Gene sein, es kann auch am Beispiel liegen, das ich mir an Onkel Hans genommen habe. Wir waren nicht mal blutsverwandt, sondern es liegt im Dunkel der Familiengeschichte, wann mein Vater und er Freunde wurden. Als ich 1950 zur Welt kam, war Onkel Hans wohl noch »in russischer Gefangenschaft«. Vielleicht gerade noch, vielleicht gerade nicht mehr. Egal. In meiner Erinnerung war er immer vorhanden. In dem kleinen Silvesterfilm von 1954 spielt er bereits mit, und schon vorher war er immer Teil meines Lebens.

Ich muss drei Jahre alt gewesen sein, als ich den Glauben an den Nikolaus verlor. Schuld daran waren Onkel Hans und mein guter Geruchssinn. Katholisch, wie wir waren, kam zu uns am 6. Dezember nicht der Weihnachtsmann im roten Mantel, sondern der würdige Bischof mit hoher Mitra und güldenem Rauchmantel. Ich war voller Ehrfurcht während seines Besuches, roch allerdings anschließend frech an einem grauen Mantel, der an der Garderobe hing. Danach war ich mir sicher und verkündete: »Der Onkel Hans ist der Nikolaus.«

Als Fünfjähriger musste ich für ein paar Wochen zur Kur nach Bad Reichenhall, um das Asthma auszukurieren, das sich in meiner Hühnerbrust eingenistet hatte. Die wurde mir bei nebligem Wetter oder bestimmten Anstrengungen immer etwas eng, und ich stieß dann seltsame Pfeiftöne aus. Dazu begann ich zu hüsteln und erkennbar um Luft zu ringen. Das gesunde Klima der Voralpen und das Personal in »Doktor Brauns Kinderklinik« sollten Abhilfe schaffen. Ich litt furchtbar an

Heimweh, mir schien die Reise dorthin eine Ewigkeit zu dauern. Besuche waren verboten. Inwieweit sie den Heilungsverlauf behindert hätten, ist mir bis heute ein Rätsel. Wir mussten die Frauen, die sich um uns kümmerten, als »Tanten« anreden, und eine von ihnen sagte immer »Meinezeit«, wenn sie sich über uns ärgerte. Das muss aber auch eine traurige Truppe von schmalbrüstigen Knaben gewesen sein, die da jeden Morgen zur Atemschule antrat!

An Mädchen kann ich mich nicht erinnern, vielleicht waren sie auch schmalbrüstig, und ich habe sie deswegen nicht zur Kenntnis genommen. Im Schneidersitz und in der damals üblichen Turnausrüstung, schwarze kurze Hose und weißes Unterhemd, saßen wir da in Reih und Glied und ließen mit einem Schschschschsch … ganz langsam die Luft aus unseren zu klein geratenen Lungen entweichen. Am Nachmittag ging es Hand in Hand zur Saline, wo wir heilsame Schwaden tief in uns einsogen.

Abends weinte ich still in meine Kissen. Daran konnten auch die gut gemeinten Durchhaltebriefe meiner Eltern wenig ändern. Bis ich ein Geschenk in meinen Händen hielt, das an der Pforte für mich abgegeben worden war: ein kleines, gewölbtes Kuhhorn mit einem Mundstück, auf dem man tuten konnte. Eingeritzt waren darauf »Grüße aus Bad Reichenhall«. Ich stürzte an den Zaun der Spielwiese, und auf der anderen Straßenseite stand Onkel Hans und hob seine Hand zum Gruß. Ich heulte wie ein kleines Kind, was ich wohl auch noch war, aber fühlte mich von da an weder allein noch verlassen. Und es war mir egal, dass die Tante jedes Mal »Meinezeit« sagte, wenn des Knaben Wunderhorn ertönte.

Zehn Jahre später, als mein Vater starb, habe ich diesen Verlust deswegen nicht so schmerzlich verspürt, weil Onkel Hans an seine Stelle trat. Er war immer da, wenn ich ihn brauchte. Dass seine Schwestern bei uns im Haus lebten, machte die Sache etwas leichter und etwas schwieriger. Die drei alten Jungfern hatten wenig Verständnis dafür, dass ihr Bruder sich die Sorgen meiner verwitweten Mutter anhörte, anstatt sich um die seiner Schwestern zu kümmern. Dafür hätte ich heute Verständnis, wüsste aber immer noch nicht, welche Kümmernisse sie beschwert haben sollten. Die eine war Studienrätin, die zweite hatte in der Anwaltskanzlei meines Vaters gearbeitet und bekam eine »gutte Rente«, die dritte hatte zeit ihres Lebens dafür gesorgt, dass die beiden anderen nicht verhungerten. Das war Tante Grete, deren Tag immer mit der Ansage »Minke, Tiedl, Morgenbrot!« begann. Vielleicht hatte Onkel Hans auch wenig Lust auf das Triple-M-Geschwader Margarete, Maria und Mathilde, auf jeden Fall war er öfter bei uns als in der anderen Hälfte des Doppelhauses, das sie mitfinanziert hatten. Es gab da einen gewissen Hang zur Eifersucht.

Onkel Hans hatte sein Zimmer im Souterrain und freute sich jedes Mal, wenn wir ihn dort besuchten. Wir kletterten dann immer direkt durchs Kellerfenster. Von Bienenschwärmen wurden wir dabei nie verfolgt, aber die schmallippigen Tanten montierten ihrem Bruder eines Tages ein völlig unnötiges Fliegengitter vor die Nase. Danach polterte ich wieder durchs Treppenhaus zur Nachhilfe. Als katholischer Geistlicher hatte Onkel Hans Latein und Griechisch gelernt und deklinierte und konjugierte mit mir alles, was die Grammatik hergab. In Mathematik kannte er sich nicht aus, dort scheiterte ich dann auch. Bei seiner Nachhilfe setzte er wiederum die kaputte Bandscheibe als pädagogisches Druckmittel ein und ächzte immer schwer, wenn ich eine Vokabel nicht wusste. Das funktionierte bei mir damals genauso wenig wie heute meine entsprechenden Versuche bei meinen eigenen Kindern. Die kommen mir auch noch mit frechen Ratschlägen: »Geh mal zum Arzt.«

Trotzdem wollte ich Onkel Hans immer eine Freude machen und hängte mich deswegen im humanistischen Bereich mehr rein, als ich es sonst getan hätte. Das hat mir schulisch den Arsch gerettet, aber für mein Seelenheil hat es wenig gebracht. Dafür waren eher die Beispiele christlicher Nächstenliebe verantwortlich, die ich diesem Mann nie vergessen werde.

Nach dem Abitur verdiente ich mir Geld mit dem Ausfahren von Limonade. Es gab in unserer Nähe einen Getränkeversand, der »Lehnig« hieß. Die kleinen roten Lastwagen mit dem weißen Namenszug ratterten ständig durch unsere Gegend. Ich hatte bereits den Führerschein und von Freunden gehört, dass man dort als Aushilfsfahrer gutes Geld verdienen konnte. In den Ansprüchen, die diese Tätigkeit an mich stellte, hatte ich mich aber gründlich verschätzt. Im Morgengrauen musste man Dutzende schwerer Kisten selbst verladen und wurde dabei von Männern angeschnauzt, denen die »Studentla«, zu denen ich noch gar nicht gehörte, von Haus aus ein Gräuel waren. In ihren Augen waren sie schwach (was in meinem Falle stimmte) und dumm. Woher sollte man auch wissen, dass mit »zwaa Drochn Grepper« zwei Kisten Grapefruitsaft gemeint waren?

Mein Lieferbereich war das Fichtelgebirge am Zonenrand. Eine trostlose Ecke, in welcher der Herbst noch grauer ist als in anderen Gegenden. Von den schwarzen Schieferdächern glänzt es feucht, die Nebel lichten sich am Morgen spät und wabern am Abend früh. Mit meinem Kleinlaster war ich in den engen Straßen ständig überfordert, und in jedem Bauernhof bellte mich ein gemeiner Köter an. Man wusste nie genau, wie lang die Kette war, an der er hing. Ich tat mir selbst zu leid, als dass ich einen Gedanken an diese armen Hunde verschwendet hätte, die auch kein Mitgefühl zeigten, sondern die Zähne fletschten, wenn ich meine Limonadenkisten vom Laster wuchtete und in die finsteren Keller schleppte. In den dunklen Gewölben hatte ich Angst vor Ratten, und in den niedrigen Bauernküchen stieß ich mir den Schädel an. Außerdem roch es an beiden Orten streng. Ich hatte mich mit dem Job wohl etwas verhoben und heulte mich bei Onkel Hans aus. Der tröstete mich, und nicht nur das: Er raffte sich zu einem Akt christlicher Nächstenliebe auf, der mich verblüffte. »Ich komme mit«, sagte er. Einen Tag wollte er mich auf meiner Tour begleiten.

Dass ich das Angebot annahm, zeigt mir heute, wie verzweifelt ich damals gewesen sein muss. Da holperte der arme Mann an meiner Seite mit seinem kaputten Rücken in einem Lieferwagen über das Kopfsteinpflaster von Wunsiedel und Gefrees. Von Navis war noch keine Rede, und ich suchte mir die Kunden auf einer Landkarte zusammen, die an diesem Tag auf Onkel Hansens Knien lag. Aber wie damals in Bad Reichenhall nahm seine selbstlose Geste allen Stress von mir. Ich wusste, ich war nicht allein mit meinem Kummer, und es gab jemanden, der bereit war, mir das zu beweisen.

Dass ich bis heute nicht vom Glauben abgefallen bin, liegt vielleicht auch daran, dass sich Onkel Hans niemals von mir verabschiedet hat, ohne mir mit dem Daumen ein Kreuz auf die Stirn zu zeichnen und zu murmeln: »Und vergiss mir den Herrgott nicht.«

Ich hatte nie Grund, anzunehmen, dass mich der vergessen hat, also habe ich ihn – und Onkel Hans – auch nie vergessen. Ich bin davon überzeugt, dass Onkel Hans inzwischen in dem Himmel ist, von dem er immer gepredigt hat, und dass er dort ein gutes Wort für mich einlegt. Aber nicht deswegen ist er mein Vorbild, sondern weil er einen Lebensweg hingelegt hat, dessen Geradlinigkeit mich fasziniert. Ich hatte mir ja, wie das für katholische Knaben meiner Generation nicht abwegig war, den Priesterberuf bereits ausgemalt. Die Abwesenheit von Frauen erschien mir, zumindest vor der Pubertät, auch im Hinblick auf meine strenge Mutter kein besonderes Opfer zu sein. Onkel Hans war diesen Weg gegangen, und das Zölibat hat ihn nicht davor bewahrt, sich die Sorgen gleich mehrerer Frauen anhören zu müssen. Sein ganzes Leben wurde bestimmt von den Nöten anderer Menschen, und er war bereits über achtzig, als er sich einer Krebsdiagnose stellen musste. Auch diese Prüfung ertrug er mit einer Gottergebenheit, die ich schon fast als stoisch empfand.

Er lag bereits im Sterben, als ich ihn ein letztes Mal besucht habe, und obwohl ich auf die fünfzig zuging, erkannte er in mir sein »Jungele«. Das Kreuz, das er mir auf die Stirn zeichnete, war schon sehr zittrig, aber vom »Herrgott« dem er bereits ganz nahe war, hat er immer noch gemurmelt.

Ich kann ihm nur wünschen, dass er sein Leben nicht umsonst ganz auf ihn ausgerichtet hat. Trotzdem wäre es kein verlorenes gewesen, denn vieles von ihm lebt in mir weiter. Deshalb bin ich doch irgendwie »The Son of a Preacher Man«.

SOMEBODY HELP ME

Spencer Davis Group

Eine Stewardess hat mich heute im Flugzeug mit Heidi Klum fotografiert. Sie war ungeschminkt. Nicht die Stewardess, sondern das Model. Deshalb wollte ich das Bild im Archiv und den Moment in meinem Herzen bewahren.

Aber Heidi: »Kann ich das auf Instagram benutzen?«

Darauf ich: »Wenn ich das twittern darf?«

Beide: »Na klar.«

In den paar Stunden, die inzwischen vergangen sind, haben 2335 Menschen auf ihren Bildschirmen ein kleines Herz gedrückt und damit dokumentiert, dass ihnen das Bild gefällt. Sie haben es »geliked«. Viele haben der ungeschminkten Heidi Komplimente gemacht, einige haben gestänkert, und alle wissen jetzt, dass ich mit ihr von Los Angeles nach München geflogen bin. Vor ein paar Jahren hätte ich einem Klatschreporter, der diese Tatsache berichtet hätte, noch die Pest an den Hals gewünscht. Heute mache ich mich selbst zum Thema für den Boulevard. Was ist passiert?

Die »sozialen Medien« haben alles verändert, auch mich. Und ich habe mich lange genug gegen etwas gewehrt, das ich zuerst als Seuche begriffen habe. Vielleicht war ich auch ein bisschen beleidigte Leberwurst. Denn plötzlich durften alle, was bisher allein dem exklusiven Zirkel vorbehalten war, dem ich angehörte: Vor großem Publikum auftreten und dabei die Klappe ganz weit aufreißen. Gerade ich, der von Manuskripten und Autoren nichts hielt, der immer sofort den Rest der Menschheit wissen ließ, was ihm gerade durch den Kopf ging, musste mein Privileg plötzlich mit allen teilen, die sich im Netz zu Wort meldeten. Es gab auf einmal für jeden Spinner nicht nur ein Podium, sondern immer auch ein paar Gleichgesinnte, die sich davor aufbauten, um ihm zu applaudieren.

Erst war es ein Lüftchen, dann ein Wind, der immer stärker wurde, und plötzlich brauste ein Orkan durch die Medienlandschaft, der nicht nur mir ins Gesicht blies. Die Musikgeschichte weiß, dass Justin Bieber zum Megastar wurde, nachdem seine Mutter auf YouTube seine ersten musikalischen Gehversuche veröffentlicht hatte. Das niedliche Kerlchen bekam dadurch so viel Aufmerksamkeit, dass er sich ersparen konnte, von der Musikindustrie »entdeckt« zu werden. Bereits zu *Wetten, dass..?*-Zeiten war es einigen Kollegen aus der Redaktion nicht entgangen, dass immer weniger kreative Wirrköpfe, und auf solche waren wir ja angewiesen, Bewerbungsbriefe ans ZDF schickten, sondern ihre Fähigkeiten gleich ins Netz stellten. Damals war der Umweg über das Fernsehen noch erfolgversprechender. Das hat sich mittlerweile geändert. Auf YouTube gibt es Tausende von Musikern, Comedians und anderen Performern, die nicht nur eine beachtliche Fanbase um sich versammelt haben, sondern damit auch richtig Geld verdienen.

Die Masse ist allerdings bei Facebook unterwegs. Sie alle nutzen ihre Accounts unterschiedlich, aber jeder, der es tut, wird zum Teil eines riesigen Stimmengewirrs. Der Marktplatz wird immer größer, und alle bauen dort ihre Stände auf, die politischen Parteien genauso wie meine Söhne. Die Informationsstränge sind nicht mehr zu entwirren, keiner weiß, ob er noch den Originalton hört oder schon das Echo. Deswegen bin ich diesem Club ferngeblieben und beabsichtige das auch für die Zukunft. Snapchat, WhatsApp und Instagram habe ich weder begriffen noch will ich es mir von meinem Nachwuchs erklären lassen. Ich bin als Twitterer schon am Rande meiner Möglichkeiten.

Sie wissen nicht, was Twitter ist? Ich habe es auch nicht gewusst, kannte aber das englische Wort für Gezwitscher. Gemeint sind »telegrammartige Kurznachrichten«, also exakt das Gegenteil von allem, wofür ich stehe. Ich bin fürs Überziehen bekannt, eine knappe Wortwahl geht mir gegen die Berufsehre. Wenn bei hundertvierzig Zeichen Schluss war, hatte ich gerade mal Luft geholt, und dass es mittlerweile zweihundertachtzig sind, bringt mich auch nicht viel weiter.

Wobei ich den Vorteil von Kurznachrichten durchaus begreife. Wer mich schon mal am Telefon hatte, weiß, dass das eine anstrengende Übung sein kann. Ich schwafele bis zur totalen Verwirrung und frage mich manchmal hinterher, warum ich meinem Gegenüber das alles erzählt habe. Mir selbst gegenüber bin ich da wesentlich zurückhaltender. Auf die Idee, ein Tagebuch zu führen, bin ich mein ganzes Leben nicht gekommen. Mir am Ende des Tages noch einmal durch den Kopf gehen zu lassen, was ich erlebt habe, finde ich überflüssig. Ein »Online-Tagebuch«, mit dem ich mich dem Rest der Welt an den Hals werfe, erschien mir erst recht absurd. Es nervt mich ja schon jede Geschichte über mich in der Boulevardpresse. Da wollte ich nicht auch noch zuliefern. Jeden Versuch von Freunden oder Kollegen, mich für das »Twittern« zu begeistern, habe ich schnöde zurückgewiesen. Das Erweckungserlebnis kam erst angesichts eines mächtigen Bergmassivs, das ich aus Disneyland im kalifornischen Anaheim kannte. Die haben dort nicht nur König Ludwigs Märchenschloss nachgebastelt, sondern auch gleich das Matterhorn aus Gips danebengestellt. In beiden Fällen sind die Originale wesentlich imponierender. Das echte Matterhorn steht in Zermatt.

Ich war von dem tobleroneartigen Felsbrocken mächtig beeindruckt. So sehr, dass ich mich zu einem Selfie hinreißen ließ. Ich kann es nämlich durchaus vertragen, nicht immer der Größte auf jedem Foto zu sein, und war von der Gigantenkombi so begeistert, dass ich eine twitternde Bekannte anrief: »Und wie geht das jetzt?« – »Geh erst mal auf Lautsprecher …«

Um die Sache kurz zu machen, sie ist ganz einfach. Man muss unter anderem auf ein blaues Vögelchen drücken.

Ich schüttelte einen nach diesem Vorgang benannten Reim aus dem Ärmel und erschien erstmals persönlich in der bunten Twitterwelt, die ich als @herbstblond bis zu diesem Zeitpunkt nur in Abwesenheit bewohnt hatte:

»Hier seht ihr den Vatter vorn
und hinter mir das Matterhorn.«

Das war der Moment, in dem ich die eigenartige Faszination von Twitter begriffen hatte. Irgendjemand auf der Welt schien vor seinem Computer zu sitzen und nur auf diesen Spruch gewartet zu haben. Neben dem kleinen Herzchen erschien sofort eine 1, dann ratterte das los wie bei einem Spielautomaten. Nach einer Minute war der Applaus zweistellig.

Beifall bin ich ja durchaus gewohnt. Die Zuneigung meines Publikums erreicht mich auch in Kaufhäusern, U-Bahnen und auf Flughäfen – ein freundlicher Satz, ein anerkennendes Lächeln oder ein erhobener Daumen. Ich gebe zu, dass ich diese kleinen Gesten genieße, aber nie für selbstverständlich halte. Sie signalisieren immer eine Zustimmung zu meinem »Gesamtwerk« und meiner Person. Auf Twitter wird man für einen Geistesblitz oder eine gelungene Pointe »geliked«. Das ist etwas ganz anderes, das scheint sogar Donald Trump ans Herz zu gehen – vielleicht der einzige Punkt, an dem ich ihn verstehe. Diese Unmittelbarkeit der Begegnung hat was.

Die Zahlen, die mir punktgenau die Anzahl der Follower signalisierten, denen die Botschaft gefallen hat, waren für mich eine neue Währung geworden. Mit ihrer Höhe stieg mein Marktwert. Ich war auf dem Weg zum »Influencer«.

Zuerst musste ich mir allerdings mein Echtheitszertifikat holen. Es ist nämlich nicht immer klar, ob der Absender auch der echte ist. Man kann auf diesem Ball auch in Verkleidung mittanzen. Schon bevor ich bei Twitter auftauchte, gab es mich dort mehrfach. Ein paar Scherzbolde hatten sich einen Spaß daraus gemacht, unter meinem Namen dummes Zeug zu verbreiten. Das geht, und das dürfen sie. Aber sie haben keinen blauen Haken.

Nun sollten die Leute in meinem Fall natürlich wissen, dass der echte Goldbär in der Tüte sitzt und kein Imitat. Also musste ich mir meine Identität von der Twitter-Direktion bestätigen lassen. Erst als das blaue Häkchen hinter meinem Twitter-Namen saß, konnten die Fans sicher sein, dass sie dem echten @herbstblond zujubelten. Für einen wie mich, der auf Beifall konditioniert ist wie der Dackel auf den Tennisball, ein gefundenes Fressen. Ich wurde schnell süchtig und merkte, dass in der Kürze tatsächlich eine gewisse Würze liegen kann.

Nun ist dieses Universum keine Ü60-Party. Das Durchschnittsalter der Twittergemeinde dürfte so um die vierzig liegen, aber erst, seit ich da unterwegs bin. Vorher lag es sicher weit darunter. Es wird dort nicht nur eine Sprache gepflegt, die mir fremd war, es gibt auch einen Katalog von Begriffen, die ich nie zuvor gehört hatte. Ich musste lernen, was eine »Timeline« ist, dass DM nicht mehr für die Deutsche Mark, sondern für »Direct Message« steht und die Raute # für Hashtag. #Aufschrei und #MeToo wurden auch in den klassischen Medien ausführlich diskutiert und sind Beispiele dafür, dass es dabei selten um die Erlebniswelt eines herbstblonden Entertainers geht. Obwohl Kerle meines Alters in diesen beiden Fällen eine unrühmliche Hauptrolle spielen. Wenn die gesamte Gemeinde sich über ein gemeinsames Thema erregt, findet sich sehr schnell jemand, der die vielstimmige Diskussion unter dem #-Symbol einhegt.

Das ist also kein Environment, in dem man auf einen wie mich gewartet hätte. Aber ich war da nicht nur schnell zu Hause, sondern durchaus willkommen. Erfahrene Twitterhasen kamen mir ungebeten zu Hilfe und bastelten mir meinen Account zurecht. Einer buchstabierte meine wenig glamouröse Heimatstadt »Kulmbach« mit den Riesenbuchstaben des »Hollywood«-Zeichens, wie es über Los Angeles thront, und ein anderer baute den Twittervogel mit meinem gekrönten Haupt zusammen, das er aus einem Filmplakat kopiert hatte. Diese kreative Hilfe meiner Follower nahm ich gerne an und kam damit bei der Community gut an. Pubertierende Follower fühlten sich von meinen Tweets »abgeholt«, manche Altersweisheit erzeugte bei ihnen »Gänsehaut«. Einige habe ich richtig ins Herz geschlossen wie das @Koala_Tier. Das erfreut mich mit teilweise apokryphen und orthographisch eigenwilligen Botschaften wie: »Es ist dieses Anarcho-Mindset mit dem highperformer wie DU jeden Tag auf den PUNKT delivern.« So was hätte ich mal gerne von meinen Söhnen gehört.

Bei Twitter entdeckte ich auch etwas wieder, das ich bereits verloren geglaubt hatte und dort am allerwenigsten vermutet hätte: den leicht albernen, aber nicht peinlichen Studentenhumor aus den Siebzigern. Ein bisschen schimmert da der Geist von *MAD* und *Pardon* durch, eine glückliche Symbiose von Scharfsinn und Blödsinn. Das junge Proletariat und der akademische Nachwuchs waren sich zu Zeiten von Monty Python, Ulrich Roski und dem friesischen Götterboten OTTO, der damals noch im Audimax predigte, sehr viel näher als heute. In der Twitterwelt haben ein paar dieser Spinner jetzt wieder Konjunktur, und ich bin fast ein bisschen stolz, von ihnen in Gnaden aufgenommen worden zu sein. Da sind nicht nur ganz helle Köpfe dabei, sondern auch eine überraschend große Anzahl von Freizeitanalytikern und Hobbyermittlern, die meine hingeworfenen Tweets detektivisch in alle Einzelteile zerlegen.

Ein Beispiel: Vom Jetlag gequält, bin ich in meiner Berliner Wohnung kurz vor vier aus dem Schlaf geschreckt. Der Schlaftrunk aus dem amerikanischen Drogeriemarkt mit der Geschmacksnote »Warming Berry« hatte mir zwar auf dem Etikett eine längere Bettruhe versprochen, aber das Versprechen nicht gehalten. Ich war mitten in der Nacht hellwach und tat das, was ein Twitterer immer dann tut, wenn er keinen Schlaf findet: Ich checkte meine Timeline.

Mein letzter Tweet lag schon einen Tag zurück. Die ärgerliche Seite der Twitterei ist der Lieferzwang. Man spürt plötzlich eine Art von Bringschuld, der man sich nur schwer entziehen kann. Manchmal empfinde ich diesen Druck als ausgesprochen lästig. Vor allem wenn meine Tutorin dann auch noch draufhaut: »Twitter mal was!« Gern, aber was? Ein Foto aus dem Fenster, nur als Lebenszeichen? Meine Follower könnten sich Sorgen machen, wenn sie länger nichts von mir hören, immerhin bin ich nicht mehr der Jüngste.

Manchmal küsst einen die Twitter-Muse aber auch, bevor man sich die Zähne geputzt hat. Sie saß offenbar an jenem Morgen auf meiner Bettkante, denn ich wollte plötzlich nicht nur beweisen, dass ich noch unter den Lebenden bin, sondern auch, dass »Morgenstund Gold im Mund« hat. Weil mein Gehirn auch schon hellwach war, reimte ich, passend zur dunklen Schlafstube:

> »Denk ich an Deutschland in der Nacht …,
> bin ich zu früh aufgewacht.«

Dazu fotografierte ich meinen Nachttisch mit Schlafsirup, Einschlaflektüre und Armbanduhr. Der Follower will in solchen Fällen Fakten sehen und sichert sich mit einer apodiktischen Forderung ab: »Pics or it didn't happen!« (Nicht fotografiert, nicht passiert!) Das läuft da wie bei der Radarkontrolle. Also knipste ich das Szenario, das sich meinem schlaftrunkenen Auge bot, Fokus auf die unchristliche Zeit: 4.05 Uhr. Hauptsache, die war gut zu erkennen, damit der Spruch einen Sinn machte.

Selbst zu dieser nachtschlafenden Zeit kamen die Reaktionen unmittelbar. Hellwache Frühaufsteher fangen sofort mit der kriminalistischen Aufarbeitung des Tatortes an. Sie zoomen auf scheinbar Nebensächliches, erforschen den Hintergrund und analysieren Details.

Ein ebenfalls schlafloser Philosoph bemerkte, dass es sich bei einem der Bücher auf meinem Nachttisch um die *Bekenntnisse* des Augustinus handelt: »Es gibt keine gute deutsche Augustinus-Übersetzung. Aber generell sind die ›confessiones‹ ein gutes Schlafmittel.« Wir hoben diesen humanistischen Twitterdialog kurz auf die Ebene, auf die er gehört, und machten lateinisch weiter. Meinen einfühlsamen Friedensgruß: »pax tecum« erwiderte er mit einem freundschaftlichen: »et cum spiritu tuo«! Brüder im Geiste erkennen einander auch im Morgengrauen.

Ein anderer Sherlock äußerte sein Befremden über das falsche Datum auf meiner Armbanduhr. Ich besitze mehrere und bin dauernd in verschiedenen Zeitzonen unterwegs, da bin ich schon froh, wenn die Uhrzeit stimmt, der Kalender ist mir egal. Meinem Follower aber wohl nicht, denn er beschwerte sich über das falsche Datum und wollte wissen: »Aus welcher Dimension schreibst Du uns, Thommy?« Ich antwortete ihm, wie das unter uns coolen Zeitreisenden so üblich ist, dass ich mich nach der deutschen Netflix-Serie *Dark* und der siebentausendsten Folge von *Star Trek* aus der linearen Zeit längst verabschiedet hätte.

Der Nächste sprach mir in brüderlicher Fürsorge augustinischen Trost zu und zitierte den Kirchenlehrer zum Thema Schlaflosigkeit: »Ruhelos ist mein Herz, bis es Ruhe findet in Dir.« Ich replyte ihm schnell einen fröhlich beschwingten Morgengruß, musste aber gleich darauf betrübt feststellen, dass mein Uhrengeschmack nicht auf allgemeine Zustimmung stößt. Schon morgens um vier spielt Twitter auf meinen Gefühlen Klavier. Ein Follower ist angewidert: »Rolex, das Arschgeweih der Uhren. Wir müssen reden!«

Nach geduldigem Zoomen hat ein anderer Profiler entdeckt, dass auf dem Augustinus noch das kleine Taschenbuch

Heine für Boshafte liegt, und verortet meinen Nachttisch im »Büro eines Klosterabtes«. Wahrscheinlich war das ein Jesuit. Zwei Tage später druckte die *Bild*-Zeitung den Tweet ab und petzte nicht nur den genauen Preis der Armbanduhr, sondern missdeutete auch den amerikanischen Schlaftrunk als Grippemittel und machte sich Gedanken über meinen angegriffenen Gesundheitszustand. Fake News, sage ich nur.

Sie sehen, die Twitter-Welt ist bunt und manchmal alles andere als einfältig. Da sind nicht nur Weltverbesserer und Witzbolde unterwegs, sondern auch Ironiker, Sarkastiker, Kritikaster und andere interessante Zeitgenossen. Schön, dass ich sie kennenlernen durfte.

Auch wenn ich langsamer bin als die meisten. Während ich mir noch den Nachtschlaf aus den Augen reibe, hat ein Fünfzehnjähriger schon ein halbes Dutzend Tweets abgeschossen. Dass ich in der Schule mal den Nachmittagskurs »Schreibmaschine« belegt hatte, bringt mich auf dem winzigen Keyboard meines Handys nicht besonders nach vorne, und mein rechter Daumen ist auch nicht mehr so treffsicher wie früher. In öffentlichen Verkehrsmitteln lässt sich gut beobachten, wie die Kinder mit affenartiger Geschwindigkeit ihre Botschaften in die Welt setzen.

Korrekte Orthographie, die mir immer noch ein Anliegen ist, mich aber seit der Rechtschreibreform selbst überfordert, spielt dabei längst keine Rolle mehr. Wer Zeichen sparen muss, fabriziert keine Prosa, sondern kürzt, wo es geht. Wenn jemand mir heute seine Zuneigung in Form von GaLiGrü signalisiert, dann kann er seine Ganz Lieben Grüße gleich behalten. Man ist schon reich beschenkt, wenn einem der Absender seinen Frohsinn mit einem »lol« (laughing out loud) bekundet. Meist beschränkt er sich gleich auf eines dieser

Grinsegesichter, die es als »Emojis« von der Computertastatur inzwischen sogar auf die große Kinoleinwand geschafft haben. Wem die Worte fehlen, der kann sich aus einem Großangebot von Symbolen seine Botschaft zusammenbasteln. Kinder, die zu faul zum Buchstabieren sind, tun dies ebenso wie die Bundeskanzlerin. Angela Merkel verriet in einem seltenen Anfall von Zutraulichkeit, dass ihr auch mal ein Herzchen zum Smiley rausrutscht, wenn sie besonders guter Laune ist. Diese Minibildchen sind ägyptischen Hieroglyphen nicht unähnlich. Da gibt es das neckisch zwinkernde Auge ebenso wie das tränenumflorte, die betenden Hände ebenso wie die Beifall klatschenden, und wer zum Sektempfang bittet, schickt einfach ein Bildchen mit Champagnerkelchen.

Goethes Briefwechsel mit Charlotte von Stein wäre für Leser von heute von größerem Reiz, wäre er von bunten Emojis durchsetzt.

Es gibt bei diesen Nachrichtendiensten jedes Niveau, von hochintellektuell bis naiv-dämlich, von scharfsinnig bis grenzdebil. Ich habe mich auf meinem Twitter-Account irgendwo in der Mitte bewegt.

»Er hat Twitter verstanden« ist hohes Lob für jemanden, der den Satz des Pythagoras nicht erklären kann und bei Platons Höhlengleichnis jedes Mal ins Stottern kommt. Mir wurde das mittlerweile mehrfach bescheinigt, und der *Spiegel* hat meine Leistungen in seiner Abteilung Kulturkritik mit einer ganzen Seite gewürdigt: »Sein Fernsehstudio hat er jetzt in der Hosentasche« steht da ebenso knapp wie treffend.

Inzwischen trage ich nicht nur mein Studio bei mir, sondern auch meinen Fernseher. Die bunte TV-Welt habe ich seit ihrer Entstehung als Zuschauer verfolgt und während ihrer Hochblüte als Macher mitgestalten dürfen. Was für eine

Entwicklung! Als Kind sah ich wie die meisten meiner Freunde »beim Nachbarn« fern. Wir selbst hatten aus finanziellen, aber auch pädagogischen Gründen kein TV-Gerät. Bis in den späten Nachmittag wurde in den Sechzigern ohnehin das Testbild ausgestrahlt, und was danach kam, hielt meine Mutter entweder für seicht oder Schund, in jedem Falle für verzichtbar. Ich fand beides prima, den Schund lehnten zwar auch meine Tanten ab, bei denen ich jedes Mal um Asyl bitten musste, wenn ich fernsehen wollte, aber gegen Seichtes hatten sie nichts. Auf ihrem Schwarz-Weiß-Gerät ruckelte zwar dauernd das Bild, und sie fummelten den ganzen Abend an der Zimmerantenne herum, aber sie saßen wie die Zecken vor dem klobigen Kasten, den man damals noch abschätzig als »Flimmerkiste« bezeichnete. Erst als Willy Brandt mit seinem berühmten Knopfdruck im Sommer 1967 Farbe in die Veranstaltung brachte, gab meine Mutter ihren Widerstand auf, und ich konnte zu Hause gucken. Danke, Willy!

In meiner ersten eigenen Wohnung kaufte ich zuerst den Fernseher und dann den Kühlschrank. Von da an machte ich jeden Entwicklungsschritt der Fernsehtechnik mit. Ich hatte einen Big-Screen, sobald es ihn gab, dann einen Flatscreen, eine Leinwand mit Beamer und in den USA natürlich ein Home-Theater mit Dolby-Sound. Je näher ich der Kinoqualität kam, desto glücklicher war ich.

Ich guckte alles und freute mich, wenn alle mich guckten. Meine Hochblüte und die des Fernsehens fielen glücklicherweise zusammen. Und danach fielen beide gleichzeitig in sich zusammen.

Wenn ich eine neue Wohnung bezog, war zeitlebens eine der ersten Fragen die nach dem »Fernsehanschluss«. Darauf pfeifen mittlerweile nicht nur meine Söhne. Alles was man braucht, ist Internet. Die »Fernsehgebühr« wird als Zumutung empfunden, ihre Eintreibung als Raubrittertum. Das Fernsehgerät, in seinen diversen Erscheinungsformen, von der unförmigen Kiste der Anfangszeit bis zum flachen Plasmabildschirm von heute, verschwindet aus den Wohnungen. Die Glotze wurde ersetzt durch Laptops, Tablets und Smartphones. Ich konnte lange nicht begreifen, wie man Filme im Bildformat einer Zigarrenschachtel überhaupt genießen kann, und die Nachrichten habe ich nur in der Darreichungsform der *Tagesschau* um Viertel nach acht akzeptiert. Auf Karl-Heinz Köpcke und seine diversen Nachfolger konnte man sich verlassen. Sie sagten zu Beginn jeder Meldung »Bonn«, »Washington« oder »Moskau« und blickten kurz in die Kamera, bevor sie sich einer neuen Seite zuwandten. Sie waren die Herolde des Königs, keine Hiobsbotschaft konnte sie aus der Fassung bringen. Und so richtig schlimm war das ja alles auch nicht. »Breaking News« gab es dreimal im Jahr und nicht fünfmal pro Tag. Die Erregung hielt sich in gut verdaulichen Dosierungen, und man verpasste wenig, wenn man das, was auf der Welt los war, erst um Viertel nach acht erfuhr. Danach wurde es gemütlich.

So habe ich den größten Teil meines Lebens ferngesehen. Ich habe diese stoische Sicht der Dinge zu bewahren versucht, aber nicht lange durchgehalten. Inzwischen habe ich mich ergeben. Ich kann Filme »runterladen« und weiß auch, wie man sie »streamt«. Ich erfand und vergaß ein halbes Dutzend Passwörter, mit denen ich mich bei Apple, Netflix und Amazon anmeldete. Bei den *Sopranos* war ich noch nicht ganz so weit, aber bei *Breaking Bad* marschierte ich bereits mit an der Spitze der Bewegung. Heute bin ich ein Serienjunkie. Vom ZDF wurde ich gerüffelt, weil ich mich im Radio über die groteske Krimireihe *Rosenheim-Cops* lustig machte, und gerade habe ich dort schamlos für die Netflixserie *Dark* Reklame gemacht.

Immerhin ist diese Serie der erste deutsche Beitrag, der von der weltweiten Streaminggemeinschaft gelobt und geliebt wurde. Das klassische Fernsehen hat keine Zukunft, jedenfalls keine strahlende. Die Geduld, mit der ich als Teenager auf die nächste Folge der Kultserie *Die 2* mit Roger Moore und Tony Curtis gewartet habe, muss heute niemand mehr aufbringen. Der Vorstellungsbeginn um 20.15 Uhr wird nur noch beim *Tatort* akzeptiert, und der Kampf um die Fernbedienung ist eine launige Anekdote der Vergangenheit.

Heute guckt jeder, wann er will, was er will und wo er will. Das Fernsehsofa, auf dem ich als Zuschauer und als Showmaster die beste Zeit meines Lebens verbracht habe, ist in der Asservatenkammer der Unterhaltungsgeschichte gelandet.

Als Zuschauer bin ein Beispiel dafür, dass der Fortschritt unaufhaltsam ist. Ich gucke Serien inzwischen nicht nur wie selbstverständlich auf meinem Laptop, ich »binge« auch. Mit dem Bingen hat die gleichnamige »Hildegard von« nichts zu tun. Das ist eine eher unchristliche Sucht, die mit mangelnder Geduld und haltloser Neugier zu tun hat. Man will alles und zwar sofort. Haben wir uns früher noch mit Häppchen begnügt, will man jetzt gleich den ganzen Kuchen. Die raffinierte Methode der neuen Provider, eine Staffel komplett »ins Netz zu stellen«, hat zur Folge, dass die bleichen Couchkartoffeln das Sonnenlicht manchmal längere Zeit überhaupt nicht mehr erblicken. Bei Fast Food und in ungelüfteten Räumen »bingen« sie die Sagas mexikanischer Drogenbarone, europäischer Adelshäuser, mittelalterlicher Warlords oder marodierender Zombiehorden am Stück. Der Aufwand, mit dem die neuen Anbieter ihre Serien produzieren, ist gewaltig, gegen ihre Budgets können die öffentlich-rechtlichen Fernsehanstalten nicht anstinken. Vom »Bildungsauftrag« haben die Macher bei Netflix und Amazon noch nie etwas gehört. Den Privatsendern bläst der Wind bei sinkenden Werbeeinnahmen ebenfalls ins Gesicht. Alle gemeinsam suchen nach einer Antwort auf die neue Herausforderung, aber finden sie nicht.

Es führt kein Weg an der Erkenntnis vorbei: Die großen Fernsehsender sind am Ende ihrer Kunst, die mächtigen Streaminganbieter erst am Anfang. Für die Kunden war das Angebot nie bunter, für die Macher das Geschäft nie schwerer. Ich bin nicht unglücklich darüber, dass ich heute öfter auf den Bildschirm schaue als aus dem Bild.

LITTLE LIES

Fleetwood Mac

Kein Lebensweg führt geradeaus. Auch meiner nicht. Selbst dann, wenn ich in Gefahr war, vom Wege abzukommen, habe ich nicht immer gegengesteuert. Ich bin eben offroad weitergerumpelt und habe mich im holprigen Gelände durchaus wohlgefühlt. Über Stock und Stein, durch Dornenhecken und Schlammpfützen hat die Reise manchmal mehr Spaß gemacht als auf glatter Piste. Mehr als einmal habe ich dabei den Pfad der Tugend verlassen. Und dann bin ich an der letzten Ausfahrt auch noch von der Autobahn abgebogen und habe das Abenteuer gesucht, statt die ausgebaute Strecke bis zum Ziel durchzufahren. »Ziel« ist dabei ein Euphemismus, »Ende« klingt neutraler und »Tod« wäre die ungeschminkte Wahrheit. Der habe ich mit sechsundzwanzig noch mannhaft ins Auge geblickt. Bei der Formel »Bis dass der Tod euch scheidet ...« habe ich nicht gezuckt und bin ihm dann doch von der Schaufel gesprungen. Dabei war ich doch schon mit sechzehn einem Club der »Aufrechten« beigetreten. Das war was Katholisches, und ich suchte in diesem Alter noch den direkten Weg zur Heiligsprechung.

Heldenhaft gelobte ich alles Mögliche. Unter anderem, nicht zu rauchen und immer die Wahrheit zu sagen. Das mit dem Rauchen hat noch am besten geklappt, und trotzdem wurde ich 1985 irgendwie zum »Pfeifenraucher des Jahres« gewählt. Man sieht, dass da zwischen Anspruch und Wirklichkeit bei mir doch eine Lücke klafft.

Ziemlich früh hatte ich festgestellt, dass ich eine völlig andere Vorstellung von dem hatte, was für mich gut war, als meine Eltern. Für meinen Vater war die Wahrheit noch das wichtigste aller Güter. Von mir belogen zu werden, war für ihn eine Erfahrung, die ihn offenbar besonders schmerzte, denn nur wenn er mich beim Lügen erwischte, gab es Kloppe. Er war von Natur aus ein gütiger Mensch, hatte aber wohl den Beruf eines Rechtsanwalts auch deswegen ergriffen, weil ihm Gerechtigkeit besonders am Herzen lag. Diese ist vor Gericht, und das war sein wesentlicher Arbeitsplatz, nur herzustellen, wenn alle Beteiligten die Wahrheit sagen. Vielleicht hat es ihn deshalb so geschmerzt, mich beim Lügen zu erwischen.

An einige Fälle kann ich mich noch sehr gut erinnern. Um mich reinzuwaschen, habe ich bedenkenlos andere in peinliche Situationen gebracht. Meine Klassenlehrerin der ersten Gymnasialklasse, eine gewisse »Fräulein Ferling«, die das R stark rollte und eine pedantische Vergesslichkeitsliste führte, war eines der ersten Opfer. Schuld war ihre dämliche Strichliste. Zwei Striche durfte man sich leisten, beim dritten gab es einen Verweis und Ärger zu Hause. Ich vergaß dauernd was, Bücher, Hefte, Hausaufgaben. Obwohl in jeder Erdkundestunde eine riesige Landkarte vor der Klasse aufgehängt wurde, mussten wir immer den tonnenschweren grünen *Harms-Weltatlas* in die Schule mitschleifen. Ich hatte ihn nicht dabei, merkte das aber schon, als ich in der Frühmesse vor dem Unterricht als Messdiener antreten musste. Gemeinsam mit Hugo Marquardt, der in meine Klasse ging und neben mir saß. Der hatte seinen natürlich dabei. Ich betete um ein

Wunder, das nicht geschah, was ich als Aufforderung des lieben Gottes verstand, mir selber etwas einfallen zu lassen. Während Hugo seinen Ministrantenkittel abstreifte, manipulierte ich seinen Atlas in meinen Schulranzen. In der Geographiestunde zauberte ich ihn daraus hervor und sah eiskalt dabei zu, wie mein Sitznachbar in seiner Tasche wühlte. Hugo war weißblond und neigte dazu, in Stressmomenten einen roten Kopf zu bekommen. Als er einer Tomate bereits stark ähnelte, bemerkte ich überrascht: »Mensch, Hugo, das ist ja deiner!«

Fräulein Ferling war von der Komplexität der Lage überfordert. Ich hatte einen Atlas dabei und Hugo seinen nicht vergessen. Er lag ja auf der Bank, wenn auch auf meiner Seite. Zwei schuldlose Kinder. Beide blond, einer mit rotem Kopf, der andere mit betrübter Miene. Keiner bekam einen Strich.

Etwa einen Monat später war er aber nicht mehr zu verhindern, ich hatte wieder was vergessen, Hugo war keine Option mehr, der dritte Streich fällte mich. Bei drei Verweisen gab es einen Arrest, und ich hatte auch dieses Soll erfüllt. Mein Vater war entrüstet. Der verschärfte Tadel war vom Direktor unterschrieben. Der hieß Rosenbauer und war Mandant meines Vaters. Ich entlarvte die pädagogische Ungerechtigkeit, der ich zum Opfer gefallen war, mit einer abenteuerlichen Geschichte. Die war von Anfang bis Ende gelogen und ging so: Ich war bestraft worden, weil ich vergessen hatte, meinen Füllfederhalter aufzutanken. Fräulein Ferling hatte ihn aber mit der Spitze nach oben gehalten, hätte sie ihn umgedreht, wäre genügend Tinte durch das grüne Sichtfenster sichtbar gewesen (es war ein Pelikan-Füller, ich weiß es noch genau). Das Ding muss verstopft gewesen sein oder die Feder verbogen, was oder wer immer schuld war – ich war es nicht.

Mein Vater ging verschnupft zu Herrn Rosenbauer, und der ging noch verschnupfter zu Fräulein Ferling. Die muss wohl damals erst Referendarin oder so was gewesen sein und bekam entsprechend den Kopf gewaschen. Zumindest war er fast so rot wie der von Hugo Marquardt, als sie mich zur Rede stellte.

Ich suche den Tatort jedes Mal auf, wenn ich meiner alten Schule einen Besuch abstatte. Damals hatte man von dort noch einen wunderbaren Ausblick, jetzt sieht man den scheußlichen Anbau mit dem neuen Chemiesaal. Das schlechte Gewissen legte sich erst, als ich hörte, dass die alte Dame, die später einen Kollegen geheiratet hatte, den wir Ochsen-Sepp nannten, immer noch stolz darauf ist, vor einem halben Jahrhundert meine Lehrerin gewesen zu sein. Der Anschiss hat sie also weder das Leben noch die Karriere gekostet, und meine Lüge hat mir Ärger und meinem Vater Kummer erspart.

Diese Erkenntnis hat mich auch nach dessen frühem Tod oft bewogen, die Tatsachen kreativ zu bearbeiten. Dass ich ein notorischer Lügner war, würde ich weit von mir weisen. Ich sah mich nicht als Fälscher, sondern setzte geradezu künstlerisch den Weichzeichner ein, wonach das Bild wesentlich hübscher aussah als vorher.

Im Gegensatz zu meinem eher ausgeglichenen und ruhigen Erzeuger ging meine Mutter bei jeder Kleinigkeit an die Decke. Das spitzte sich zu, als sie Witwe wurde, und war nicht nur ärgerlich für uns Kinder, sondern auch ungesund für sie. Ich versuchte also, ihr und mir unangenehme Erfahrungen zu ersparen, indem ich bei allem, was ich sagte, ihren ohnehin zu hohen Blutdruck nicht aus dem Auge verlor. Vielleicht war ich etwas zu entgegenkommend, denn im Rückblick führte ich eine Art Doppelleben.

Ich ging klaglos früh nach oben ins Bett und rutschte dann an der Dachrinne wieder runter, um mir im Kino Horrorfilme anzugucken. Mit einer bestimmten blauen Hose, die einen geknöpften Latz anstelle eines Hosenschlitzes hatte und sehr tief auf der Hüfte saß, ließ sie mich nie aus dem Haus. Ich deponierte das verbotene Beinkleid also bereits am Nachmittag auf dem Gepäckträger meines Fahrrades, das immer unten vor dem Haus stand. In Kulmbach wurden damals weder Fahrräder noch Hosen geklaut, und es wunderte sich auch niemand, wenn ich in Unterwäsche vor dem Gartentor stand und die Hosen wechselte. Bei starkem Regen kam ich in modische Bedrängnis. Auch moralisch war ich in einer Zwickmühle, ich hätte uns beiden das Dilemma so gerne erspart, und es wäre so einfach gewesen.

Meine Mutter hätte die ganze Lügerei verhindern können, wenn sie gesagt hätte: »Viel Spaß im Horrorfilm, tolle Latzhose übrigens.«

Diese Logik hatte ich mit fünfzehn. Ich weiß nicht, was aus ihr geworden war, als ich meinen Söhnen erklärte, dass Videospiele den Charakter auch dann verderben, wenn man Zombies niedermetzelt, und dass ein hängender Hosenarsch etwas für Gangster oder Rapper sei, aber nicht für meine Kinder. Keiner meiner Söhne hat es für nötig gefunden, gewalttätige Videospiele vor mir zu verstecken oder unziemliche Kleidungsstücke im Kofferraum zu deponieren. Mit dem Fahrrad fuhr sowieso keiner der beiden in die Disco.

Meine väterliche Milde ist auch nicht pädagogischer Weitsicht entwachsen, sondern einer Mischung aus Hilflosigkeit und Wurstigkeit. Ich habe trotz dieser Laissez-faire-Methode mit beiden Söhnen Glück gehabt. Es war nie zu ihrem Schaden, uns die Wahrheit gesagt zu haben, auch wenn wir oft lieber was anderes gehört hätten. Von strenger Erziehung kann dabei keine Rede sein. Aus meinem besorgten »Mutti, reg dich nicht auf« ist ein cooles »Papa, chill!« geworden. Geändert hat sich im Verhältnis zwischen Kindern und Eltern ansonsten wenig: Wir fordern nach wie vor die »Wahrheit« von unserem Nachwuchs, aber der weiß ganz gut, was wir hören wollen. Wenn wir das bekommen, bohren wir selten weiter. Was ich nicht weiß, macht mich nicht heiß.

Auch in der Beziehung zwischen Mann und Frau ist die Frage nach der Ehrlichkeit nicht unerheblich. Mein Eheversprechen liegt nach über vierzig Jahren im Nebel der Vergangenheit. Von guten und schlechten Tagen war die Rede, kann ich mich erinnern, und die haben wir in der Tat gehabt. Immer die Wahrheit zu sagen hätte die Sache wahrscheinlich sehr viel komplizierter gemacht. Hätte ihr allerdings vielleicht auch gutgetan. Eine gesunde Konfrontation ist in einer Partnerschaft sicher besser als dauerndes Wohlgefühl, das an manchen Stellen nur gespielt ist.

Ich muss mir das im Nachhinein selbst vorwerfen. Ich war es beruflich gewohnt, gute Laune herzustellen, und wollte diese privat an keiner Stelle gefährden. Also habe ich mich in Unverbindlichkeiten geflüchtet, wo ich die Auseinandersetzung hätte suchen müssen. Vieles war mir »nicht wichtig genug«, mich darüber aufzuregen, vieles glaubte ich, »auf mich nehmen« zu müssen, und auf einiges glaubte ich »verzichten« zu können. Hätte ich es mal lieber angesprochen und damit ausgesprochen. Stattdessen bin ich der Wahrheit aus dem Weg gegangen.

Hier muss ich das philosophische Glatteis zwischen absoluter und relativer Wahrheit betreten. Ganz sicher gibt es verschiedene Blickwinkel auf dieselbe Angelegenheit, und

noch sicherer ist es, dass Frauen und Männer ein und dasselbe Thema unterschiedlich sehen. Wie damals bei Mutti
war mir auch später noch der häusliche Friede wichtiger, als
recht zu behalten. Und wenn ich wusste, dass ich im Unrecht
war, dann habe ich gleich die Klappe gehalten. Was mir damals eine clevere Überlebensstrategie zu sein schien, hat sich
am Ende als toxisch für die Beziehung herausgestellt.

Ob Männer vom Mars sind und Frauen von der Venus, ist
mir dabei ziemlich egal. Wir sind auf demselben Planeten
gelandet und müssen es, manche auf sehr engem Raum, miteinander aushalten. Wie oft habe ich von Paaren gehört, sie
hätten sich »zusammengerauft«. Das bedeutet, dass man sich
in stillem Einvernehmen darauf geeinigt hat, bei Themen, die
nicht friedlich zu klären sind, keinen Krieg mehr anzuzetteln. Ist das ein Gewinn für eine Beziehung oder Resignation?

Ich weiß es nicht. Ich bewundere Männer, die wie Sisyphos
in der Lage sind, die Last immer wieder zu schultern, wenn
sie ihnen erneut vor die Füße gefallen ist. Schlau ist das nicht.
Aber anstrengend. Es ist ja keine Binse, dass man um die Wahrheit ringen muss. Aber ist ein Ringkampf eine angenehme
Assoziation für eine Partnerschaft?

Wenn meine Frau und ich uns alles gesagt hätten, was uns
in den über vierzig Jahren, in denen wir zusammen waren,
durch den Kopf gegangen ist, wären wir schon länger kein
Paar mehr gewesen. Frauen sind ohnehin in dieser Beziehung
furchtloser und sagen Dinge, die wahr sind, auch wenn's grad
gar nicht passt.

Es passt sowieso ganz selten. Ein Freund von mir dachte
ausgerechnet an Heiligabend, die Stunde der Wahrheit sei
gekommen. Seine Partnerin hatte ihm gerade versichert, ihre
Liebe würde alle Stürme überstehen. Es fiel wohl auch der

berühmte Satz von der »Ehrlichkeit« als Basis jeder Beziehung. »Ich werde dich immer lieben, aber lüg jetzt nicht … Hast du mich schon mal betrogen?« Im Schimmer der Christbaumkerzen machte mein Freund alles falsch. »Schön, dass du fragst …« hat er wahrscheinlich nicht gesagt, aber er gestand, wohlgemerkt mit der festen Zusage des Freispruchs, was er lieber für sich behalten hätte. Nicht nur Weihnachten war im Eimer, sondern die ganze Beziehung. Ich wollte nicht mit meinen Lateinkenntnissen protzen, als ich ihm später zu bedenken gab: »Si tacuisses …«

Hätte er geschwiegen, wäre er nicht nur ein Philosoph geblieben, sondern auch noch mit der Frau zusammen. Na klar drängt sich hier die Frage auf, warum er sie betrogen hat, wenn er sie so liebte. Aber in diesem Kapitel geht es um die Wahrheit und nicht um die Treue. In dem Zusammenhang empfehle ich dem Leser Shakespeares *Romeo und Julia*. Die waren sich immer treu und am Ende für immer tot. So geht's natürlich auch, und so wird man zum ewigen Hohelied der Tugend.

Das habe ich nicht hinbekommen.

Aber jetzt mal im Ernst. Die Wahrheit ist ein hohes Gut, da sind wir uns einig. Wer ihr ins Auge blickt, hat allerdings nicht immer eine schöne Aussicht. Jesus, der beste aller Menschen, hat von sich gesagt: »Ich bin der Weg, die Wahrheit und das Leben!« Dagegen bin ich ein Wurm im Erdenstaub, und das gehört sich auch so. Es ist sicher die einfachere Entscheidung, sich durchs Leben zu mogeln, und das habe ich getan. Aber selbst der Aufrechte findet sich am Ende des Weges vor der einen oder anderen »Lebenslüge«. Nur der Heilige besteht jede Versuchung, und ich bin weder einer gewesen, noch habe ich in meinem Leben einen getroffen.

Insgeheim bewundert habe ich immer die, die »kein Blatt vor den Mund« genommen haben, die »ohne Rücksicht auf Verluste« gesagt haben, was sie denken, und denen die Meinung anderer völlig egal war. Verglichen mit ihnen war ich ein Feigling. Solange ich vom Zuspruch der Menge abhängig war, habe ich sorgfältig darauf geachtet, ihr nicht zu widersprechen. Der Beifall der Mehrheit war für mich beruflich eine wichtige Währung. Dienstlich war ich ja zumindest immer mal wieder der Notlüge verpflichtet. Ich hatte bei einem überraschenden Liveauftritt die späte Gina Lollobrigida zuerst für einen Transvestiten gehalten. Hätte ich ihr das sagen sollen, als ich erkannte, dass es die echte war?

Ich habe mich oft mit Nettigkeiten durchgeflunkert. Ich habe Lobreden auf Menschen gehalten, die ich nicht so toll fand, wie sich das anhörte. Ich habe für Dinge geworben, die meinem Kontostand mehr brachten als den Leuten, die sie kauften. Das war Teil meines Geschäftsmodells, ist aber kein sehr empfehlenswerter Leitfaden für Charakterbildung. Privat habe ich mich eher still verdrückt, als zur großen Abrechnung anzutreten. Dazu gab es auch keinen Anlass, und an dieser Stelle ist sicher nicht der richtige Platz dafür. Zur Umkehr ist es zu spät, und es ist auch nicht so, dass mich das Grauen packt, wenn ich in den Spiegel blicke.

Die ganz große Wahrheit hat sich sicher niemand von mir erwartet. Mein Beruf ist dem des Zauberers nicht ganz unähnlich. Wenn er so geschickt mogelt, dass es keiner merkt, bekommt er den Beifall, den er sich wünscht. Wer, wie ich, immer gute Laune verbreiten möchte, der muss auch mal schummeln. Um ein paar kleine Unwahrheiten hier und da bin ich nicht herumgekommen. Kein großer Betrug, nur »Little Lies«.

SPILL THE WINE

Eric Burdon & War

Aschermittwoch in New York. Im Kalender stehen die New York Philharmonics mit einem Wagner-Konzert. Der erste Akt der *Walküre*, konzertant aufgeführt, anschließend Dinner mit dem Chairman des Orchesters, mit dem Thea und ich befreundet waren. Ich hatte beschlossen, bis Ostern keinen Alkohol zu trinken. Im *Spiegel* dieser Woche war diese Fastenübung als sinnvolle Gesundheitsmaßnahme für jedermann promotet worden, und ich wollte mich in etwas üben, das ich überhaupt nicht kann: Verzicht. Das war mein erster Tag, was bis zum späten Nachmittag folgenlos blieb.

Meine Frau neigte dazu, Aktionen, die nur mich betrafen, sofort zu vergessen. Vor gemeinsamen Unternehmungen wie dieser servierte ich sonst gern mit großer Geste ein Glas Champagner. Das unterblieb jetzt, wurde aber nicht bemerkt.

Wie üblich fand man meinen Namen auf der Gästeliste des Lincoln Centers nicht. Man fand nicht mal eine Gästeliste. Aber der Gastgeber erschien im richtigen Moment und bat zu »Drinks auf die Empore«. Heute gab es nicht den üblichen eichigen Chardonnay aus Kalifornien, den ich nicht mag, sondern einen trockenen, italienischen Weißwein, der mir geschmeckt hätte. Egal. Heroisch bestellte ich ein »sparkling water«. Keiner nahm Notiz von meinem Verzicht, niemand verneigte sich vor meiner Charakterfestigkeit.

Der Chairman hat eine Extraloge, das Orchester hat vier Harfen. Wagner halt. Das Konzert begann mit eigenartigen Brummlauten, ähnlich brummig fühlte ich mich.

»Was ist denn das?«, fragte meine Frau.

»Die Ouvertüre der *Walküre*«, maulte ich zurück.

»Echt? Komisch!«

Ich setzte umständlich die Lesebrille auf und blätterte unter dem Sitz im Programm. Nix Wagner, nix *Walküre!* Das Stück hieß *Dark Waves* und war von einem John Luther Adams, der drei Jahre nach mir geboren wurde. Ein ziemliches Geschrumme, das auch die vier Harfen nicht retten konnten. Zum Glück hat der Komponist das Werk entsprechend kurz gehalten. Meine Frau hatte den Unterschied zwischen Wagner und Adams natürlich inzwischen bemerkt, ich bekannte meine Fehlinformation und verkündete: »Aber jetzt!«

Beim letzten Mal klang das besser. Kann es sein, dass man vor einer Wagner-Oper doch ein bis zwei Glas Wein braucht, um in den Groove zu kommen? Siegmund liebt seine Schwester Sieglinde trotz ihrer dicken Oberarme, und ich versuchte von der Empore aus herauszufinden, ob es sich bei den Schmetterlingen, die sich auf Sieglindes Ringerkreuz niedergelassen haben, um Tattoos oder Stofftiere handelt. Dabei mussten mir die Augen zugefallen sein, jedenfalls spürte ich irgendwann den Ellenbogen meiner Frau in den Rippen. Ich habe ihn noch mehrfach gespürt, bis sich Sieglinde und Siegmund ganz ihrer Geschwisterliebe hingaben.

Für das anschließende Dinner war ich zu schwach, aber das Restaurant war »in« und das Essen exzellent. Ich hatte zwar keinen Hunger, aber allein die Tatsache, dass ich essen durfte, beglückte mich. Der Gastgeber bestellte ein Glas Wein, das ihm nicht schmeckte, und ließ es zurückgehen. Ich hätte es genommen, aber zählte stattdessen die Luftblasen in meinem sparkling water.

Zwei Tage später fuhr ich mit der Subway in die Wohnung meines Sohnes in Brooklyn. Er hatte seit mehreren Wochen einen Tisch, aber konnte sich nicht entscheiden, welche Stühle er dazu will. Bis er welche hat, müssen alle Gäste stehen. Er zeigte mir online die Stühle, die ihm gefallen. Preisgünstig und schick. Aber sein Kumpel, der im gleichen Haus wohnt, hatte schon die gleichen. Mir wäre das egal. Ihm nicht. In der polnischen Kneipe nebenan gab es Sauerkraut mit Wurst und ungefähr fünfundzwanzig Biersorten. Ich bestellte Sauerkraut und Wasser. Das Sauerkraut war kalt, das Wasser warm, die Wurst fett. Ich war schon wieder schlecht gelaunt. Vielleicht habe ich meiner Frohnatur in den letzten Jahren doch ab und zu mit ein paar Promille auf die Sprünge geholfen.

Auf dem Flug von New York nach Los Angeles. Meine Frau saß neben mir. Der Flugbegleiter stellte jedem ein Glas Schampus hin. Thea wollte mir gerade zuprosten, da fiel es ihr ein.

»Ach so, du darfst ja nicht.«

»Ich darf schon, aber ich will nicht.«

Ist lügen besser als schwach zu werden? Ich tauschte meinen Sekt gegen ihren Eisbecher. Meine Laune stieg. Ich habe gelesen, man nimmt ab, wenn man längere Zeit auf Alkohol verzichtet. Sind vierzig Tage eine »längere Zeit« und darf man sich für jedes Glas Wein, auf das man verzichtet, mit einem Eisbecher belohnen? Ich wollte das bis morgen klären.

Der Flug dauerte noch zwei Stunden und dreiundvierzig Minuten. Die Außentemperatur betrug minus 54 Grad Celsius. Auf der Speisekarte stand ein Matua Sauvignon Blanc,

Marlborough, Neuseeland. Nektarinenaroma mit Anklängen von Pfirsich und Grapefruit. Der wär's gewesen.

Wenn einem mehrmals am Tag bewusst wird, dass man gerade keinen Alkohol trinkt, ist das schon »craving«? Craving ist laut Google »starkes Verlangen, Alkohol zu trinken«. Wir haben in Deutschland ein anderes Verhältnis zum Alkohol. Wenn ich in Amerika beim Arzt diese nervigen Zettel ausfülle, die einem die Sprechstundenhilfe auf einem Klemmbrett reicht, erschrecke ich immer über die Frage: »more than one glass of wine per day?« Wer, um Himmels willen, trinkt nur ein Glas Wein, wenn er mal die Flasche aufgemacht hat?

Ich war wieder in Malibu und hatte schon am Morgen überlegt, wie ich der Versuchung des in Kalifornien beliebten »sundowners« entgehen konnte. »Tequila Sunrise«, das klingt gut und schmeckt noch besser. Routinierte Abstinenzler haben mir geraten, mir morgens eine Kanne Tee zu brühen. Aber der Satz »Ich brühe mir schnell eine Kanne Tee« wird mir nie im Leben über die Lippen kommen. Noch schlimmer ist nur: »Schatz, brühst du mir eine Kanne Tee?«

Ich schaffte es aber auch nicht, drei Liter Wasser am Tag zu trinken, und holte mir Kokoswasser aus dem Supermarkt. Die Reihe mit den Spirituosen ist in den USA länger als jede deutsche Kegelbahn. Ich neige dazu, Lücken in der Hausbar sofort aufzufüllen. Das ist ein Tick von mir. Ich sortiere in meiner Bibliothek Buchrücken nach Farben und kaufe Whiskysorten, die ich nie trinke, nur weil die Flaschen so schön aussehen und die Etiketten so interessant. Obwohl ich bereits einige Lücken im Schnapsregal entdeckt hatte, besorgte ich keinen Nachschub mehr. Wozu auch. Bis Ostern war es noch lange hin, und der Kreuzweg beginnt erst am Gründonnerstag.

Hier stand mein fester Entschluss, vierzig Tage auf Alkohol zu verzichten, und auf der Gegenseite kugelten ein paar Flaschen rum, von denen ich in den nächsten Wochen keine anfassen, geschweige denn öffnen wollte. Wille gegen Promille. Ich will meinen Dämonen persönlich den Kopf abschlagen, im Einzelkampf.

Trotz meines robusten Selbstbewusstseins gibt es Tage, an denen ich mich für überflüssig halte. Ich war so froh, dass ich noch nie in den Krallen einer Sucht gelandet bin, dass ich im Überschwang meiner neuen Enthaltsamkeit den kühnen Plan ins Auge fasste, nie wieder Alkohol zu trinken. Ich habe gelesen, dass man am Morgen frischer ist, wenn man am Abend zuvor keinen Alkohol trinkt. Mein Hirn weiß das, mein Körper hat es nur noch nicht mitgekriegt. Ich habe kürzlich auch gelesen, dass Alkohol schon in kleinen Mengen schädlich ist. Dauernd gibt es neue Erkenntnisse, neue Erhebungen und neue Verhaltensmaßregeln. Manche schiebe ich einfach zur Seite, weil sie mich nerven, manche passen mir ins Konzept. Die letzten Gesundheitsnews aus dem Netz: Auch ältere Menschen sollen ihre Muskeln stärken. »Workout für Hochbetagte« wurde da gefordert. Was für ein furchtbares Wort. Ich las einfach »Hochbegabte« und fühlte mich angesprochen, denn ich mache alles richtig. Joe, mein Personal Trainer, kam jeden Werktag und trank auch bis Ostern keinen Alkohol. Joe heißt mit Nachnamen Massielo, sein Vater sprach noch Italienisch. Ihm ist diese DNA sehr wichtig, und er ist ein Feinschmecker. Er weiß, dass es »Espresso« heißen muss, und ärgert sich, wenn bei Starbucks jeder zweite Ami »Expresso« bestellt. Er sagt »Pino-grid-gio« und nicht »Peeno Gridjo« und hatte bereits die Flasche Rotwein ausgesucht, mit der er am Ostersonntag sein Dinner eröffnen würde: »A nice bottle of Nebbiolo.«

Joe war trotz Alkoholverzichts mindestens so gut gelaunt wie sonst, das sollte mir Ansporn sein. Und schon am nächsten Morgen glaubte ich, im Spiegel erste Erfolge zu sehen. Wie die meisten Menschen sehe ich morgens immer ziemlich zerknautscht aus. Manchmal hängt mir der Absacker vom Abend vorher in kleinen Beuteln unter den Augen. Hier schien in den letzten Tagen eine leichte Ent-Faltung stattgefunden zu haben. Mein ganzer Körper straffte sich. Ich entwickelte mich zum Partymuffel und konnte einen gewissen Hochmut gegenüber denen, die sich abends zum Cocktail verabredeten, nicht verbergen. Lud mich jemand zum Dinner ein, dann benutzte ich meinen Jetlag als Ausrede, ging abends früh ins Bett und stand morgens eine Stunde früher im Bad als sonst. Der Lichtschalter dort hatte einen Dimmer. Bei Schummerlicht stand da immer noch ein stattlicher Mann vor dem Spiegel.

Schob ich den Regler nach oben, stand ich irgendwann ziemlich belämmert im Lichte der Wahrheit. Nach knapp drei Wochen ohne Alkohol machte ich den Scheinwerfertest. Meine Gesichtshaut erschien mir glatter, die Zone um meine Augen beutelfrei, und ich verneigte mich vor meinem Stehvermögen.

Dreieinhalb alkoholfreie Wochen kamen zwar noch, aber ich war mir jetzt sicher, dass ich das schaffen würde. Abgenommen hatte ich allerdings bisher nicht, und dass ich die Dinge plötzlich klarer sehe, musste ich mir einreden. Inzwischen hatte ich tatsächlich bestimmte Teerituale entwickelt und war so weit aus der Gefahrenzone, dass ich mich mit einem anderen Entzug beschäftigen konnte, der mir wesentlich leichter fiel.

Ich hatte mich nicht nur vom Alkohol verabschiedet, sondern auch vom Twittern. Und das lag an meinem ersten

Shitstorm. Eigentlich war es ein Stürmchen, das ich gar nicht bemerkt hätte, wenn man mich nicht mit der Nase darauf gestoßen hätte. Ich war es ja gewohnt, am Samstagabend im Fernsehen die Klappe weiter aufzureißen als andere. Damals lief das so, dass einen dann am Sonntag ein paar Journalisten anriefen und man schon wusste, dass sich für den Montag was zusammenbraute. Mal hatte ich mich unflätig über irgendjemanden geäußert, der dann verkünden durfte, dass er von mir »enttäuscht« sei. Mal hatte ich größere Teile der Bevölkerung gegen mich aufgebracht, wie die Hundebesitzer (zu denen ich damals gehörte) oder die Rentner (zu denen ich damals noch nicht gehörte). Ich war dann immer ein paar Tage öffentlich das Karnickel, und dann legte sich das wieder.

Seit es das Internet gibt, hat die öffentliche Erregung andere Gefäße gefunden und eine neue Reichweite. Ich hatte das Ergebnis eines DNA-Tests getwittert, in dem mir mitgeteilt wurde, dass ich neben ein paar afrikanischen Zellen in meinem Erbgut zu »52 Prozent Osteuropäer« bin. Endlich war ich als Mitglied einer Minderheit ausgewiesen, der man laufend negative Klischees andichtet. Endlich durfte ich als ausgewiesener Angehöriger einer immer wieder verpönten ethnischen Gruppe (wir erinnern uns: Mutter aus Oppeln, Vater aus Kaff bei Namslau) Witze über mich selbst machen. Fröhlich twitterte ich: »Hab meine DNA aufschlüsseln lassen. Afrika war ja klar. Aber über 50 Prozent Osteuropäer! Deswegen hab ich als Kind so geklaut!«

Damit hatte ich aber nicht nur 48 Prozent aller rechtschaffenen Westeuropäer gegen mich aufgebracht, auch von meinen osteuropäischen Verwandten nahm mich keiner in Schutz. Was hat man mir nicht alles vorgeworfen! Rassismus,

Rückschrittlichkeit, Ausländerfeindlichkeit, Geschmacklosig-keit – den Rest hab ich verdrängt oder nie erfahren.

Öffentlich auf die Mütze zu kriegen war ich gewohnt. Dass aber in den sozialen Medien Trolle hocken, die bös-artig alles missverstehen, was missverständlich gesagt ist, die, wie die Gegenpartei im Bundestag, unisono und reflexhaft aufjaulen, war eine völlig neue Erfahrung für mich. Warum Twitter Deutschland den Tweet schließlich auf Druck der Beschwerden offline stellte und zwei Tage später wieder frei-gab, habe ich nicht begriffen. Ich hatte, vielleicht war das überheblich, immer denselben Spruch für mich in Anspruch genommen, mit dem Angela Merkel einst im Wahlkampf unterwegs war: »Sie kennen mich.« Mindestens dreimal am Tag sagt mir einer: »Ich bin mit dir aufgewachsen.« Also ging ich davon aus, dass nun wirklich jeder weiß, wie ich ticke. Ich habe beruflich und privat viel geredet. Dabei kam wenig heraus, das man sich merken müsste, und einiges Merkwür-dige. Ich wollte immer als lustig und nicht als klug wahr-genommen werden. Nie habe ich darauf geachtet, wo mich politisch denkende Menschen in ihrem Spektrum eventuell einordnen würden. Mal habe ich Positionen vertreten, die ich heute als links einordnen würde, mal war ich der spießige Bayernkatholik, aber irgendwie habe ich mich immer als Teil der Mitte gefühlt. Da wird man von beiden Seiten gewärmt, da holt man sich die größte Quote.

Zum Fackelträger einer neuen Idee wird man dabei nicht, für einen Rebellen wurde ich nie gehalten. Zu Recht, denn dazu fehlt mir das Zeug. Im Irrglauben, nicht »politisch« zu sein, habe ich für mich in Anspruch genommen, niemals darauf achten zu müssen, ob ich immer »politically correct« bin. Unter der Tarnkappe dieses »Sie kennen mich« hatte ich mich sicher gefühlt. Jeder musste doch wissen, wie ich mit Menschen umgehe. Das hatte ich doch öffentlich ein paar Jahrzehnte bewiesen. All diese Kriterien wie Rasse, Farbe, sozialer Stand, Alter und was einem sonst noch einfällt, um Menschen einzusortieren, waren für mich völlig unerheblich und sind es immer noch. Ich schaffe es auch gar nicht, Vorurteile oder zumindest Vorbehalte gegen irgendjemanden aufzubauen, ich habe eher die Unart, Fremde, egal wo, egal wen, zu umarmen. Wo dieser Mensch herkommt, wie der aussieht, an was der glaubt, ist mir völlig egal. Das mag sich unglaubwürdig anhören, aber nur mit dieser Grundeinstellung kann man werden, was ich geworden bin. Man muss mir erst beweisen, dass man ein Arschloch ist, bevor ich meine Umarmung lockere, und ich bin dann jedes Mal ein bisschen enttäuscht.

Man mag das als naiv, als weltfremd oder als wurstig bezeichnen. Dann ist das halt so. Aber so bin ich. Oder sagen wir mal, so war ich. Und Twitter war ein neues Spielzeug, mit dem ich jeden umarmen konnte, der mir auf meinem Account in die Arme lief. Hereinspaziert, jeder ist willkommen. Ich hatte ja getwittert, weil es mir Spaß machte. Aber Alkohol und twittern haben eine Gemeinsamkeit, die ich erst bemerkte, als ich beides aus meinem Leben verbannt hatte: Man denkt, es muss sein.

Da baut sich ein eigenartiger Druck auf, dem man irgendwie nachgeben will. Wie oft habe ich auf dieses Twitter-Vögelchen geschaut und überlegt, was ich denn heute wieder in die Welt setzen soll. Die freundlichen Follower werden plötzlich zu einer Größe, der man etwas zu schulden glaubt. Vor allem wenn man es, wie ich, in einem »alten« Medium hinter sich hat und plötzlich zu einer »Kultfigur« in einem

»neuen« und coolen Medium aufgebaut wird. Ich hatte, ziemlich unbefangen, allerlei Unfug auf meinem Twitter-Account getrieben und mein Publikum auf eine bisher unbekannte Weise an mich herangelassen. Ich stellte unsere Weihnachtskrippe ebenso ins Netz wie den umgefallenen Christbaum, fotografierte meinen Sohn hinter einer Nebelwolke, die aus seiner Vape-Pfeife kam, und schrieb dazu: »Schön wenn man seine Söhne wieder sieht.« Man sah ihn zwar nicht, aber ich hatte bis zu diesem Zeitpunkt alle Paparazzi beschimpft, die meine Familie auch nur von hinten abzulichten versuchten. Plötzlich ergab ich mich selbst dieser Versuchung. Die Medien bemerkten das schnell, meine Tweets wurden zitiert, und der *Spiegel* stellte in dem bereits erwähnten Artikel über mein Getwitter fest, dass ich mich in der neuen Wirklichkeit des Netzzeitalters zurechtgefunden hatte und diese in einem neuen Medium virtuos bespielte.

Das schmeichelte mir, aber ich fühlte mich gleichzeitig unter einem gewissen Lieferzwang. Zu Beginn meiner Twitter-Karriere erfreute ich meine Follower noch, wenn ich die Kaffeetasse auf meinem Frühstückstisch fotografierte. Inzwischen posaunte ich dort schon die Geburt meines Enkels in die Welt. Es hatte zwar was Triumphales, damit der Yellow Press ein Thema wegzunehmen, aber es wunderte mich, dass ich zum Selbstvermarkter geworden war. Ich darf gar nicht daran denken, was passiert wäre, wenn ich bei der Trennung von meiner Frau noch auf Twitter unterwegs gewesen wäre. Ich hätte auf das Gesäusel und die unzutreffenden Vermutungen der Yellow Press mit wütendem Gebell reagiert und mich dabei um Kopf und Kragen getwittert. Donald Trump macht vor, wie schnell so was geht. Ich hatte mich aber rechtzeitig aus diesem Stimmengewirr verabschiedet. Vielleicht lag die neue Sensibilität auch an der geistigen Klarheit, die sich auf den Verzicht von Alkohol zurückführen ließ.

Ohne den zu leben machte mir mittlerweile überhaupt nichts mehr aus. Im Flugzeug bestelle ich mir grünen Tee mit einem Eiswürfel, und abends gönnte ich mir ab und zu ein alkoholfreies Bier. Ich hatte in den amerikanischen Medien gelesen, dass die deutschen Athleten während der Winterolympiade nur deswegen so viele Medaillen abräumten, weil sie dieses promillefreie Gebräu zu sich nahmen. Ich fühlte mich also auch noch als Patriot, während ich im Supermarkt in Malibu das ziemlich fade Gesöff zur Kasse schleppte. So wie Alkoholiker ihren Konsum vor ihrer Umwelt zu verbergen suchen, machte ich meinen Verzicht kaum zum allgemeinen Thema. Das ist für mich untypisch, denn alles, was ich für eigene Großtaten halte, stelle ich gerne ins Licht der Öffentlichkeit. Im Falle meines Alkoholverzichts bemerkte ich eine eigenartige Zurückhaltung. Es war mir nicht angenehm, eine solche Lappalie mit anderen zu diskutieren. Kein Kellner wunderte sich, wenn ich Wasser statt Wein bestellte, meine Frau bemerkte nicht, dass aus der Bierflasche alkoholfreier Gerstensaft perlte, und nur in seltenen Fällen kam ich in Erklärungsnot.

In Gesellschaft fehlte mir der Alkohol also kaum oder überhaupt nicht. Da ich aber viel unterwegs bin, bin ich auch oft allein. In Hotels sind die Minibars immer eine Gefahr. Meistens aber wegen der Schokoriegel und Erdnüsse, die dort zu später Stunde lauern. In der Zeit meiner Abstinenz wurde plötzlich der kleine Bocksbeutel mit Frankenwein zur Verlockung. Vielleicht ist es auch die Nachdenklichkeit, die mich ab und zu befällt, wenn ich abends allein in meinem Hotelzimmer sitze. Ich habe das kürzlich bemerkt, als ich zu später

Stunde in meiner Suite die Beine auf einen Glastisch legte und auf den Preis für mein Lebenswerk starrte, den man mir gerade in festlicher Atmosphäre verliehen hatte. Irgendwann hatte ich genug von den Selfies, zumal ich bei vielen jungen Schauspielerinnen und bärtigen TV-Stars, die sich mit mir auf ihren Smartphones ablichteten, keine Ahnung hatte, ob sie mir oder ich ihnen schon mal begegnet war.

Als ich ins Hotel zurückkam, feierte dort ein Reiseveranstalter sein Betriebsfest, und ich hätte locker noch den einen oder anderen Gratisurlaub buchen können, aber verdrückte mich zügig in den Lift. Einen solchen Abend nüchtern abzuschließen ist nicht ganz einfach. Da steht eine gläserne Pyramide vor dir, die eigentlich ausdrücken soll, dass du alles richtig gemacht hast, und trotzdem würdest du jetzt gerne mit ein paar Glas Wein deine Gedanken etwas verschwimmen lassen. Da war die Minibar immer eine willkommene Alternative, die jetzt aber nicht zur Debatte stand.

Ich habe trotz solcher Momente des Schwächelns mit meiner Abstinenz durchgehalten, und es ist durchaus eine kleine Pointe, dass es ausgerechnet der Alkohol war, der mir Twitter auf Dauer verekelt hat. Ich hatte natürlich meinen Fastenplan auf dem Nachrichtendienst entsprechend promotet und mich gleichzeitig mäkelig vom *Dschungelcamp* distanziert, dessen aktuelle Staffel gerade auf dem Programm stand. Mit dem Hinweis, ich könne in meinem fortgeschrittenen Alter den Verlust weiterer Gehirnzellen nicht riskieren, hatte ich mich von der Realityserie und vom Alkohol gleichzeitig verabschiedet. Von beidem geht ja auch eine unbestrittene Suchtgefahr aus.

Kurz vor dem Aschermittwoch kamen mir dann aber Bedenken, ob ich dem Fastenversprechen gewachsen sein würde, und ich versuchte, bei meinen Twitter-Fans für den Fall, dass ich es dann doch nicht schaffen würde, vorsorglich etwas zurückzurudern. Zur gleichen Zeit brach Martin Schulz, der unglückliche Kanzlerkandidat der SPD, sein Versprechen, niemals in ein Kabinett unter Merkel einzutreten, indem er sich um das Amt des Außenministers bemühte. Der Mann hatte nach der Bundestagswahl die Mütze so voll bekommen, dass er es auch noch überleben würde, wenn ich mich hinter seinem Rücken verstecken würde. Also twitterte ich, dass der Schulz ja ein gutes Beispiel dafür sei, wie schwer es werden kann, gegebene Versprechen auch zu halten. Ich dachte dabei, wie meistens, nur an mich. Das allwissende Netz stellte aber sofort eine Verbindung her zwischen meinem Alkoholverzicht und den Alkoholproblemen, die Martin Schulz in seiner Jugend hatte. Ich hatte davon überhaupt nichts gewusst und war tief betroffen, als man mir in einem zweiten Shitstorm diesen unsensiblen Bezug um die Ohren haute. Zu so etwas hätte ich mich, nüchtern oder im Suff, nie hinreißen lassen.

Aber eines war mir klar geworden: Ein Alkoholexzess ist nach einem anständigen Kater vergessen, ein Shitstorm klebt dir am Schuh wie Hundekacke. Dass ich meine jugendliche Kleptomanie mit meiner osteuropäischen DNA entschuldigen wollte, wirft man mir auch heute noch gelegentlich vor. Als ich also vor der Entscheidung stand, welcher Sucht ich mich nach durchstandener Abstinenz wieder zuwenden wollte – saufen oder twittern –, war die Antwort für mich sofort klar. Prost allerseits!

WHEN I'M SIXTY-FOUR

The Beatles

Dass Paul McCartney mehr ist als eine erfolgreiche Ikone der Popgeschichte, sieht man daran, dass er sich bereits in seinen frühen Jahren Gedanken über das Alter gemacht hat. Mit vierundzwanzig war mir völlig egal, was ich vierzig Jahre später treiben würde, aber Paul hatte eine Vision.

Auf der Höhe der Beatlemania fragte er in einem Song auf dem berühmten *Sgt. Pepper*-Album besorgt: »Will you still need me, will you still feed me, when I'm sixty-four?«

Gefüttert werden muss heute weder er noch ich, aber das vorgegebene Alter haben wir bereits überschritten. Und beide müssen wir wohl zugeben, dass wir noch gebraucht werden wollen. Paul ist ständig auf »Welttournee«, und sein letztes Album ist nicht nur großartig, sondern ganz sicher auch nicht sein letztes. Der Mann ist jetzt fünfundsiebzig. Also nix mit »Doing the garden, digging the weeds«, wie er es besingt. Auch ich beschäftige mich selten mit Gartenarbeit und hatte noch nie Spaß am Jäten von Unkraut. McCartney hat mittlerweile mehrere Landsitze, auf denen sicher mehrere Gärtner unterwegs sind. Ich kann mir zumindest einen Gärtner leisten, und der mäht den Rasen um eine Windmühle, die nicht mehr dort steht, wo sie mal stand. So war das alles nicht geplant.

Paul sang mit vierundzwanzig davon, sich als Rentner ein »cottage in the Isle of Wight« leisten zu können, und ich ging davon aus, dass mir in diesem Alter der Bayerische Rundfunk eine ordentliche Rente überweisen würde. Es kam für uns beide anders, und wir haben keinen Grund, uns zu beschweren. Aber eine nachdenkliche Formulierung in dem heiteren Beatles-Song enthält für jeden von uns, Gartenarbeit oder nicht, zwei düstere Vokabeln. Auch wenn sie in diesem Zusammenhang anders gemeint sind, bin ich immer erschrocken, wenn ich sie gehört habe: »Wasting away ...« Das klingt nach Abfall (waste), der so langsam vor sich hin fault. Keine schöne Perspektive für die eigene Zukunft.

Tatsächlich wird das Alter von manchen Menschen als langsames Siechtum wahrgenommen, eine Sicht, die ich mich weigere zu teilen. Dass es auch anders geht, beweist der Sänger der amerikanischen Erfolgsgruppe Aerosmith. Steven Tyler hat mal verkündet, dass »siebzig das neue fünfzig« ist, und nach dieser Rechnung bin ich ein später Vierziger und habe den besten Teil meines Lebens noch vor mir. Das Recht, sich in Bezug aufs Altern in die Tasche zu lügen, muss man wohl ausnutzen, um nicht trübsinnig zu werden. Ich tue das mit ganzer Kraft, muss aber zugeben, dass mir dabei immer wieder Knüppel zwischen die Beine geworfen werden. Das liegt zum einen an der Gesellschaft, zum anderen an weniger sensiblen Individuen. In der Werbung sieht man Weißhaarige nur dann, wenn es um Medikamente, falsche Zähne oder Impotenz geht. Im World Wide Web irren Menschen jenseits der sechzig durch digitale Welten, die sie überfordern und die sich in einen schwarzen Bildschirm auflösen, wenn sie zweimal die falsche Taste drücken. Außerdem sind sie schamlosen Betrügern ausgeliefert.

Mir war gestern mein Smartphone eingefroren, nachdem ich meinem Enkel per Facetime zum Geburtstag gratuliert hatte. Das Ding klingelte auch nach dem Gespräch weiter und ließ sich einfach nicht mehr abschalten. Wenn ich draufschaute, zeigte der Bildschirm mein ratloses Gesicht. Ich hätte es bis zum nächsten Geburtstag weiterklingeln lassen können, aber war nach fünf Minuten schon genervt. Paul McCartney hätte seinen Gärtner gefragt, was er tun soll, ich rief meinen Sohn an.

»Obere Lautstärketaste und Taste auf der rechten Seite gleichzeitig drücken!«

»Das mach ich doch die ganze Zeit.«

»Dann weiß ich auch nicht, geh zum Apple Store.«

Vielen Dank! Anstatt eine Stunde im Auto zu sitzen, suchte ich erst mal online nach gutem Rat. Obwohl dort angeblich echte Menschen weiterhelfen, merkt sogar einer wie ich, dass das alles verbale Versatzstücke sind, die einem nur nützen, wenn das Problem ein typisches Geräteversagen ist. Meines war nicht typisch, also rief ich mehrere »Helplines« an, auf denen es kein Durchkommen gab, bis sich bei einer Nummer, die ich unter »Apple« im Netz fand, tatsächlich ein freundlicher Mensch mit indischem Akzent meldete. Schon mal gut, denn Inder kennen sich in der digitalen Welt besonders gut aus, irgendwann wird sie Indernet heißen.

Ich schilderte aufgeregt mein Problem und hielt das Smartphone an die Muschel, um den Mann davon zu überzeugen, dass dieser schnarrende Facetime-Wahlruf meine Nerven jetzt seit einer halben Stunde abtötete. Ein Wunder geschah. Der freundliche Mann erkannte einen Virus, warnte mich davor, andere Geräte damit zu infizieren, und stellte fest, dass ich mich noch in der Garantiephase befand. Man würde mir morgen ein neues iPhone nach Hause liefern und dafür mein altes abholen. Ich durfte mir von zwei Zeitfenstern eines aussuchen. Allerdings müsste ich bis dahin ein Pfand in Form von AppleCards hinterlegen, die ich an jeder Tankstelle erhalten könnte. Im Gegenwert eines iPhones, also für dreihundert Dollar. In einer Stunde würde ihn sein Telefoncomputer verbindlich daran erinnern, mich zurückzurufen.

Meine Tankstelle verkaufte keine AppleCards, aber im Supermarkt bekam ich welche. Mit dem Schnarrton im Ohr und leicht verschwitzt gab ich dem hilfreichen Inder die Codes der drei Karten durch, worauf er aber ein »Problem« bekam. Offensichtlich versagte jetzt bei ihm die Technik, aber er würde mir für meine Mühen dreihundertfünfzig Dollar auf mein Kreditkartenkonto zurücküberweisen. Ich war also auf jeden Fall im Plus. Dafür müsste ich aber noch mal los und jetzt sechs Apple-Karten à fünfzig Dollar kaufen, die würden in der Bearbeitung definitiv keine Probleme machen. Ich zog tatsächlich wieder los und holte das Sechserset. Allerdings rief ich noch mal meinen Sohn an.

»Papa, die bescheißen dich, ich hab doch gesagt, geh zum Apple Store!«

Seufzend gehorchte ich. Dort drückte ein Teenager in einem blauen T-Shirt erst den oberen, dann den unteren Knopf auf der linken Seite des Smartphones und dann den auf der rechten. Er belehrte mich, dass man dies in schneller Reihenfolge tun müsse. Das Ding ging sofort aus, und als es wieder anging, war der Klingelton weg. Das Smartphone war repariert, ich war dreihundert Dollar los und verschenkte sechs AppleCards à fünfzig Dollar an den Gärtner.

Will man technisch mithalten, fühlt man sich spätestens ab sechzig verraten und verkauft. Bösartige Menschen schenken einem dann diese Riesenfernbedienung mit ganz großer Schrift, auf die man alle seine elektronischen Geräte programmieren kann, was man aber auf keinen Fall hinbekommt. Ich habe inzwischen drei von diesen Dingern geschenkt bekommen. Wasting away?

Wann geht das los, ab wann müssen wir in Kauf nehmen, von unserer Umwelt als »alt« wahrgenommen zu werden? Sollen wir uns ergeben oder vor dieser Tatsache davonlaufen? Eine Frage, die auch ich mir stelle, und ich muss gestehen, dass ich schon damit ein Problem habe. Mit der Antwort sowieso. Lang genug habe ich mich an den Moralisten Joseph Joubert gehalten, der völlig zu Recht festgestellt hat: »Man ist meistens nur durch Nachdenken unglücklich.« Also habe ich es bleiben lassen und immer in dem Eindruck gelebt, glücklich zu sein.

Was im Wesentlichen davon kam, dass ich auch nachweislich mein ganzes Leben lang Glück gehabt habe. Selbst als mir das Haus abgebrannt ist, kam niemand zu Schaden. Ich sowieso nicht, denn ich war wieder mal ganz woanders. Offensichtlich bin ich nie da, wo's gerade brennt. Soll ich nun unglücklich werden, nur weil ich so alt geworden bin? Ein Widerspruch in sich selbst. Also lassen Sie uns gemeinsam der Frage nachgehen, wie man auch als alter Hund mopsfidel bleiben kann.

Wir haben ja alle schon mal das Glück, in der heutigen Zeit zu leben, Smartphone-Ärger hin oder her. Wer heute alt ist, hat die beste Zeit erlebt, die in den vergangenen Jahrhunderten vergeben wurde. Die »Kriegsgeneration« ist weitgehend aus dem Rennen, wir kennen »die schlechte Zeit« nur aus den Geschichten unserer Eltern, und es tut uns gut, sie gehört zu haben. Wir haben unsere Kindheit »draußen«

verbracht und uns später Liebesbriefe aus Papier zugesteckt, statt uns per Mail zu ver»app«reden. Als es ernst wurde, gab es schon die Pille, aber noch kein Aids, und alle hatten das Gefühl des Aufbruchs. Wir sortieren die Jahrzehnte nach der Popmusik, die uns durch sie begleitete, und nicht nach den Kriegen, wie die Generation vor uns. Nachdenklichen Menschen fällt für die Achtziger der Mauerfall ein, ich denke an Duran Duran und Michael Jackson. Wir leben und ernähren uns anders. Meine Eltern verbrachten den Sonntag bei Gans und Blaukraut, ich mit Guns and Roses.

Vielleicht ist es dieser Unernst, mit dem ich ja auch noch beruflich erfolgreich war, der es verhindert hat, dass ich mich auf den »Ernst des Lebens« eingelassen habe. Soll ich jetzt Trübsal blasen, nur weil die Haare dünner werden und die Hüften dicker? Das will ich nicht, aber es fragt mich ja auch keiner. Da muss jeder selber durch. Eine wichtige Entscheidung ist es, sich im richtigen Umfeld zu bewegen. Wer sich im reifen Alter nur mit jungen Menschen umgibt, wird bald merken, dass er dabei schnell »alt« aussieht, obwohl wir insgesamt härter im Nehmen sind. Meine Generation hat geraucht wie blöde, heute setzen sie schon die Atemschutzmasken auf, wenn im Radio »Smoke on the Water« von Deep Purple läuft. Uns gehen die weinerlichen Knaben auf den Senkel, die sich durch die aktuellen Hitparaden jammern. Auf dem »Highway to Hell« wurde es für uns zwar irgendwann ungemütlich, aber wir hatten wenigstens eine Richtung. Tim Bendzko, einer der jungen Chart-Helden, eiert dagegen ganz schön rum. Er musste erst mal »die Welt retten« und stellte dann entgeistert fest: »Ich bin doch keine Maschine! / Ich bin ein Mensch aus Fleisch und Blut / Und ich will leben bis zum letzten Atemzug.«

Das sollte er schaffen.

Die Welt haben wir leider trotz unserer großen Klappe in den Sechzigern nicht gerettet. Aber irgendwie sah sie zu unserer Zeit besser aus. Oder bilden wir uns das nur ein, so wie sich jede Generation das einbildet? Und das Ende von allem wurde ja schon immer eingeläutet. Ich hatte mich fest auf das durch den »sauren Regen« verursachte »Waldsterben« eingerichtet und bin mit möglichst vielen Mädchen durch den dunklen Tann geschlendert, um noch was von ihm zu haben. Der deutsche Forst ist seither nach meiner Kenntnis nicht wesentlich kleiner geworden, aber dankbare Waldspaziergänge meiner Kinder sind mir nicht in Erinnerung. Dafür ist jetzt der Klimawandel die große Bedrohung der Zukunft, und ich habe wieder den Eindruck, dass ich das ernster nehme als mein Nachwuchs.

Sollte das die »Weisheit des Alters« sein, die sich da langsam einstellt? Wenn sie so heißen muss, dann pfeife ich darauf. Trotzdem kann ich der Wahrheit nicht ewig aus dem Weg gehen.

Mit seiner Behauptung, dass Siebzigjährige heute da sind, wo früher Fünfzigjährige waren, legt Steven Tyler die Wirklichkeit doch sehr zu seinen Gunsten aus. Wobei, ich fühle mich nicht ständig alt. Nur manchmal. Dann befällt mich ein Gefühl leiser Wehmut. Das ist meistens ein passiver Vorgang. Du spürst plötzlich, dass du aussortiert wirst, und möchtest doch gerne noch dazugehören. Du wirst durch Jüngere ersetzt. Es ist idiotisch, dies als gnadenlos zu empfinden. Ich weiß das, und trotzdem tut es weh. Ja, es tut weh. Und es tröstet auch nicht, dass diese Erfahrung jeder irgendwann machen muss. Auch ich habe Ältere verdrängt. Und zwar ohne einen Gedanken daran zu verschwenden. Auch ich habe

Vorgesetzte, die mir den Weg nach oben versperrt haben, als »alte Säcke« beschimpft.

Kürzlich beschwerte ich mich bei einem Journalisten, der Günther Jauch und mich die »alten Männer« des deutschen Fernsehens genannt hatte. Er wies mich entschieden darauf hin, dass er von uns als »großen alten Männern« gesprochen hatte. Das hilft wenig. Lieber jung und klein als alt und groß.

Nachdem das späte Alter ja nur durch frühen Tod zu verhindern ist, was ich auch für keine gute Lösung halte, sollten wir gemeinsam einen Plan fassen, wie man furchtlos und zufrieden mit diesem Thema umgeht. Dass ich selber noch keinen hatte, habe ich mittlerweile gemerkt. Ich dachte allerdings, ich sei schon durch. Nicht mehr weit zur goldenen Hochzeit, die Kinder aus dem Gröbsten raus, zwei Enkel und die Sonne Kaliforniens. Da muss man nicht mal bescheiden sein, um von »Glück« zu reden.

Ich bin zuerst auch ziemlich erschrocken, als ich bemerkte, dass ich ins Schleudern komme, und habe, wie ich das in der Fahrschule gelernt habe, sofort versucht, zurück in die Spur zu finden. Aber das Schwindelgefühl war plötzlich wieder etwas ganz Neues, und als mir klar wurde, dass ich nur die Wahl zwischen Bremsen und Gasgeben hatte, habe ich mich, vernünftig oder nicht, für Gasgeben entschieden. Man hat mir dazu gratuliert, man hat mich deswegen beschimpft. Keine Ahnung, ob ich alles richtig oder alles falsch gemacht habe. Die Zukunft wird es zeigen, und ich hoffe, ich habe noch eine.

Mit einer Frau alt zu werden, ist immer seltener der Normalfall und in seltenen Fällen das ungetrübte Glück. Man muss sich also erst einmal darauf einlassen, dass es dieses ohnehin nicht gibt. Zu früh darf man aber auch nicht zu dieser Erkenntnis gelangen, denn die Folge ist eine hektische

Glückssuche in allen Ecken des Lebens, auch den dunklen, nur um am Ende zur selben Erkenntnis zu kommen. Allerdings hat man sich, wenn man es so versucht, auf dem Weg dorthin mehr blaue Flecken geholt. Manche brauchen das und behaupten am Ende, wenigstens »gelebt« zu haben, andere finden in der Ruhe ihre Kraft und in der Routine ihr Glück.

Es gibt auch die, die ihr Leben lang auf der Suche nach etwas sind, was sie nie finden. Die kommen recht erschöpft im Alter an. Einige arme Teufel befinden sich ihr Leben lang in diesem Teufelskreis und kommen nie zu Ruhe. Zu dieser Sorte habe ich nie gehört.

Man kann natürlich auch bezweifeln, ob es der Sinn des Lebens ist, irgendwann »zur Ruhe« zu kommen. Der Chinese findet im Yin und Yang seinen inneren Ausgleich, der Buddhismus sucht den »mittleren Weg« zur Überwindung des leidhaften Daseins. Der bereits zitierte christliche Philosoph Augustinus formulierte im Hinblick auf die ewige Seligkeit: »Ruhelos ist mein Herz, bis es Ruhe findet in Dir.« Das eine ist der Versuch eines unaufgeregten Lebens, das andere ein schöner Erklärungsversuch, für den es allerdings keine Garantie gibt. Man wird da leider auch im Alter nicht schlauer.

Vielleicht bin ich auch noch nicht alt genug, um die innere Unruhe abzulegen, die mich immer noch umtreibt. Am Ende seiner Weisheit will man nie sein, und ich stelle deshalb mit einer gewissen Genugtuung fest, dass ich noch weit davon entfernt bin. Mit dem Blick nach hinten kann ich mir den Weg nach vorne auch nicht sicherer machen. Also taste ich mich weiter, wohlwissend, dass der Weg immer steiler und mühsamer wird. Auch Paul Mc Cartney hat keinen besseren Vorschlag. Mit vierundzwanzig wollte er es von der Frau, die

er in diesem Song liebte, gerne schriftlich und per Frage-
bogen. Er hat die Garantie nie bekommen. Keiner bekommt
sie. Weder Sie noch ich noch ein Beatle:

Give me your answer
Fill in a form
Mine for evermore
Will you still need me
Will you still feed me
When I'm sixty-four?

QUESTION

Moody Blues

Gespräch mit dem Medienwissenschaftler Bernhard Pörksen über die Verzwergung der Helden in den Zeiten des Internets

TG:

Herr Professor Pörksen, ich brauche für einige Befürchtungen, die mich umtreiben, eine wissenschaftliche Unterfütterung und möchte Ihnen ein paar Fragen stellen, die mein Geschäft betreffen. Mein ganzes öffentliches Leben lang habe ich ungeschützt erst gesprochen und dann, wenn überhaupt, gedacht. Das hat mir nie geschadet. Sowohl im Rundfunk als auch im Fernsehen habe ich ohne Rücksicht auf Political Correctness immer das gesagt, was mir spontan eingefallen ist. Jetzt habe ich den Eindruck, das geht nicht mehr. Hab ich recht?

BP:

Aus meiner Sicht haben Sie zwei mediale Epochen erlebt. Die erste Epoche, in der Sie groß geworden sind, die Zeit der mächtigen Leitmedien, die klassische Mediendemokratie, organisiert um publizistische Machtzentren, große Zeitungen, den Rundfunk, das öffentlich-rechtliche Fernsehen, klare Zentren, Institutionen. Die gibt es immer noch, aber wir befinden uns heute im Wechsel zu etwas, das man die

Empörungsdemokratie des digitalen Zeitalters nennen könnte. Das Publikum ist nicht mehr eine amorphe Masse, die man bespielt, sondern es ist selbst medienmächtig geworden. Es schaltet nicht nur ein, es schaltet sich zu, und zwar in einer ganz anderen Reaktionsgeschwindigkeit, Unmittelbarkeit, Konfliktbereitschaft, Beobachtungsfaszination, und schaut: Was macht eigentlich der Thomas Gottschalk auf Twitter und gefällt mir die Person, die sich da zeigt?

TG:
Genau! Im TV war ich immer trittsicher. Man schaltete zu einer bestimmten Zeit das Fernsehgerät an, ich kam die Treppe runter, habe Guten Abend gesagt und Österreich, die Schweiz und Deutschland begrüßt …

BP:
Exakt. Sie haben gesendet. Heute sind Sie als Superstar der alten Welt, als gerade noch unerreichbarer Fernsehtitan, in eine neue Welt gebeamt, in der die Menschen, die vorher auf Distanz waren, auf einmal wahnsinnig nahe kommen und in der Sie in ein Sender-Empfänger-Netz hineingezwungen werden. Sie zeigen sich in einer anderen Nahbarkeit.

TG:
Das Problem ist die Unmittelbarkeit. Früher habe ich am Samstagabend dummes Zeug erzählt, das war schon zu spät für die *Bild am Sonntag*, also wurde es am Montag von der *Bild* aufgegriffen und mit enttäuschten Zuschauern oder mit angeblich beleidigten Betroffenen garniert. Drei Wochen später stand es in den Fernsehzeitungen, die eine lange Vorproduktionszeit haben, und ein Großteil der Leute wusste schon

gar nicht mehr, um was es eigentlich ging. Da hat sich viel von selbst erledigt.

Heute setze ich mich mit der Masse, als deren Vertreter ich mich ja auch sehe, auf einer Ebene und direkt auseinander. Bei Twitter geht das so: Ich schieße. Es wird sofort zurückgeschossen. Ich versuche, mich zu rechtfertigen. Die Rechtfertigung wird zu meinem Nachteil ausgelegt, und dann wird aus einer Mücke ein Elefant. Früher hieß es immer: »Das versendet sich.« Die Zeiten sind vorbei, ich werde für meine Verfehlungen direkt und sofort in Haftung genommen.

BP:
Absolut. Und diese neue Geschwindigkeit, die hat zu tun mit der Digitalisierung, mit der Vernetzung, mit der Tatsache, dass jeder zum Sender geworden ist. Der Effekt für jemanden wie Sie ist eine Erfahrung von Kontrollverlust und ein unvermeidliches Reputationsrisiko.

Das gab es natürlich auch früher schon, Paparazzi, Leserreporter etc., aber Sie konnten in der alten Welt der mächtigen Medieninstitutionen sagen, okay, mit der *Bild*-Zeitung habe ich meine Traditionen und Rituale, mit dem Intendanten komme ich ja auch klar. Die Einschaltquote kommt zeitversetzt, aber es sind immer noch über zwölf Millionen, großartig!

Heute haben wir Echtzeitquoten, Sofortreaktionen auf Twitter, haben wir nicht mehr nur die vierte Gewalt der klassischen Massenmedien, sondern die fünfte Gewalt der vernetzten vielen, die vielleicht eine ganz andere Position haben, aber auch ihre Stimme, und auf die sich wiederum die etablierten Medien beziehen, wenn sie etwa zusammenfassend sagen: »Im Netz kam die neue Sat.1-Show von Thomas Gottschalk an, nur der Schnitt wurde bemängelt.« Sie sind sehr viel nahbarer geworden, und in gewissem Sinne endet damit die alte Idee des auratisch aufgeladenen, dauerhaft charismatischen, weil prinzipiell geheimnisvollen, unangreifbar wirkenden Superstars zugunsten einer Enthierarchisierung, Demokratisierung und Atomisierung von Prominenz.

TG:
Wenn in meinem Nachruf steht, dass ich im Deutschen Fernsehen ein »auratisch-charismatischer Superstar« war, kann ich damit leben beziehungsweise sterben. Da wird keiner mehr kommen, dem man das unterstellt. Das Fernsehen »meiner Zeit« gibt es nicht mehr. Ich kann auf ein goldenes Zeitalter zurückblicken.

BP:
Sie sind der Gewinner der alten Welt und sind jetzt in eine neue Medienwelt gestürzt, in der Sie sich nicht mehr behaupten müssen.

TG:
... aber in der ich mich natürlich noch zurechtfinden möchte. Ich habe mindestens zwei Generationen von Menschen unterhalten und ging immer davon aus, dass ich den Merkel-Wahlspruch »Sie kennen mich« auch für mich in Anspruch nehmen kann. Aber in der Social-Media-Welt, in der ich bei meinem Eintritt euphorisch empfangen wurde, gibt es auch jede Menge absichtliche Missversteher. Die haben mir schon zwei kleine Shitstorms eingebracht. Einmal hat man mich als Rassist beschimpft, weil ich anhand meiner 52 Prozent osteuropäischen DNA anmerkte »Deswegen habe ich als Kind so geklaut!«, das andere Mal hat man mich beschuldigt,

Witze über Martin Schulz' früheres Alkoholproblem gemacht zu haben. Beides lag mir fern, aber so etwas landet dann auf U-Bahn-Bildschirmen und in Zeitungen.

BP:
Ironie ist unter Bedingungen, in denen alle zu Sendern geworden sind, besonders riskant, weil diejenigen, die sie verstehen oder missverstehen wollen, sich sofort äußern können. Wir erleben außerdem in der öffentlichen Kommunikation eine paradoxe Gleichzeitigkeit des Verschiedenen. Da ist enthemmte Aggression einerseits, die Kloake aus Hass und Propaganda. Andererseits lässt sich ein neues Bemühen um Wertschätzung in Unternehmen, Schulen und Universitäten beobachten. Und schließlich gibt es eine moralische Hypersensibilität einzelner Milieus, die mit Argusaugen schauen: Welcher Ausspruch kann gegen wen ausgelegt werden? Wer könnte sich aus welchen Gründen diskriminiert oder zumindest irgendwie verletzt fühlen? Diese Neigung zur Attacke mag es auch schon früher gegeben haben, aber jetzt ist sie medienmächtig geworden. Sie unterminiert die Rolle des Helden, sie unterminiert Ihre Unangreifbarkeit und nimmt Ihnen ein Stück der Kontrolle über Ihre eigenen Botschaften.

TG:
Das versaut mir mein Image. Aber soll ich deswegen meinen Mund halten? Darf ich ab sofort nur noch hinter den Kulissen Witze machen?

BP:
Ich will zurückfragen: Gibt es eigentlich aus Ihrer Sicht die Hinterbühne noch, wenn in jeder Situation Menschen ihr

Smartphone auf andere richten? Wird übermorgen ein Hinter-
bühnenscherz von Ihnen vom Smartphone eines Gerade-noch-
Fans auf Facebook gestellt oder der *Bild*-Zeitung zugespielt?

TG:

Das Gewöhnungsbedüftige ist: Es gibt in der Tat keine Hin-
terbühne mehr. Die ist jetzt überall. Die Hinterbühne ist zur
Vorderbühne geworden. Ein Beispiel: Ich war neulich auf der
Geburtstagsfeier meines ehemaligen ZDF-Unterhaltungschefs.
Der Mann hat die *Guldenburgs* erfunden, der hat das *Traum-
schiff* erfunden, der hat *Wetten, dass..?* erfunden, der hat damals
großes Fernsehen gemacht. Mit der Betonung auf damals.
Es war also eine relativ vergreiste Veranstaltung. Ich war der
prominenteste Gast, gefolgt von Roberto Blanco und Carolin
Reiber, alles Figuren aus seiner aktiven Zeit. Die Kurverwal-
tung von Bad Zwischenahn war fast komplett angetreten, nur
Frank Elstner, der auch zugesagt hatte, war verhindert. Spontan hab ich dann eine kleine Rede gehalten, habe gesagt, dass
wir das große Glück hatten, zu einer Zeit zu leben, wo die
Verantwortlichen noch nicht das Flackern der Angst in den
Augen hatten, weil die Großmacht des Fernsehens total war
und weil Formate wie *Wetten, dass..?* erste Quotenstürme überstehen konnten, ohne gleich abgesetzt zu werden. Ich habe
einem alten Herrn sein Fernsehen noch einmal schöngeredet,
weil ich weiß, dass er es genauso vermisst wie ich. Die Rede
hat sofort irgendjemand ins Netz gestellt unter der Überschrift
»Gottschalk macht das neue Fernsehen nieder«.

BP:

Darf ich losanalysieren? Was mich in so einem Fall, eben
eines Twitter-Shitstorms oder einer öffentlich gewordenen

Geburtstagsrede, unmittelbar reizt: Ich packe das Beobachtbare in meine Begriffs- und Deutungsschachteln. Die erste Deutungsschachtel, vielleicht die größte, ist, dass ich sage: Ja, Sie erleben hier den Übergang vom Leitmedium alten Typs hin zum neuen Leitmedium, und das neue Leitmedium ist das Wirkungsnetz. Negative Kommentare zu Ihren Tweets werden von den alten Medien aufgegriffen, und plötzlich ist es auf den Schirmen der U-Bahnen und in den Zeitungen. Die neue Welt spielt der alten in die Hand beziehungsweise die alte Welt will sich an der neuen festhalten, um selber nicht unterzugehen. Die zweite Deutungsschachtel: Ja, es gibt keine Hinterbühne mehr. Es ist vielmehr eine Art Zwischenbühne entstanden, ein Ort der elementaren Verunsicherung – und Sie müssen sich fragen: Für wen spreche ich eigentlich gerade? Ich bin doch hier auf einer privaten Feier und sage einem lieben alten Mann ein paar nette Worte. Was Sie aber in dem Moment nicht in Rechnung stellen, sind die digitalen Bedingungen, ist die neue Beweglichkeit des Gesagten. Jemand nimmt eine Äußerung auf, postet sie, sticht sie noch während Ihrer Rede unter dem Tisch in Richtung eines anderen Publikums durch. Wir erleben den Kollaps der Kontexte. Sie selbst sprechen zwar noch situationsbezogen, kontextbezogen, Sie reden für diesen achtzigjährigen Jubilar, aber Ihre Botschaften diffundieren in ganz andere Kontexte und erscheinen auf einmal als brutale Abrechnung mit der aktuellen Welt des Fernsehens. Die dritte Deutungsschachtel: Milliarden von Smartphones sind unter den Menschen verteilt. Was ist das Smartphone? Ich würde sagen: Es handelt sich um eine im Wortsinne indiskrete Technologie, die gesellschaftliche Bereiche – einst diskrete Sphären – verschmelzen lässt: die Welt der Arbeit und die Welt der Freizeit, die Welt des Öffentlichen und des Privaten, die Hinterbühne und die Vorderbühne; diese Sphärentrennungen werden durch eine indiskrete Technologie wie das Smartphone gewissermaßen durchlöchert.

Sie erzählen ja in Ihrer Autobiographie, wie Sie Ihrem Sohn mal eine geknallt haben, weil er drei Eiskugeln auf den Boden geworfen hat. So wie Sie das beschreiben, auch Ihre Gefühle als situativ überforderter Vater, wird der Leser geneigt sein, Ihnen zu verzeihen, sich vielleicht sogar mit Ihnen zu solidarisieren. Würde so etwas heute passieren, würde jemand so etwas aufnehmen und ins Netz stellen, dann wäre das ein Riesenskandal: »Gottschalk schlägt seine Kinder.«

TG:
Nicht nur die Medien sind in einer Übergangsphase, ich bin es auch. Aber was soll ich aus dem Reputationsrisiko, in dem ich jetzt bin, aus dem Kollaps der Kontexte, den Sie so bildhaft beschreiben, was soll ich daraus lernen? Soll ich mich anders verhalten? Soll ich nicht mehr ich sein? Man hat ja bei mir immer von Authentizität gesprochen. Der Mann redet, wie er denkt, und denkt, wie er redet. Und das hat mich ja auch über lange Strecken getragen, diese Unbekümmertheit. Ich war am Samstagabend im Fernsehen derselbe, der ich freitags oder montags zu Hause war. Statt mit meiner Frau oder dem Hausmeister habe ich halt mit Tom Cruise und Peter Ustinov gesprochen. Jetzt ist es so – Bad Zwischenahn ist nur ein Beispiel –, dass ich mich eventuell morgen für das, was ich heute sage, entschuldigen muss oder Erklärungen nachzureichen habe, und das verunsichert mich.

Ich bin von Natur aus nicht auf Krawall gebürstet. Ich möchte geliebt werden. Ich bin ein Crowd-Pleaser, ich versuche immer, den größtmöglichen Beifall zu bekommen. Das ist die Währung eines Massenunterhalters. Ich lebe von dem Beifall. Wenn ich den bewusst einschränke, indem ich Partei werde, kann ich dann überhaupt noch Erfolg haben? Soll ich jetzt einen gefilterten, einen vorsichtigen Gottschalk präsentieren? Soll ich mich immer mehr zurückziehen auf Ebenen, in denen ich trittsicher bin? Und welche sind das überhaupt noch? Im TV war ich immer sicher, das Richtige im richtigen Moment zu tun. Dann hab ich angefangen im falschen Moment das Falsche zu twittern.

Das lag daran, dass ich mich ständig unter Lieferzwang befand und dann meine Kaffeetasse fotografiert oder zähneknirschend die Geburt meines Enkels verkündet habe, was ich früher ums Verrecken nicht getan hätte. Bliebe ich dabei, würde ich das wahrscheinlich kultivieren und meinem Publikum einen anderen, gesteuerten und bearbeiteten Modus von mir präsentieren. Dazu habe ich keine Lust.

BP:

Pessimistisch gesprochen, ist Ihre Form der Authentizität – also die echte, nicht inszenierte –, bei der man dann eben auch die Hinterbühne oder das Abpudern sieht oder vielleicht zu viel vom eigenen Enkel erfährt oder vom Frühstückstisch, letztlich keine gute Idee. Ich sehe auf der Seite des Publikums eine eigentümliche Schizophrenie. Man möchte verehren, und man will entzaubern, man möchte den Kaiser, und man will den Kumpel, und zwar beides gleichzeitig, die Distanz und das Geheimnis und die totale Nähe. Zeigt sich ein Mensch fehlerhaft, unfertig, nicht ganz auf der Höhe seiner Möglichkeiten, zu ironisch, dann sticht man zu. Die Lösung, die als smarte PR-Strategie naheliegt, wäre eine inszenierte

Authentizität, bei der man Nähe lediglich vorspielt, jedoch faktisch jedes Imagedetail kontrolliert. Man übergibt den Twitter-Account dann einem Profi, der genau diese abgemilderte, glatt geschliffene Scheinauthentizität, also letztlich die Inszenierung anbietet, die als authentisch durchgeht, ohne Anstoß zu erregen. Und wenn Anstoß, dann kalkulierten.

TG:

Eine Karriere wie meine kann es heute nicht mehr geben. Ich hab neulich Besuch von einem jungen Kollegen gehabt, der ist Fernsehmoderator, aber das ernährt ihn nicht. Parallel muss der, wie bei einer Orgel, mit Füßen und Händen mehrere Tastaturen parallel bedienen, indem er gleichzeitig twittert, snapchattet, ein Modelabel macht, einen Podcast, eine Zeitung, das heißt, man muss heute sehr breit aufgestellt sein. Ich war immer eindimensional, habe aber den Vorzug gehabt, über fast ein Jahrzehnt jeden Abend, sogar Samstag und Sonntag, eine Stunde vor dem Radiomikrofon zu sitzen und mich dabei mit einem Publikum zu vernetzen, das weder durch Handys noch durch Internet abgelenkt wurde. Ich habe Liebesbotschaften verlesen, dass der Harry aus der 7b gern die Susi aus der 5a in der linken Ecke des Schulhofs treffen würde, ich habe die Hitparade der Klasse 11a gefeiert, wo sich alle, die da mitgemacht haben, definitiv widergespiegelt sahen. Social Media, wenn Sie so wollen. Mit solchen Elementen habe ich damals exklusiv gespielt, sie sind mir aber heute genommen, weil alle damit spielen.

BP:

Sie sind Ihnen nicht genommen, sie sind nur nicht mehr exklusiv. Sie wurden ja nicht einfach aus der alten Medienwelt in die neue katapultiert, Sie bringen ja moderne Elemente mit. Meine These: Das Stabilitätsgeheimnis Ihrer Karriere ist dieses Authentische, Nahbare, Reaktionsfähige. Sie meinen das ja so, Sie mögen die Leute wirklich, diese sechzehn Millionen. Aus meiner Sicht würde das auch heute noch gut funktionieren, weil Sie von einem dialogischen Leitbild ausgehen, und dieses Leitbild ist eigentlich das frische und freche Gespräch unter Freunden, das Gespräch mit dem Kumpel, der Austausch auf Augenhöhe – egal ob Sie jetzt im Fernsehen auf dem Sofa sitzen oder auf einer Betriebsfeier oder ob Sie tatsächlich mit Freunden oder Familienmitgliedern zusammen sind.

TG:

Mir fällt gerade ein Bibelzitat ein, aus der Weihnachtsbotschaft: »… und allen Menschen, die guten Willens sind.« Das klingt altmodisch – aber: »Menschen, die guten Willens sind«, so habe ich alle definiert, mit denen ich es zu tun hatte. Mein Publikum und meine Gäste. Egal ob ich mich in einer Show über Michael Jacksons Nase oder über Frau Caballés breiten Hintern ausgelassen habe. All die Klöpse, die ich mir erlaubt habe, habe ich immer mit dem Hut in der Hand losgelassen. Ich halte Michael Jackson für ein musikalisches Genie und Frau Caballé für eine große Sängerin. Aber es gehörte auch zu mir, die Stars vom Sockel zu holen, indem ich ausgesprochen habe, was alle gedacht haben. Ich wusste also, wenn Montserrat Caballé sich durch meinen Auftritt zwängt, merken alle, schmal ist die nicht, also hab ich das formuliert, aber in einer Form, dass sie nicht gleich beleidigt wieder umgedreht ist.

Ich bin von Journalisten kritisiert worden, weil ich Tom Cruise nicht das Scientology-Messer an den Hals gehalten habe, sondern mit ihm lieber über seine Attraktivität für Frauen, seine waghalsigen Stunts und seine Filmerfolge geplaudert habe. Er sollte sich bei mir wohlfühlen. Ich habe meine Gäste immer als Besucher gesehen, die bei mir auf dem Sofa gut aussehen sollten und die ich dabei keinem Verhör unterziehen wollte. Es ging um den Spaß, und zehn Minuten später kam ein Mensch herein, der in fünf Minuten eine Kuckucksuhr aus ihren Einzelteilen zusammenfügen konnte. Das braucht die Welt ja auch nicht wirklich.

BP:
Ja, das stimmt. es wird mir deutlich jetzt, wenn Sie so darüber sprechen. Der Unterhalter, dieser liebenswürdige Unterhalter, der Sie sind, muss natürlich immer unterschiedliche Dilemmata in der Kommunikation ausbalancieren und austarieren. Das eine Dilemma ist die Balance zwischen Freundlichkeit und einer gewissen, das Publikum unterhaltenden Frechheit. Sind Sie zu nett und zu brav, können Sie in Richtung Unterwürfigkeit abstürzen. Und wenn Sie zu respektlos auftreten, dann imitieren Sie die vom Ehrgeiz des Casting-Metzgers inspirierte Brutalonummer: die rabiate Demütigung zugunsten des eigenen Egos und des schnellen bösen Lachers.

TG:
Ich frage mich, wie man in dieser neuen Welt mit dem Rüstzeug, das ich mitbekommen habe, überhaupt noch eine Chance hat. Ich überlege, ob ich mich neu erfinden soll, um dann digital runderneuert vors Publikum zu treten. Authentisch wäre ich dann aber nicht mehr. Noch sage ich: I am what I am. Basta.

BP:

Eine interessante Frage. In beiden Fällen – der möglichst Authentischen Selbstkundgabe und der inszenierten Verrenkung – droht letztlich der Shitstorm und die Sichtbarmachung der Hinterbühne. Wir reden hier eigentlich über das Ende des Superstars. Bei Michael Jackson ist mir das aufgefallen. Er war gerade gestorben, und schon nach wenigen Minuten gab es die ersten Tweets, die ersten Meldungen auf Klatsch- und Promiseiten. Kurz nachdem er aus dem Haus getragen wurde, brodelte die Gerüchteküche. Was hat der Arzt damit zu tun? Handelt es sich um ein Verbrechen? Und wie war überhaupt sein Verhältnis zu kleinen Jungs? Am Beispiel dieser Medienfigur sieht man die Geschwindigkeit des Auraverlusts. Für mich ist die eigentlich zentrale Frage: Was macht die Dauerbeobachtung mit Ihnen? Wie verändert sich der Seelenhaushalt eines Menschen, den 98 Prozent dieses Landes kennen, wenn er weiß, dass er nahbar geworden ist? Wenn er weiß, dass er auf neue Weise sichtbar und damit angreifbar geworden ist? Wenn er weiß, dass die Ära der Stars zu Ende geht? Kurzum: Wie verändert man sich, wenn man am eigenen Leibe den Wechsel von der informationellen Selbstbestimmung – der Welt der geschützten Räume – hin zur informationellen Verunsicherung – der prinzipiell immer möglichen Sofortattacke – erlebt?

TG:

Das weiß ich noch nicht. Ich hab jedenfalls bei Twitter plötzlich etwas getan, was ich über dreißig Jahre verhindert habe: Ich habe meine Paparazzibilder selber gemacht. In meinem ganzen Leben habe ich diese Heckenschützen dafür beschimpft, dass sie mir nicht von der Pelle gingen. Bei Twitter habe ich plötzlich meinen Followern die neuen Turnschuhe frei Haus präsentiert, weil ich damit *Bunte* und *Gala* gleichzeitig ausschalten konnte. In meiner fast kindlichen Freude darüber habe ich vergessen, dass ich selbst zum Lieferanten wurde. Das heißt, ich habe zu meiner Verzwergung selber beigetragen.

BP:

Natürlich, das kann man so sehen; hier wird der Prominente, gerade noch unnahbar, auf einmal zum Alltagsmenschen, der in Eigenregie und ohne die Fremdinszenierung der klassischen Medien präsentiert, was er soeben noch verbergen wollte. Aber die Verzwergung ist längst unvermeidlich, weil echte oder nur inszenierte Nähe medial so leicht herstellbar geworden ist und sich die Beobachtungsverhältnisse grundsätzlich neu sortiert haben; man beobachtet und zeigt sich selbst, eben auf Twitter, die Kaffeetasse in der Hand, den eigenen Gedanken- und Bewusstseinsstrom protokollierend. Oder man wird beobachtet, von all den Laienpaparazzi, die sofort fröhlich das Handy hochreißen, kaum dass man ihnen begegnet. Big Brother ist nicht mehr notwendig, der Staat nicht mehr eine unheimliche Hintergrundmacht. Wir erledigen die Sofortüberwachung heute im Zusammenspiel mit unseren Nachbarn und den Fans und Freunden selbst.

KNOCKIN' ON HEAVEN'S DOOR

Bob Dylan

Bin ich altersblind? Dichte Schwaden umwabern mich. Ich kann nichts sehen. Mach doch mal einer die Nebelmaschine aus! Was ist denn das? Ein Bühnenauftritt? Wo bleibt die Musik? Ich will die Eurovisionsfanfare. In alter Zirkusmanier breite ich die Arme aus und trete in den hellen Saal. Eine große Halle, ganz leer, es gibt nur ein einziges Möbelstück. Ich kenne diese Sitzgelegenheit. Diese Polster, diese elfenbeinfarbenen Polster mit der unbequemen Rückenlehne. Das Halbrund, wie ein riesiges auseinandergezerrtes U.

Mein *Wetten-dass*-Sofa!

Wie kommt das hierher, wie komme ich hierher? Bin ich im Himmel? Bin ich tot? Mit dem Jumbo abgestürzt, bei einem kalifornischen Erdbeben in einer Erdspalte versunken? Man hat mich Gott sei Dank in Showklamotten beerdigt, ich trage den schwarzen Lederanzug, bei dem man erst auf den zweiten Blick erkennt, dass es sich um einen Smoking handelt. Die Revers und die Streifen an den Hosenbeinen sind in schwarzem Wildleder abgesetzt, der Rest ist aus glänzendem Nappa. Das Outfit habe ich getragen, als ich auf diesem Sofa zwischen Bill Gates und Naomi Campbell saß.

Jetzt bin ich ganz allein im Saal und bewege mich auf das Sofa zu. Oder bewegt es sich auf mich zu? Herrlich! Als würde ich einen alten Freund wiedersehen! Als ich mich auf die Couch plumpsen lasse, spüre ich meine Bandscheiben nicht. Ich bin zu Hause, hier gehöre ich hin, Applaus, die Show geht weiter. Auftrittsjingle, und durch den Wolkenvorhang tritt mein erster Gast auf: Gunter Sachs. Er saß schon bei meiner *Wetten-dass*-Premiere in Hof auf diesem Sofa und tritt auch jetzt mit seinem typisch gewichtigen Gang auf. Die Schultern leicht hochgezogen, das Kinn dazwischen, im bunten Krepphemd, halbseitig schmunzelnd. Er winkt mir zu und begrüßt mich mit seiner tiefen, etwas grollenden Stimme »Haha, da isserrr ja!«

Er rollt das R wie einen großen Batzen Gold in seinem Mund.

Ich breite die Arme aus.

»Schön, dich zu sehen!«, ruft er. »Was ist denn bei euch eigentlich los?«

»Ach, hör bloß auf! Seit du weg bist, ging's bergab. Donald Trump hast du hier mitbekommen, oder?«

»Ein ungehobelter Bursche.«

Bursche mit drei R.

Aus dem Restnebel kommt feierlich ein Mann in einem weißen Morgenmantel, er geht kerzengerade, aber man erkennt trotzdem, dass er nicht mehr der Jüngste ist. Er ist schlank, hat kurze braune Haare (gefärbt, erkennt der Fachmann) und balanciert eine Tasse Tee.

Ich sage ihn an: »Meine Damen und Herren: Udo Jürgens!«

Er verneigt sich und spiegelt sich dabei in seinen Lackschuhen. Bei ihm passen sie zum Frotteemantel.

Gunter Sachs erhebt sich etwas bucklig zur Begrüßung, ruft wieder »Haha, da ist errr ja!« und raunt mir zu: »Wir haben oft zusammen in der Kronenhalle zur Nacht gegessen.«

»Und ich bin bei irgendeinem runden Geburtstag von dir aufgetreten«, ergänzt Jürgens und hält mir fragend den Teebeutel entgegen. Ich wollte gerade einwerfen »Es war der sechzigste, und ich war dabei« aber nehme in neuer Bescheidenheit stumm den Teebeutel entgegen, ich muss ja nicht immer von mir reden, und werfe das tropfende Säckchen nach hinten in den Nebel.

»Was hältst du von Helene Fischer?«, frage ich Udo.

»Ganz dolles Mädel. Weltklasse. Die kann wirklich alles. Singen, tanzen, ganz doll.«

»Aber mehr Kalkül als Sexappeal«, brummelt Gunter Sachs.

Ich sage schnell: »Jetzt sitzen hier drei Kerle, eine Frau würde der Veranstaltung guttun.«

Schon öffnet sich der Wolkenvorhang, und eine schöne Frau betritt die Bühne. Auf jeden Fall war sie mal schön. Langes Abendkleid, schwarzer Tüll, akkurate Retrofrisur. Verdammt, ein Foto von der stand doch bei uns auf der Wohnzimmerkommode. Ich erkenne sie und freue mich, sie wiederzusehen. Gleichzeitig wird mir mulmig: Gleich setzt es was.

»Das ist Mutti«, erkläre ich.

Sie ignoriert meine Gäste: »Thomas, du siehst schlecht aus.«

Gunter erhebt sich und bietet meiner Mutter einen Platz auf dem Sofa an. Dabei sagte er: »Haha, die Frau Rutila.«

Sie mustert den weißhaarigen Löwen streng.

»Herr Sachs, ich halte Sie für einen Windhund!«

Ach du lieber Himmel! Muss man hier immer die Wahrheit sagen? Geht das so im Jenseits zu?

»Mutti, bitte, jetzt nicht hier vor den Leuten.«

»Thomas, du hast diesen Playboy Sachs und seinen Kaviar immer meinem Kirschkompott in Kulmbach vorgezogen. Schön war das nicht von dir.«

Recht hat sie. Ich lenke ab und zeige auf Udo Jürgens.

»Na, Mutti, kennst du den?«

»Endlich mal ein deutscher Künstler. Es müssen ja sonst immer Ausländer sein. Herr Jürgens, Sie sind ein toller Mann! Aber kommen Sie gerade aus der Badewanne?«

Jürgens räuspert sich.

»Mutti, er hat seine Zugaben nach dem Konzert immer im Bademantel gemacht. Mit einer Tasse Tee auf dem Flügel.«

»Woher soll ich das wissen, zu so was hast du mich ja nie mitgenommen!«

»Doch, ich hab dich mal nach London mitgenommen, zur Premiere von *Phantom der Oper*.«

»Das war furchtbar! Viel zu laut! Und von überall zusammengeklaut!«

Ich bin froh, dass Andrew Lloyd Webber noch lebt. Er wahrscheinlich auch. Höchste Zeit, den nächsten Gast anzumoderieren.

»Jeder Mensch, der deutsche Literatur liebt, kennt und vermisst ihn. Meine Damen und Herren, begrüßen Sie mit mir: Marcel Reich-Ranicki.«

Der Wolkenvorhang öffnet sich, und MRR kommt hereingewackelt. Er genießt den Auftritt. Und korrigiert mich gleich.

»Dazz ist nischt ganz korrekt, mein Lieber. Natürlich hat misch die deutsche Literatur, ganz besonders interezzziert, aber denken Sie an den Franzosen Albert Camus oder den Amerikaner Saul Bellow. Grozzzartige Leute.«

Mutti greift ein: »Hm, Camus, *Die Pest* hab ich schon als Mädchen gelesen. Stand bei uns im Bücherregal, hat den Thomas aber nie interessiert.«

MRR wirkt angetan von der Erscheinung meiner Mutter.

»Sagen Sie, Gnädigste, stammen Sie nicht auch aus Polen?«

»Aus Oppeln, das war damals Schlesien ...«

Ich befürchte das Schlimmste, aber Mutti bleibt bei meinem literarischen Versagen.

»Thomas, du hast ja nur Mist gelesen. Ich hab dir immer gesagt, wirf diesen Schund weg. Wie hieß dieser Idiot? Jimmy Cotton?«

»Jerry Cotton, Mutti.«

MRR: »Wissen Sie, dass Bertolt Brecht am liebsten Krimis gelesen hat? Und dann hat er die *Dreigroschenoper* gemacht.«

Auch Gunter Sachs kommt mir zu Hilfe.

»Hat Ihr Sohn nicht Germanistik studiert? Ich habe mich für die Mathematik entschieden.«

Reich-Ranicki zu mir, mit Blick auf Gunter Sachs: »Wer ist dieser Mann? Isch habe ihn schon auf Illustriertenfotos gesehen.«

»Er war mit Brigitte Bardot verheiratet.«

Ranicki: »Das interessiert mich! Das interessiert mich sehr! Sind Sie dieser französische Regisseur?«

Sachs: »Sie meinen Roger Vadim ... der war vor mir ...«

Ich hole Jürgens ins Gespräch, meine Mutter lasse ich wohlweislich draußen: »Udo, du warst ja mit ›Merci, Chérie‹ auch in Frankreich sehr erfolgreich ...«

Jürgens: »In ganz Europa. Jeder kennt das Lied.«

Ranicki: »Isch kenne es nischt. Interessiert mich nicht. Fällt nicht in mein Genre.«

»Das wird dich interessieren«, sage ich und berichte vom letzten Fernsehpreis. »Dort wurde ich mit dem Sonderpreis für mein Lebenswerk geehrt. Hab ihn natürlich angenommen. Aber im Fernsehen wird so was nicht mehr übertragen.«

Meine Mutter: »Davon weiß ich ja gar nichts.«

»Mutti, da warst du schon zehn Jahre tot.«

»Thomas, das ist unverschämt!«

»Aber du wärst stolz auf mich gewesen, als ich im *Literarischen Quartett* zu Gast war.«

Ranicki: »Ach, gibt es das noch? Haben sie die Löffler wieder ausgegraben?«

»Nein, lauter neue Moderatoren. Ich habe die *Obstdiebin* von Peter Handke gelesen.«

»So, so, der Handke, ich war nie ein großer Freund seiner Bücher. Bei seinem literaturhistorischen Auftritt vor der Gruppe 47 war ich dabei und saß nur zwei Meter von Handke entfernt …«

Das wird mir jetzt doch etwas zu speziell. Zwei Showleute, ein Literaturkritiker und meine Mutter als Tretmine, Michelle Hunziker hatte ich immer irgendwie im Griff, meine Mutter war schon zu Lebzeiten unberechenbar.

Sie legt schon wieder los: »Thomas, gibt es hier was zu trinken? Du weißt, ich hab Zucker … ich muss was trinken.«

Ihren Diabetes hat sie immer gerne zum Thema gemacht, da kannte sie sich besser aus als jeder Internist. Ich hab sie dabei immer so schnell wie möglich unterbrochen und tue dies auch jetzt.

»Mutti, hier kommt einer der wenigen Politiker, die du gemocht hast.«

Sie vergisst das angeforderte Getränk sofort.

»Komm mir nicht mit dem Gerhard Schröder. Das war ein Blender …«

»Nein, Mutti, der lebt noch, und ich glaube, er hat jetzt zum fünften Mal geheiratet.«

Ich erinnere mich an eine wahre Episode aus der Zeit, als meine Mutter noch lebte und ich weltberühmt war.

Zumindest so berühmt, dass der Bundeskanzler ab und zu mit mir zum Essen ging und mich auf dem Handy anrief. Einmal erwischte er mich in Kulmbach, und ich stoppte Mutti in einem ihrer Monologe, um ihr wichtigtuerisch klarzumachen, dass der amtierende Bundeskanzler am Telefon war. Bei meiner Mutter war Gerhard Schröder zu diesem Zeitpunkt seiner Kanzlerschaft allerdings bereits in Ungnade gefallen.

Ohne einmal Atem zu holen, trug sie mir auf: »Sag ihm, er soll zurücktreten!«

Hab ich unterlassen und war froh, dass jetzt ein Politiker die Szene betrat, den meine Mutter, da waren wir uns mal einig, genauso geschätzt hatte wie ich: Hans-Dietrich Genscher. Zu seinen Lebzeiten waren wir uns persönlich sehr nahe gekommen. Erst genoss ich es, in seiner Ministerkolonne samt Polizeieskorte bei den Bayreuther Festspielen vorfahren zu dürfen, dann war ich öfters bei ihm in Bonn in seiner Kellerbar zu Gast, die ein Schrein der Fünfzigerjahre war. Mit Lampe aus Schmiedeeisen und Weingläsern mit eingeschliffenen Trauben und grün geriffelten Füßen.

Der erste Besuch in seinem Haus klappte nicht ganz, es war eine Wahlnacht, und ich hatte mich aus Kalkül erst mal auf der Party der Grünen herumgetrieben und sichergestellt, dass mich die TV-Kameras dort auch bemerkten, bevor ich zur FDP überlief, die mir damals politisch näher stand. Dann marschierte ich durch die Bonner Nacht und wusste nur, dass Genscher damals in Pech wohnte. Ich ließ das Taxi vor dem erstbesten Haus halten, in dem gefeiert wurde, und als ich am Klingelschild irgendetwas las, das wie »Hadge« aussah, fantasierte ich mir das als Kurzform von »Hans-Dietrich Genscher« zurecht und stürzte mich ins Partygewühl.

Das war eine Zeit, in der ich in Deutschland auf jeder Fete auch ohne Einladung als unterhaltsame Bereicherung empfunden wurde, und ich merkte erst nach ein paar Gläsern Wein und mehreren Fehlküssen, dass ich auf der falschen Veranstaltung war. Genscher wohnte ein paar Häuser weiter. Dort erlebte ich dann zu später Stunde meine ersten Fake News: Als irgendein Friedrich Nowottny oder Ernst Dieter Lueg mit ernster Miene gegen Mitternacht in die Kamera feststellte, dass »... die Parteivorsitzenden jetzt im engsten Kreis ihrer Vertrauten bereits über mögliche Koalitionen nachdenken«, prostete Genscher auf dem Sofa neben mir dem Kommentator auf dem Bildschirm fröhlich zu und bemerkte mit seinem kehligen Lachen: »Ch, ch, ch ... das denkt der sich so!«

Ich war sehr beruhigt, dass die Wirklichkeit meiner Vorstellung wesentlich mehr entsprach als die Deutung der Politjournalisten.

Und es beruhigte mich auch jetzt wieder, dass Hans-Dietrich seine Berechenbarkeit behalten hatte und immer noch im gelben Pullunder unterwegs war.

»Herr Genscher ... schön, dass Sie heute Abend bei uns sind.«

Obwohl wir per Du waren, hatte ich immer etwas Probleme, ihn im Fernsehen so kumpelhaft anzusprechen. Ich hatte größten Respekt vor ihm und seiner Lebensleistung, ihn zu duzen erschein mir immer etwas unangemessen, und dieses Gefühl kannte ich beruflich sonst nie. Er auch nicht, denn er erinnerte mich prompt: »Wir waren doch beim Du. Und hier duzt mich jeder ... sogar der Konrad Adenauer ... ch, ch, ch, ch. Sag mal, der Trump hat se doch nicht alle, oder? Du lebst doch noch in Amerika?«

Im Moment wusste ich zwar nicht, ob ich überhaupt noch lebte, aber meine Mutter grätschte schon wieder dazwischen.

»Ich habe nie begriffen, wie du es deinen Kindern antun konntest, sie in Amerika aufwachsen zu lassen. Die sind doch dort alle dämlich, oberflächlich oder beides.«

»Nicht alle, Mutti.«

Ranicki greift ein: »Saul Bellow habe ich bereits erwähnt, John Steinbeck, Hemingway, Jonathan Franzen, alles großartige Leute. Und Verehrteste, Gertrude Stein … vergessen Sie nicht Gertrude Stein, eine wunderbare Frau …«

Meine Mutter widerspricht, aber immerhin etwas unsicher. Vor dem Literaturkritiker hat sie mehr Respekt als vor ihrem Sohn.

»War Gertrude Stein nicht Französin …?«

»Papperlapapp, meine Gnädigste!«

Er hat tatsächlich »papperlapapp« gesagt.

»Dort hat sie lange gelebt, da haben Sie recht, aber …«

»Apropos lange gelebt …«, Udo Jürgens unterbricht. »Kann es sein, dass ich Charles Aznavour kürzlich hier gesehen habe? Toller Kollege, aber er war gleich wieder verschwunden. Es hieß, er sucht nach Gilbert Bécaud.«

»Mit dem hab ich mich hier schon ein paarmal auf einen Cocktail getroffen«, wirft Gunter Sachs ein, »obwohl er mir die Bardot nie gegönnt hat. Sag mal, haben die Russen inzwischen die gesamte Côte d'Azur versaut? Das ging ja schon los, als ich noch da war. In Saint-Tropez haben mich die Kellner nicht mehr erkannt und riesige Wodkaflaschen auf beleuchtetem Eis durch die Bars geschleppt. Fürrrchterrrlich.«

Ich schaue meine Mutter scharf an, weil ich ihr die Frage zutraue, ob sich Gunter deswegen die Pistole an die Schläfe gesetzt hat. Aber so weit geht sie doch nicht.

Gunter plaudert bereits mit Udo Jürgens, ob es besser ist, Wodka pur zu trinken (Gunter) oder gemischt mit Orangensaft (Udo).

Ich stelle Genscher eine Frage, die mich wirklich bewegt: »Woran liegt es, dass man geglaubt hat, Leute wie du oder Willy Brandt wussten immer, wo's langgeht. Und warum ist dieses Gefühl verloren gegangen?«

Genscher legt seine Stirn in Falten, er hat wirklich große Ohren.

»Ich wusste nie, wo's langgeht, aber ich wusste immer, wo ich hin wollte. Geradeaus ging das selten, aber ich bin meistens dort angekommen … und ich hab nie den Humor verloren, ch, ch, ch. Kennste den schon?«

Niemand konnte so gut Witze erzählen wie Genscher. Ich wollte mir alle merken und habe keinen behalten. Doch, einen, aber den behalt ich für mich. Passte damals. Passt heute nicht mehr. Überhaupt fiel mir plötzlich auf, dass alle auf meiner Couch aus einer Welt kamen, die mit ihnen versunken ist: Gunter Sachs war ein kultivierter, intellektueller Schwerenöter, der viel Geld geerbt hatte und sich die Sonnenseite des Lebens als Aufenthaltsort gewählt hatte. Hat ihm nie wirklich jemand übel genommen. Udo sang und lief bis ins hohe Alter Frauen hinterher, die im Idealfall siebzehn Jahre alt waren und blondes Haar hatten. Marcel Reich-Ranicki lebte in der Welt der Literatur. Als er mir half, bei Günther Jauch die Million zu gewinnen, hat er die richtige Antwort in seinem Kopf gefunden und nicht im Internet: »Wie hieß Franz Kafkas letzte Lebensgefährtin, die er 1923, ein Jahr vor seinem Tod, kennenlernte?« Man hatte mir vier Edelsteine zur Auswahl gegeben: Diamant, Saphir, Rubin und Opal. Ich konnte mit keinem was anfangen.

Dora Diamant war richtig, hätte ich googeln müssen. Marcel wusste es.

Fünf Männer und eine Frau. Meine Mutter, vier Kerle, mit denen ich aufgewachsen bin, und ich der letzte, der noch lebte. Gerade zwar nicht, denn ich war, wie auch immer, plötzlich einer von ihnen. Weltentrückt oder Zombie? War ich plötzlich Schillers »Poet«, dem Zeus das Angebot gemacht hatte: »Willst du in meinem Himmel mit mir leben? Sooft du kommst, er soll dir offen sein!«

Wäre das jetzt die Chance gewesen, dem Irdischen zu entsagen und, ohne gestorben zu sein, mein Plaudersofa im Elysium aufzubauen? Ich will es gar nicht mehr wissen. Auch wenn dieses Kapitel mir die Gelegenheit gegeben hätte, mich ernsthaft mit meinem Tod auseinanderzusetzen und mich sozusagen literarisch selbst zu entsorgen – drauf gepfiffen. Ich will immer noch Currywurst mit Pommes, ich will den nächsten Jack-Reacher-Roman lesen und den nächsten *Star-Wars*-Film sehen. Ich will keine Legende sein, die mit anderen Legenden auf der Wolke sitzt. Hier bin ich wieder und hier bin ich noch. Ich fall erst um, wenn ich nicht mehr stehen kann. #MeToo ist richtig, Trump ist falsch, das Internet ist kompliziert – ich muss und will, und vor allem: Ich kann mit allem leben.

SHOW ME THE WAY

Peter Frampton

Immer öfter schleicht sich bei mir das Gefühl ein, im falschen Film zu sitzen oder zumindest für einen Moment die Orientierung verloren zu haben. Ich trau mich dann aber nicht, jemanden nach dem Weg zu fragen oder ihn zu bitten, mir zumindest die Richtung zu weisen, in der es weitergeht, weil ich befürchte, sie aus eigener Kraft nicht mehr finden zu können. Dies nicht zugeben zu wollen, wenn es passiert, ist der gleiche Reflex, mit dem man, sobald man ein gewisses Alter erreicht hat, den schmerzenden Rücken leugnet oder die nachlassende Sehkraft. An den Jahren darf es nicht liegen, denn alt will man auch dann nicht sein, wenn man es ihrer Anzahl nach ist.

Verstört schon gar nicht. Also schiebt man die eigene Verwirrung auf den Realitätsverlust und das Unvermögen der nachwachsenden Generation. Ich habe unwirsche alte Leute immer dafür verurteilt, ihren Frust am eigenen Dahinsiechen an der Jugend auszulassen. Also versuche ich, meine Frustrationen zu zügeln und so gut wie möglich zu vertuschen. Das gelingt mir nicht immer.

Kürzlich bin ich als Gast in einer Talkshow kurz verzweifelt. Man hatte mich da hingeschickt, um für eine Sendung Reklame zu machen, an der mir sehr viel lag. Es ging um einen musikalischen Streifzug durch die Sechzigerjahre. Beim ZDF gibt es gerade noch genug Kundschaft, die sich an diese Zeit und ihre Helden erinnert. Die wollte ich damit erreichen. Ich saß als Botschafter für Love and Peace im Panel, musste aber noch warten, bis ich an der Reihe war. Zuerst kam der Regierende Bürgermeister von Berlin dran. Markus Lanz haute ihm gleich zum Auftakt die gesammelten Defizite der deutschen Hauptstadt um die Ohren. Erst die Horde rechtsradikaler Randalierer am Tag der Deutschen Einheit. Dann die arabischen Clans, die in Berlin ganze Straßenzüge für sich als Hoheitsgebiet reklamieren. Ein jugendlicher Vertreter dieser famosen Truppe machte sich im Bild über die deutsche Gerichtsbarkeit lustig, vor der er sich nicht im Geringsten fürchtete: »Det habt ihr jetzt von eurer Demokratie!« Der Regierende nahm noch nach Kräften seine Justiz in Schutz, da flog ihm schon ein Film über die örtliche Drogenszene um die Ohren: Giftspritzen auf Kinderspielplätzen, Drogenhandel auf dem Schulhof. Feixende Dealer und erbärmliche Kleinkriminelle. Dann die Bildungsmisere in der Hauptstadt und die unhaltbaren Zustände an Berliner Schulen.

Ich hatte bis zu diesem Zeitpunkt nie Mitleid mit überforderten Politikern in Talkshows, selbst wenn sie neben mir saßen, aber nun spürte ich doch den Drang, dem Manne zu Hilfe zu kommen. Ich warf meine geplante Love-and-Peace-Parade über den Haufen und mich selbst vor den Berliner Lokalpolitiker. Dabei wurde ich für meine Verhältnisse relativ fuchsig. Man hat mir später unterstellt, ich hätte Markus Lanz »angegriffen«. Nichts lag mir ferner als das. Ich mag den Mann und wollte ihn vor dem Schlimmsten bewahren, was einem Moderator in der Tiefe der Nacht passieren kann: dem Quotenschwund. Deshalb raunzte ich: »Die eine Hälfte der

Zuschauer hat jetzt ausgeschaltet, weil sie das Elend nicht mehr erträgt, und die andere Hälfte will morgen früh aus dem gleichen Grund nicht mehr aufwachen.« Markus Lanz, ganz der engagierte Journalist, widersprach dem besorgten Entertainer vehement, und ich machte sofort einen Kehrtschwenk und klopfte mir reumütig gegen die Brust. In meiner Selbstanklage ging ich so weit, mir selbst vorzuwerfen, »den Kompass« verloren zu haben und damit etwas orientierungslos in der neuen Welt der politischen Korrektheit, der Shitstorms und der gnadenlosen Social-Media-Wächter herumzustolpern. Half alles nix. Auch wenn ich später noch mit meinem Oldieprogramm um die Ecke kam und es mit Werbung für meine Gäste Donovan, Melanie und Peter Fonda versuchte, interessierte das, weit nach Mitternacht, niemanden mehr.

Am nächsten Morgen fand ich mich in den Schlagzeilen wieder. Ich sei mit meinem Kollegen Markus Lanz »aneinandergeraten« und hätte in seiner Sendung einen beleidigten Eindruck gemacht. Beleidigt war ich keineswegs, ein bisschen verzweifelt schon, vielleicht sehe ich dabei beleidigt aus.

Wo ich früher noch wilde Verteidigungsversuche unternommen habe, folge ich mittlerweile zähneknirschend dem Motto, das mir Social-Media-Experten ans Herz gelegt haben: »Never complain, never explain.« Ich habe den Satz aus journalistischem Pflichtgefühl gegoogelt und dabei bemerkt, dass ich mit dieser Haltung unbeabsichtigt dem britischen Politiker und Prime Minister Benjamin Disraeli gefolgt bin, der diese arrogante Maxime dem englischen Königshaus angeraten hat, das damit über die Jahrzehnte ganz gut gefahren ist. Mir half das wenig, denn schon am nächsten Tag erreichte mich die Nachfrage der *Bild*-Zeitung, ich hätte bei Markus Lanz den Verlust meines Kompasses beklagt. Das klang nun wieder so, als würde ich in präseniler Verwirrung jetzt die Himmelsrichtungen durcheinanderbringen – und das wollte ich nun auch wieder nicht auf mir sitzen lassen. Also suchte ich in drei Sätzen um Verständnis nach, was natürlich schiefging. Muss man denn immer gleich ein Buch schreiben?

Aber ich nutze diese Möglichkeit sehr gerne, um meine Verwirrung nicht nur zu beklagen, sondern ihrer auf diesem Wege vielleicht sogar Herr zu werden. Das Letzte, was ich möchte, ist nämlich, in die Reihe dieser mosernden alten Männer eingeordnet zu werden, die mit ihrer Weltsicht Schiffbruch erlitten haben und nun den Untergang der gesamten Zivilisation auf sich zukommen sehen. Ich möchte auch nicht als die unterhaltsamere Version des verkniffenen Herrn Sarrazin in die Geschichte eingehen, denn weder bin ich der Meinung, dass Deutschland sich abschafft, noch glaube ich, dass uns die »feindliche Übernahme« bevorsteht.

Aber ich bin besorgt. Klar weiß ich mich damit mit jeder älteren Generation gemein, die der nachwachsenden nichts mehr zutraut. Ich muss auch zugeben, dass ich gedanklich jenen folge, die befürchten, dass es zum ersten Mal in der Geschichte der Menschheit denen, die nach uns kommen, nicht so gut gehen wird wie uns. Das ist bitter, denn es betrifft meine Söhne und Enkel. Letzteren ist das noch egal, erstere scheinen sich deswegen keine großen Sorgen zu machen. Das mag vielleicht auch daran liegen, dass ihre finanzielle Zukunft nicht hoffnungslos ist und dass beide meine unbekümmerte Sorglosigkeit geerbt haben. Immerhin habe ich das Waldsterben, den Rinderwahn und die Volkszählung überlebt. Ich habe meine Kinder nicht immerzu auf den desolaten Zustand der Welt hingewiesen, vielleicht habe ich da was falsch gemacht. Ich habe sie wohl ermahnt, nicht jeden Tag

Pommes in sich reinzuschütten, und ihnen erklärt, dass Gummibären kein Hauptnahrungsmittel sind, was in meinem Fall
ja schon eine sehr pädagogische Anstrengung erfordert hat.
Aber wenn sich einer in der Familie Sorgen macht, was den
Zustand unserer Welt betrifft, dann bin ich das.

Hier ein paar unzusammenhängende und empirisch nicht
belegbare Gründe für meine Befürchtungen. Ich saß kürzlich in New York neben einem Mann, der sich als »Head of
Psychology at Yale University« vorstellte. Ich habe das nicht
überprüft, aber so stand es auf seiner Karte – und ich hatte
auch nicht den Eindruck, an einen Hochstapler geraten zu
sein. Der Mann glaubte zu wissen, dass es im Durchschnitt
von jedem pubertierenden Mädchen hundertachtundzwan-
zig Selfies gibt, die besten von der Herstellerin selbst ins Netz
gestellt. Glaube ich sofort. Ich bin überall auf der Welt immer
wieder Zeuge, wie diese Kinder beim Erstellen von fotogra-
fischen Selbstporträts ihre Schnütchen ziehen, weil sie glauben, dabei besonders vorteilhaft auszusehen. Dem Psychologen zufolge werden diese Fotos dann von der Urheberin selbst
so lange »bearbeitet«, bis sie der Idealvorstellung nahekom-
men, die diese von sich hat. Dieses Traumbild hat mit der Wirklichkeit immer weniger zu tun und richtet sich zusehends
nach Idolen aus der Netzwelt, denen das Mädchen nach-
eifert. Dabei wird mit Photoshop und Schminke so lange ge-
bastelt, bis das Original kaum noch mit der Fälschung mithalten kann. Diese Diskrepanz wird irgendwann zum Trauma
dieser Jugendlichen, und die Netzexistenz tritt zusehends
an die Stelle des wirklichen Lebens. Klingt nicht gut, ist aber
nachvollziehbar.

Mit einem anderen Experten saß ich kürzlich beim Mittagessen. Er ist Neurowissenschaftler, und Wikipedia weiß von

ihm, dass er sein Start-up für fünfzehn Milliarden an den Pharmakonzern Pfizer verkauft hat. Offensichtlich hat er ein neues Medikament entwickelt. Ich hab da genau hingeschaut, weil mir fünfzehn Millionen gereicht hätten, um ihn ernst zu nehmen, aber es waren wirklich »billions«, der Mann ist ebenfalls Amerikaner. Seit zwei Millionen Jahren, so dozierte der Wissenschaftler zwischen Thunfischcarpaccio und Trüffelnudeln, habe sich der Homo sapiens an den Umgang mit einer dreidimensionalen Welt gewöhnt. Seit ungefähr zwei Jahrzehnten wachsen unsere Kinder damit auf, die Welt weitgehend über einen zweidimensionalen Bildschirm wahrzunehmen. Da muss es doch zu einem Kurzschluss im Gehirn kommen! Seine kritische Einschätzung der Lage: Erstmals in der Geschichte der Menschheit übersteigen die technologischen Möglichkeiten die intellektuellen Kapazitäten des menschlichen Hirns. Wer bin ich, ihm zu widersprechen? Bei mir zumindest ist das so.

Ich habe mich gefragt, was ich jetzt machen soll. Alle Hoffnung fahren lassen? Stehe ich schon vor Dantes Hölleneingang? Oder wurde ich nur zum Opfer von Fake News?

Das waren zwei Herren, die ich nicht näher kannte. Mit einem saß ich beim Mittagessen, mit dem anderen beim Abendbrot. Bin ich den Verschwörungstheorien zweier Angsthasen auf den Leim gegangen, wie sie uns im Netz ständig um die Ohren fliegen? Oder soll ich diese Einschätzungen in der nächsten Talkshow, beim nächsten Gespräch mit einem besorgten Vater oder Opa genussvoll weiterverbreiten? Ich bin mir da sehr unsicher und schäme mich fast meiner Ängste. Zum einen bin ich einer dieser »alten weißen Männer«, die derzeit an allem Unheil in der Welt schuld sind, zum anderen kann man mir nicht einreden, dass dieses ungute Gefühl, das mich umtreibt, einer Altherrenneurose entspringt. Einer Lebenserfahrung gewiss, und die ist im Herbst umfangreicher geworden, als sie im Frühling war. Und ich versuche zu differenzieren und dazuzulernen, wo immer ich kann.

Vor einiger Zeit habe ich an einem TV-Format teilgenommen, das ich gerne im öffentlich-rechtlichen Programm gesehen hätte. Aber die Vertreter von ZDF und ARD müssen zu spät aufgestanden sein, als diese Idee auf einer der vielen internationalen Fernsehmessen im Angebot war. Es heißt *Der Vertretungslehrer* und ist sowohl simpel als auch spannend. Statt des gewohnten Lehrpersonals steht plötzlich eine Figur vor der Klasse, die aus einem völlig anderen Lebensbereich kommt. Aber einem, für den sich junge Leute interessieren. Der Boxweltmeister Wladimir Klitschko war da, hat aber gewiss keine Mathestunde abgehalten, und die coole Bloggerin, über die in ihrer Klasse sicher mehr Begeisterung zu spüren war als bei mir, hat um Platon sicher einen großen Bogen gemacht. Da musste ich wieder ran.

Es ging um die viel diskutierte »Jugend von heute«, und wir haben in einem Gymnasium in Bayreuth darüber diskutiert, wie Platons Tugenden heute aussehen müssten. Die oberfränkischen Kinder des neuen Jahrtausends waren kaum anders als wir zur Hälfte des vergangenen. Da saßen die gleichen Witzbolde, Klugscheißer und Schweigemönche wie in meiner Klasse vor ein paar Jahrzehnten. Zur Tugend der »Tapferkeit« mochten sich die wenigsten bekennen, der furchtlose Schwertkampf ist kaum noch gefragt. Wir waren uns aber schnell einig, dass man gerade in der Welt von heute kein Feigling sein darf und es zumindest einer gehörigen Portion Zivilcourage bedarf, um für Minderheiten eintreten zu können. Das wollten sie alle, und das wollten wir damals auch.

Nur sind die Minderheiten heute leichter auszumachen. Die Welt verbessern wollten wir damals auch schon. Weit haben wir's gebracht. Für Platons Tugend der »Mäßigung« konnten sich die oberfränkischen Teenager genauso wenig begeistern wie wir zu unserer Zeit, und von »Gerechtigkeit« ist die Welt von heute noch genauso weit entfernt wie in jedem Moment ihrer Geschichte. Da waren wir einer Meinung.

Eine zusätzliche Tugend, die sie bei mir und Platon wohl vermisst hatten, haben die Bayreuther Schüler dann doch noch eingefordert: die Flexibilität. Davon ließ ich mich überzeugen und schrieb es an die Tafel. Es war beruhigend festzustellen, dass Kreide beim Schreiben immer noch quietscht wie damals. Und als das Wort dann so da stand: ... Flexibilität ..., da hat der Pädagoge in mir eine Gedenkminute eingelegt. Denn das war immer meine Prämisse: Flexibel bleiben! Ich kam aus der Generation, deren Väter mit ihrem Gefasel von der »deutschen Eiche« – die jedem Sturm standhält – gescheitert waren. Das »Tausendjährige Reich« war zerbrochen, das Märchen von der tausendjährigen Eiche konnte uns keiner mehr erzählen. Sich trutzig, aber starr gegen den Sturm zu stemmen brachte gar nichts. Sich geschmeidig im Wind zu wiegen wie der Bambus erschien mir sinnvoller. Was gestern richtig war, musste heute nicht mehr unbedingt stimmen. Und dass die Alten versagt hatten, lag ja wohl nie klarer auf der Hand als im Deutschland der Fünfzigerjahre, in das ich hineingeboren wurde. In den Sechzigern schien uns der richtige Zeitpunkt für den Aufstand gekommen. Also mir nicht gerade, aber doch vielen anderen.

In der fränkischen Idylle war von der Revolution wenig zu spüren, und von dort nahm sie gewiss nicht ihren Ursprung. Aber den frischen Wind, der den Muff von tausend Jahren aus den Talaren wehen sollte, nahmen wir durchaus wahr. Und er wehte nicht nur aus den Universitätsstädten in die Provinz, sondern auch aus Übersee. Das bemerkte man sogar in Kulmbach. Die Bürgerrechtsbewegung in den USA forderte endlich das ein, was die Gründerväter bereits in ihrer Unabhängigkeitserklärung postuliert hatten: gleiches Recht für alle. Angela Davis, die Black Panthers und Martin Luther King gelangten auch ins Bewusstsein des eher verträumten Gymnasiasten, der lieber die *Bravo* las als die Mao-Bibel. Die Umwelt hatte ich bisher als Ausflugsziel für Knutschnachmittage wahrgenommen, plötzlich gab es erste Befürchtungen, sie sei gefährdet, aber der Frankenwald rauschte für mich dunkel wie eh und je, ich hatte nicht das Gefühl, mir um ihn Sorgen machen zu müssen. Dass die sexuelle Revolution nicht nur mit Pille und Miniröcken zu tun hatte, zwei Aspekte, die ich absolut unterstützte, ging mir erst sehr viel später auf. Die Emanzipation der Frau war für mich kein Thema, ich stand ohnehin unter dem Pantoffel meiner alleinerziehenden Mutter, die wohl nie einen Grund hatte oder keinen sah, dafür auf die Barrikaden zu gehen. Der Einsatz für Minderheiten erschien von mir nicht gefordert, denn ich sah in meiner Umgebung schlicht keine. Man hatte mir das Bewusstsein anerzogen, das drängendste Problem auf der Welt sei es, schwarze Heidenkinder in die Arme Gottes zu führen. Schwule und Lesben waren für mich interessante Außenseiter, den Begriff »Transgender« kannte ich nicht und hätte ihn im Bereich *Raumpatrouille* verortet. »Flüchtlinge« kamen im Allgemeinen aus Schlesien, meine Eltern gehörten dazu, oder aus der Ostzone. Und bei denen klappte es eher selten, Fluchtversuche aus der DDR, die immer in Gänsefüßchen gesetzt wurde, endeten meist tragisch.

Ich hatte die Weltsicht eines Einfaltspinsels, hielt mich aber trotzdem für flexibel. Natürlich wäre ich für die Rechte von Minderheiten eingetreten, sage ich mir heute. Aber in der Schule ging es darum, dass die Minderheit der Spartaner von der griechischen Mehrheit verprügelt wurde, und zu Hause waren wir die katholischen Flüchtlinge, umgeben von einer Übermacht protestantischer Sozis, die in fränkischem Dialekt vor sich hin polterten und von Natur aus zu einer ewigen Unzufriedenheit mit der Lage neigten. Also begriff ich mich selbst als Teil einer Minderheit.

Die einzigen Ausländer im Kulmbach meiner Kindheit hießen de Pellegrin und führten die Eisdiele »San Remo«. Kein nährreicher Mutterkuchen für einen Revolutionär. Ich sah über den Kirchturm der St.-Hedwigs-Kirche, neben der wir wohnten, nicht hinaus.

Es gab kein Smartphone und kein Internet, Ludwig Erhard hat nicht getwittert, Bundespräsident Heinrich Lübke erzählte Journalisten treuherzig, wie der Jetlag funktioniert, und wo Jan Böhmermann heute den türkischen Präsidenten einen »Ziegenficker« nennt, sang damals Peter Alexander treuherzig von der Zeit, in der »Böhmen noch bei Öst'reich war« und »halbert Wien in Prag, beim Katholikentag«.

Das hört sich an, als wäre ich kurz nach dem Dreißigjährigen Krieg geboren. Aber meine Kindesjahre waren geprägt von den behäbigen Fünfzigern. Und die Revolution der Achtundsechziger hat Oberfranken gerade mal erreicht, aber kaum wachgerüttelt. In dieser Zeit habe ich meinen Kompass geeicht. Klar habe ich in der Zwischenzeit was dazugelernt, aber vielleicht hat sich gerade meine Generation in einer gewissen Überheblichkeit mehr als andere Generationen dagegen gewehrt, ihre Weltsicht immer wieder neu zu justieren.

Woher kommt es, dass wir uns immer ein bisschen »nostalgisch« gebärden? Musikalisch hänge ich immer noch bei den Beatles, und wenn ich in meiner aktuellen Radioshow im Bayerischen Rundfunk apokryphe Songs auflege wie »All the Young Dudes« von Mott the Hoople, dann klopft mir sofort der eine oder andere Graukopf per Mail auf die Schulter: »Endlich!« oder: »Geht doch.«

Wir waren mit der Überheblichkeit groß geworden, mit den Sünden der Väter nichts zu tun gehabt zu haben. Wir waren Autoritäten gegenüber kritisch und hatten das Gefühl, alles infrage stellen zu müssen, ohne es dabei gleich einzureißen, und die »große weite Welt« eröffnete sich für uns in der Werbung für die Zigaretten von Peter Stuyvesant. Aber davor, Spießer zu werden, hat uns das offensichtlich nicht bewahrt. Den Vorwurf, dass sich alle Männer meiner Generation zwangsläufig zu Machos mit eingebautem leichtem Rechtsdrall entwickelten, weise ich allerdings empört von mir.

Kürzlich hat mich eine politische Talkshow zum Thema »Heimat« eingeladen. Ich habe kurz nachgedacht und dann sehr schnell abgesagt. Stellen Sie sich vor, ich hätte bei Anne Will folgende Gedanken zum Besten gegeben: In Kulmbach läuteten dauernd die Glocken. Engel des Herrn ... Maiandacht ... Rosenkranz. Frühmesse, Spätmesse, Vorabendmesse. Und in Kulmbach hat es irgendwie entweder nach Hopfen oder Malz oder nach beidem gerochen. Wir waren Deutschlands berühmteste Bierstadt. Das war für mich Heimat. Und mit zwanzig war ich dann in Marokko. Ich war begeistert, mich so weit aus Kulmbach fortbewegt zu haben, und war in der Welt angekommen. Da rief der Muezzin vom Minarett, und ich sah fasziniert, wie Menschen sich auf den Boden legten, um zu beten, das gab es in Kulmbach nicht, da konnten die Glocken lange läuten. Das nötigte mir allergrößten Respekt ab, Schande über uns fromme Katholiken. Und es roch in Marokko überall anders, aber nirgendwo nach Hopfen und Malz. Und im Restaurant habe ich Hummus gegessen und nicht nach Bratwürsten gesucht. Das war es, was mir spontan zum Thema Heimat einfiel. Stellen Sie sich vor, ich hätte in diesem Stil am Sonntagabend vor großem Publikum vor mich hingeplappert. So ist sie halt, die alte deutsche Eiche! Faselt was von Glockengeläut und Muezzin, hat aber nichts begriffen.

Den Shitstorm hätte ich wahrscheinlich auch als Bambus nicht überlebt. Und ich überlege immer noch, an welcher Stelle ich »ausländerfeindlich« oder »rassistisch« argumentiert hätte. Beide Geisteshaltungen gibt es bei mir nicht, sie stehen genauso wenig auf meinem Kompass wie Machogehabe oder frauenfeindliches Verhalten. Meine Mutter war eine so resolute Frau, dass ich nie in meinem Leben auf die Idee gekommen wäre, Schwäche und Frauen irgendwie in Verbindung zu bringen. Es haben mir genügend Mädchen und Frauen in bestimmten Situationen »nein« gesagt, als dass ich nicht wissen würde, was ein »nein« bedeutet. Auch ich habe den Unsinn irgendwann mal gehört, dass Frauen, die »nein« sagen, »vielleicht« meinen, und wenn sie »vielleicht« sagen, meinen sie »ja«. Hielt ich für idiotisch, aber ich habe das wahrscheinlich dem, der mir das weismachen wollte, nicht laut gesagt.

Wo ich auf die Barrikaden hätte gehen sollen, habe ich wohl oft feige gegrinst, den Vorwurf kann man mir machen, und nicht alles, was ich von mir gegeben habe, war aus heutiger Sicht korrekt. Mit männlichen Dumpfbacken konnte ich allerdings nie was anfangen. Ich habe nie anzügliche Witze in meinem Unterhaltungsrepertoire gehabt. Es war mir immer peinlich, sie mir anhören zu müssen, und selbst die wenigen lustigen habe ich sofort vergessen. Trotzdem hat man mich in meinen späten TV-Jahren zum Vater des Herrenwitzes stilisiert. Meine Hände habe ich auch nur auf die Knie meiner weiblichen Gäste gelegt, um sie an der vorschnellen Flucht zum wartenden Jet zu hindern. Das war vielleicht wirklich Fernsehen »von gestern« und ich der letzte in einer Riege von älteren Herren, an denen man das festmacht.

Ich sehe mich ja tatsächlich eher in einer Reihe mit Hans-Joachim Kulenkampff als mit vielem, was man mir heute im Fernsehen vorsetzt. Obwohl Kuli noch dreißig Millionen zugeschaut hatten und mir am Ende noch fünfzehn, hatten wir nicht ansatzweise die Selbstgewissheit, die ich bei einigen Protagonisten heute feststelle. In der 2019er-Ausgabe des *Dschungelcamps* bei RTL, einer eigenartigen Mischung aus Irrenhaus und Foltercamp, waren zwei faszinierende Männer unterwegs. Der eine wurde »Currywurstmann« genannt, der andere nannte sich selbst »Yotta«. Ich habe mich immer für einen selbstbewussten Menschen gehalten, aber an das Selbstwertgefühl dieser Herren reicht meines nicht heran. Der Wurstbrater sah sein wirres Gefasel immer bereits als Titelzeile der nächsten *Bild*-Ausgabe (wozu es dann aber dann doch nicht reichte), und der muskulöse Zwei-Meter-Mann »Yotta« mandelte sich zum Guru auf, der jeden Morgen seine Tageslosungen in den Dschungel brüllte. Darin ging es ihm immer gut, er war immer der Größte, und was er auch anpackte, würde ihm gelingen. Ähnliche Wünsche hatte mir der liebe Gott auch dann nicht erfüllt, wenn ich sie ordnungsgemäß in seinem Hause bei Weihrauch, Orgelklang und auf Knien abgeschickt hatte. Wo ich mir überlegt hatte, ob ich meinen Anspruch vielleicht etwas herunterschrauben sollte, wiederholte der Yotta-Mann seine Selbstanalyse jeden Tag und wurde sich seiner Sache immer sicherer, bis ihn die Zuschauer ebenso wie den selbstverliebten Currywurstmann gnadenlos aus der Show kegelten. Beide konnten das nur schwer begreifen.

Zur Dschungelkönigin wurde eine verstrahlte Blondine gekürt, deren Markenzeichen »der rote Lippenstift« ist und die sofort zu einem weiteren TV-Erfolg namens *Let's Dance* weitergereicht wurde. Auf ihrem Karriereweg kam die junge Frau, sie heißt Evelyn, auch bei Günther Jauch und mir vorbei. Gemeinsam mit Barbara Schöneberger kämpfen wir uns bei RTL durch eine TV-Show, in der wir nicht wissen, was passiert. Die kleine Dschungelqueen agierte so zügig zwischen dämlich und niedlich, dass man gar nicht mehr wusste, ob man sie gerade knutschen oder abwatschen wollte. So schnell hat sich ein Geschäftsbereich verändert, den ich vor nicht allzu langer Zeit wenn schon nicht im Griff, so doch zumindest verstanden hatte.

Mir ist völlig klar, dass sich die Dinge schneller wandeln als früher, da muss ich nicht immer mitkommen. Aber ich tröste mich ein bisschen mit meiner ganz persönlichen Definition von Achsenverschiebung: Je mehr der Mainstream sich in Richtung Wahnsinn verschiebt, umso mehr rutsche ich, ohne mein Zutun, in die intellektuelle Ecke. Da wollte ich zwar nie hin, da gehöre ich vielleicht auch gar nicht hin, aber da finde ich mich plötzlich wieder und reibe mir erstaunt die Augen. Kann es wirklich sein, dass man mir im Bayerischen Fernsehen eine kleine Literatursendung anvertraut hat? Ich bin schon ein bisschen stolz darauf. Im Feuilleton der *Frankfurter Allgemeinen* haben deswegen keine Sektkorken geknallt, und die Quoten des *Dschungelcamps* habe ich nicht erreicht, aber ich betrachte es als persönlichen Erfolg, dass Ferdinand von Schirach in der ersten Ausgabe dieser Sendung sein Buch *Kaffee und Zigaretten* vorgestellt hat. Das wäre zwar auch ohne einen Auftritt bei mir zum Bestseller geworden, aber der Autor hat mich ausdrücklich zum Weitermachen animiert. Zum »Influencer« in den sozialen Medien werde ich es nicht mehr bringen, aber es ist irgendwie beruhigend, dass ich am Ende meiner Fernsehkarriere wieder bei einem Vergnügen angekommen bin, das mir schon als Kind die beste Unterhaltung überhaupt zu sein schien, lange bevor das Fernsehen in mein Leben trat und lange bevor es zu meinem Lebensunterhalt wurde: beim Lesen.

»Ich lebe mein Leben in wachsenden Ringen«, hat Rilke mal geschrieben, aber der Mann war ein genialer Lyriker. Ich habe es nur zum Fernsehunterhalter gebracht. Deswegen finde ich es in Ordnung, dass es bei mir eher nach Kreisverkehr aussieht.

Ich will mich hier nun wahrlich nicht zum Musterknaben machen. Vielleicht habe ich ja gar nichts begriffen, und es ist nichts weiter als eine Schutzbehauptung, dass mir in letzter Zeit der Kompass abhandengekommen zu sein scheint. Womöglich bin ich mein ganzes Leben in die falsche Richtung marschiert und stehe jetzt in der falschen Ecke, ohne es wahrhaben zu wollen. So weit verunsichert bin ich, wie viele Männer meines Alters, durchaus. Auch ich neige mittlerweile dazu, meine Ausführungen in manchen Themenbereichen mit einem »… das wird man wohl noch sagen dürfen« zu garnieren. Ich habe es vielleicht gar nicht bemerkt, dass meine eingebildete »Flexibilität« in Wirklichkeit nichts anderes war als die Fähigkeit, mein Fähnchen jeweils nach dem Wind zu hängen und mich immer im Recht zu fühlen, ohne es jemals gewesen zu sein. Meine jugendliche Selbstherrlichkeit ist mir auf dem Weg der Reife vielleicht in Teilen abhandengekommen. Aber stehe ich nun wirklich auf der Seite derer, die ihre Vergangenheit zurückwollen, weil sie ihnen begreifbarer, übersichtlicher und unkomplizierter vorkam?

Ich hoffe das nicht, ich will das nicht, und ich glaube das nicht. Aber wie viele Männer meiner Generation muss ich mit dem Vorwurf leben, vieles zu spät verstanden und einiges falsch gemacht zu haben. Vielleicht bin ich das eine oder andere Mal vom Wege abgekommen und habe kurzfristig die Orientierung verloren. Aber ich bin dabei nie irgendwo gelandet, wo ich nicht hin wollte.

FIRE

The Crazy World of Arthur Brown

E s gibt Erfahrungen, die ich mit vielen Menschen meines Alters teile. Der Ehealltag, die Kindererziehung und das Älterwerden werden von einem fröhlichen Entertainer nicht sehr viel anders wahrgenommen als von einem Finanzbeamten oder Studienrat. Den exklusiven Jetlag, den ich meinem Umherirren zwischen zwei Kontinenten verdanke, muss man nicht kennen, um gelebt zu haben, und meine Begegnungen mit den Berühmtheiten dieser Welt haben nicht immer das gehalten, was ich mir davon versprochen hatte. Eine ganz besondere Erfahrung habe ich den meisten meiner Mitmenschen allerdings voraus und teile sie auf ewig mit meiner Frau: Uns ist das Haus abgebrannt. Nicht angekokelt, nicht rauchversifft, sondern weg. Ganz weg. Es ist nichts mehr davon übrig. Eine gusseiserne Wendeltreppe, die zwei Stockwerke miteinander verbunden und sich gut und gerne fünf Meter durch zwei Decken gebohrt hat, ist schlicht und einfach spurlos verschwunden, zusammen mit ein paar Hundert Büchern, einem kompletten Meißner Porzellanservice namens »Tausendundeine Nacht«, zwei Warhol-Bildern und einer Rilke-Handschrift zu einer grauen Masse zerschmolzen, die sich auf dem Fundament unseres bisherigen Lebens ausgebreitet hat.

Und das kam so: Mein Lebensmittelpunkt war seit Ende des vorigen Jahrhunderts eine Windmühle, die ein englischer Spinner in den Siebzigerjahren aus den englischen Cotswolds herbeigeschleift hatte und samt ihres funktionierenden riesigen Windrades in einem Canyon in Malibu wieder zusammengesetzt hatte. Die Genehmigung für diese unsinnige Unternehmung hatte er sich von den zuständigen Behörden erflunkert, indem er ihnen weisgemacht hatte, bei einem Stromausfall den ganzen Canyon mit Energie versorgen zu können. Jeder deutsche Physikstudent im zweiten Semester hätte ihm wahrscheinlich klargemacht, dass dies nicht funktionieren würde. Aber Malibu war damals noch keine eigene Gemeinde, und in der City Hall von Downtown Los Angeles hatte man sich wohl daran gewöhnt, dass die seltsame Spezies von Menschen, die sich in Malibu niederließ, ohnehin nicht ganz bei Trost war – dafür aber in den meisten Fällen so vermögend, dass die Grundsteuereinnahmen den architektonischen Schaden, den sie anrichteten, locker wettmachten. Auf jeden Fall genehmigte man dem spleenigen Erbauer unserer Windmühle auch noch einen kleinen Teich, einen ansehnlichen Pool, einen Tennis- und Hubschrauberlandeplatz sowie die Errichtung einer kleinen Bahnstation, deren schmiedeeiserne Säulen aus einem stillgelegten Bahnhof der englischen Grafschaft Kent stammten. In dem erwähnten Teich gab es eine kleine Insel, und beim Erwerb des Grundstücks erhielt ich auch eine Dokumentation mit Fotos. Auf einem ist zu sehen, wie ein Hubschrauber über dem Inselchen schwebt, an dem eine Trauerweide baumelt. Allzu lange hat sie nicht getrauert, denn entweder war die Insel zu klein oder der Baum zu groß – die Weide verkümmerte, bevor ihre herabhängenden Äste das Wasser des Teiches erreichten. Ich musste sie gegen einen hübschen

Teepavillon austauschen, der von Amish-People zusammengebastelt worden war und in dem ich mit meiner Frau genau einmal Tee getrunken habe.

Gut informierte Fans haben mir des Öfteren erklärt: »… gell, Sie wohnen in einer Windmühle!«, was ich dann immer milde bestätigt habe. In Wirklichkeit stand in der Mühle nur ein großer runder Tisch mit zwölf Stühlen, an dem bei kalifornischem Wein und bayerischem Bier mehrfach die deutsch-amerikanische Freundschaft beschworen wurde. Wir lebten jeweils in einer von drei riesigen Hallen, die der kühne Engländer hintereinandergeschachtelt und für deren Gestaltung er unter anderem ein geschnitztes Treppenhaus aus einer Londoner Villa am Eaton Place außer Landes gebracht hatte. Die hölzerne Steigleiter eines britischen Segelschiffs führte auf eine zweite Ebene, in der die Bibliothek untergebracht war, und die Bar bestand aus der zweckentfremdeten Ticketbox eines viktorianischen Theaters in Brighton. Weitere Einzelheiten zu dieser Prachtbude entnehmen Sie bitte meiner empfehlenswerten Autobiographie: *Herbstblond*. Wenn Sie sich diese Mühe nicht machen wollen, hier eine kleine Zusammenfassung: Immer wenn eine neue Folge der englischen Serie *Downton Abbey* im Fernsehen gelaufen war, wurde die Mehrzahl der Zuschauer wieder in die Wirklichkeit ihrer Dreizimmerwohnung zurückgeworfen, während ich mich im Stil eines englischen Landadligen entscheiden konnte, ob ich die Bar durch die in den Holzpaneelen verborgene Geheimtür betreten oder mich doch lieber direkt durch die verzierten Kassenfenster bedienen wollte. Auf dem linken, hinter dem die Rum- und die Cognacflaschen sortiert waren, war »Stalls« einziseliert, auf der Whiskey- und Digestifabteilung zur Rechten stand »Circle«. Der alte Ale-

Zapfhahn aus einem englischen Pub diente nur noch der Verzierung.

Als dem kreativen Bauherrn nicht nur die Ideen, sondern auch die Kohle ausgegangen war, verlor er sein Spekulationsobjekt an die US-Finanzbehörde, die mit dem verschachtelten Kasten nichts anzufangen wusste. Als ich es in den Neunzigerjahren für kleines Geld kaufte, hatten es bereits mehrere Dutzend Interessenten besichtigt und fluchtartig wieder verlassen.

Manche hatten es nicht einmal in den ersten Stock geschafft, in dem sie nicht nur das ehemalige Badezimmer von Coco Chanel, sondern auch ein holzgetäfeltes Schlafzimmer erwartet hätte, das irgendwann für das Pariser Hotel Ritz gezimmert worden war. Der übereinstimmende Kommentar der erschrockenen Interessenten lässt sich mit der kalifornischen Kurzformel für blankes Entsetzen zusammenfassen: »Oh, my god!«

Meine Frau und ich hatten uns von der amerikanischen Vorliebe für Übersichtlichkeit und helle Wohnräume nicht einschüchtern lassen und schleiften aus der ganzen Welt das passende Mobiliar herbei. Zwei chinesische Prunkschränke wurden ebenso integriert wie ein riesiger Konzertflügel, auf dem ich mehrmals »Stille Nacht« in der Fassung für den *Kleinen Pianisten* zur Aufführung gebracht habe.

Ein befreundeter Bühnenmaler lag zwei Wochen auf einem Gerüst am Rücken wie Michelangelo in der Sixtinischen Kapelle und verwandelte die Decke des »Salons« in einen schwefeligen Gewitterhimmel. Die nostalgische Stehlampe neben dem Sofa soll in einigen Hollywoodproduktionen mitgewirkt haben, meine Frau glaubte einige von unseren Möbeln in dem Streifen *Sunset Boulevard* entdeckt zu haben, den

Billy Wilder 1950 mit Gloria Swanson in der Hauptrolle gedreht hatte. Der Erwerb dieser Einrichtungsstücke war für mich nicht immer einfach, ich habe insgesamt sicher einige Tage meines Lebens in kalten Lagerhäusern verbracht, in denen sich Antiquitäten und Gerümpel im Wege standen, und habe Interesse an viktorianischen Sofas und Art-déco-Sesseln geheuchelt, die sich irgendwie alle recht ähnlich sahen, aber bereits drei Generationen von Hintern ausgehalten hatten. Die entsprechenden Bezugsstoffe gibt es ebenfalls in größeren Hallen, wo sie zusammengerollt übereinandergestapelt sind. Man darf sich von jeder Rolle kleine Muster abschneiden, die dann zu Hause auf ihre Kompatibilität zu Vorhängen und Wandfarbe geprüft werden. Das ist ein noch halbwegs kreativer Vorgang. Aber Badezimmervorlagen bei »Bed, Bath and Beyond« auszusuchen ist fast genauso schlimm, wie die richtige Bettwäsche im Möbelhaus zu finden, die in Amerika von besonderer Vielfalt ist. Inzwischen bin ich Fachmann und kenne den Unterschied zwischen King und California King ebenso wie das Größenverhältnis von Twin-, Full- und Single-Bettbezügen. Ich weiß, was ein Comforter ist, und kann die unterschiedliche Art der Europäer, sich zu betten, von der amerikanischen Unart trennen, sich in dünne Laken zu wickeln, die am Morgen als weißer Haufen zusammengestrampelt am Fußende des Bettes liegen.

All diese Erfahrungen verdanke ich einem jahrelangen, nicht enden wollenden Einrichtungsprozess, in dem die »Mühle« von einem unvollendeten Investitionsversuch zu einem Heim für die Familie wurde. Als wir sie kauften, krabbelte unser jüngster Sohn noch auf allen vieren die Treppen hoch, in ihr feierten wir den Jahrtausendwechsel und die Highschool-Abschlüsse beider Söhne. An dem runden Tisch in der Windmühle saßen Hollywoodstars und deutsche L.A.-Besucher, die Tischplatte aus Massivholz wurde aus Colorado angeliefert und musste spontan in zwei Hälften gesägt werden, weil wir sonst die zweihundert Jahre alten Türrahmen hätten zerstören müssen, an die wir beim Kauf des Tisches nicht gedacht hatten.

Dass diese englische Mühle in dem kalifornischen Canyon einen Fremdkörper darstellte, war uns immer klar, aber völlig egal. Dort passt ohnehin nichts zusammen. Mein Nachbar ist Don Henley, Sänger der amerikanischen Kultband The Eagles. Er hat dort eine Ranch hingestellt, die aus roten und weißen Balken besteht und eher an *Bonanza* erinnert. Auf dem Hügel mir gegenüber thront der australische Teenagerstar Liam Hemsworth. In seiner strengen Feng-Shui-Villa blähen sich helle Baumwollvorhänge in der Brise, die vom Meer kommt, und auf dem weiß gestrichenen Naturholzboden sitzt an jeder Ecke eine milde blickende Buddhastatue. Die Technomusik, die dort meistens gespielt wird, passt weder zu dieser Beschaulichkeit noch zum Heulen der Kojoten, die dort in vielen Nächten um die Wette kläffen. Es passt, wie gesagt, das eine dort nicht zum anderen.

Und die Menschen gehören auch nicht wirklich in eine Umgebung, in der noch Berglöwen unterwegs sind und in der sich die Natur in regelmäßigen Abständen seit Urzeiten immer wieder neu zusammenschüttelt und -rüttelt. Das Geschüttel gehört als Erdbeben genauso zur kalifornischen Wirklichkeit wie die »Wildfires«, die im statistischen Abstand von ungefähr sieben Jahren dafür sorgen, dass der üppige Wildwuchs in den Canyons und den Hügeln dazwischen total niederbrennt, um aus der Asche dichter und prächtiger als zuvor wiederzuentstehen. Dass menschliche Siedlungen diesem

Beispiel nicht folgen, wissen die Bewohner seit Generationen, aber es hindert sie nicht daran, immer wieder an gleicher Stelle aufzubauen, was Feuer und Erdbeben zerstören, und dabei in stoischer Ruhe auf »the Big One« zu warten: das große Beben, das alles in Schutt und Asche legen soll.

Die lokalen Fernsehstationen und Zeitungen warnen pflichtgemäß vor der absehbaren Verwüstung, und ich habe Dutzende Male weggehört, wenn sie wieder einmal ihre Vorsorgemaßnahmen zum Besten gaben. Es gibt bereits gepackte Notkoffer, Notstromaggregate werden angeboten, bebensichere Bunker mit kompletter Einrichtung und Proviant für eine Generation werden, wenn man will und sich das leisten kann, im Boden des Gartens versenkt, aber das »California Dreaming« ist stärker als alle Ängste vor den Gewalten der Natur.

Auch ich habe die Gefahr gekannt, aber sie nicht ernst genommen. Die große Welle eines Tsunamis hätte uns nach meinen Berechnungen sogar zu einem Beachgrundstück verhelfen können: Die Mühle lag genau im richtigen Abstand zum Meer. Mein erstes Erdbeben erlebte ich auf der Toilette sitzend, und ich ärgerte mich kurz, dass kalifornische Handwerker nicht in der Lage sind, einen Abort ordentlich am Boden festzuschrauben. Dabei wackelte das Haus und nicht das Klo. Bei den nächsten tektonischen Verschiebungen reagierte ich bereits entspannt und stellte die herausgefallenen Bücher zurück in die Regale, nachdem die Chance zum Staubwischen genutzt worden war. Einmal zerdepperte uns die Schockwelle einen bayerischen Prunkmaßkrug und einen Gedenkteller an die Hochzeit von Prinz Charles und Lady Diana. Deren Ehe war zu diesem Zeitpunkt ohnehin bereits im Eimer.

Das Feuer nahmen wir nicht so schicksalsergeben auf die leichte Schulter. Nachdem wir einmal evakuiert worden waren, als ich zufällig im Land war, konnte ich mir nicht länger in die Tasche lügen. Diese Bedrohung war eine ganz reale. Mit zwei hechelnden Hunden im Auto und zwei Katzen, von denen eine sofort anfing zu kotzen, waren wir über den kurvigen Decker Canyon auf dem Weg ins Valley und hatten bis zum Scheitel der Santa Monica Mountains immer die bedrohliche Rauchsäule im Rückspiegel, die sich in ihrer ganzen Breite über dem Strand von Malibu ausbreitete. Dazu das Heulen der Hubschrauber, mit denen die Piloten Wasser aus dem Pazifik saugten, um es auf die gefährdeten Häuser niederregnen zu lassen. Als die Entwarnung kam, durften wir in unseren Canyon zurück, in dem keines der Anwesen zu Schaden gekommen war. Ich war beeindruckt, dass eines der chromblitzenden amerikanischen Feuerwehrautos genau vor unserer Einfahrt stand, und bedankte mich gerührt bei einem der Fire-Fighter, der mitten in der Auffahrt sein Feldbett aufgeschlagen hatte und darauf den Schlaf nachholte, der ihm beim Kampf um fremden Besitz abhandengekommen war. Es erschien mir selbstverständlich, dass der Mensch mit seinen technischen Möglichkeiten den Kampf gegen archaische Urgewalten mittlerweile gewinnen musste.

Meiner Frau ist solcher Optimismus nicht gegeben. Sie nötigte mich, einen dieser immerhin hübschen Airstream-Wohnwagen zu erwerben, der von da an neben unserem Gästehaus geparkt wurde und mit seiner blinkenden Aluminiumpelle immerhin dekorativ aussah. Eines meiner Autos war zwar seit diesem Zeitpunkt mit einer Anhängerkupplung verschandelt, aber ich war fest davon überzeugt, dass diese teutonische Vorsichtsmaßnahme der kalifornischen Nachbarschaft auf

Lebzeiten jede Feuersbrunst ersparen würde. Es sollte nicht das erste Mal in meinem Leben sein, dass ich mich getäuscht hatte. Auch der Plan, mit diesem Gefährt und meinen Söhnen die USA zu durchkreuzen, blieb eine Schnapsidee, zu der meine Söhne keine Lust und ich keine Zeit hatten. Immerhin gab es eine Zwischentür in dem Campingteil, sodass Hunden und Katzen ein individuelles Fluchterlebnis garantiert war.

Die Feuergefahr war jedes Mal besonders dann sehr real, wenn im Herbst die Santa-Ana-Winde über Malibu hinwegpfiffen. Das passierte verbindlich ein paarmal im November, und die warmen Winde empfindet man zu dieser Zeit durchaus als angenehm, wenn sie milde über die Strände fächeln. Manchmal allerdings kommen sie in Sturmgeschwindigkeit daher und reißen Dachziegel mit sich, treiben leere Mülleimer über den Pacific Coast Highway und knicken Palmen um. Es war Tradition, dass ich zu dieser Zeit immer in Deutschland meinen Geschäften nachging und meiner Frau am Telefon die drohende Gefahr kleinredete. Die Hunde waren inzwischen ohnehin nicht mehr am Leben, und die Katzen hätten den gesamten Campingwagen für sich, was Thea nur sehr bedingt als tröstlich empfand. Den letzten Satz dieser Telefonate kennt jeder Handlungsreisende und wer immer sich zum fahrenden Volke zählt: »… und du bist natürlich wieder nicht da.«

Ich war natürlich wieder nicht da, als im Oktober 2018 die Santa-Ana-Winde ganz besonders heftig wehten. Ich war natürlich auch nicht da, als meine Frau den Anruf bekam, für ganz Malibu würde es eine »mandatory evacuation« geben. Das heißt, es wurde jeder Bewohner aufgefordert, sein Haus zu verlassen und sich in Sicherheit zu begeben. Ich bekam das in Deutschland in den Nachrichten mit. Und dann rief unser Hausmeister an: »The Missis is already in the car with the cats ...« Meine Frau saß also mit den Katzen schon in ihrem Auto, und der tapfere Mann stand vor einer kühlschrank-ähnlichen Konstruktion in meinem Büro, in der zwei Dutzend Uhren hinter einer Glastür elektrisch in einem bestimmten Rhythmus gedreht werden, und wollte wissen, welche er mitnehmen sollte. Statt zu sagen »alle«, machte ich auf cool und nannte die teuerste und die Rolex, die mir meine Schwiegermutter unter Aufbietung mehrerer Monatsrenten zur Hochzeit geschenkt hatte. Eine für die Vernunft, eine für die Sentimentalität. Das musste reichen, zwei Tage später würden sie ohnehin wieder an ihrem Platz liegen. Deswegen wollte ich meine Frau auch nicht mit dem Vorwurf nerven, dass sie mit ihrem japanischen Kleinwagen auf die Flucht ging, statt eine der Nobelkarossen aus unserem umfangreichen Fuhrpark zu wählen. Sie fährt diese Autos ungern, weil sie immer Angst hat, dass sie einen Kratzer abbekommen. Dann lieber gleich verglühen. Aber so weit würde es ja nicht kommen. Die Katzenklos und das Katzenfutter waren schon mal sicher.

Hilfsbereit sind die Kalifornier, aber nachdenken tun sie erst mal nicht. Ein Freund rief an und versicherte, dass sich seine Kinder auf die Katzen freuen würden; dass er einen Hund im Haus hat, auf den sich die Katzen weniger freuten, hatte er vergessen. Immerhin hatte er entsprechende Beziehungen, um noch ein Zimmer in einem Hotel zu bekommen, das Tiere aufnehmen würde. Ein besonderes Problem im Falle eines Feuers sind allerdings nicht die vielen Katzen und Hunde, die es in Malibu gibt, sondern die vielen Pferde. Diese Tiere in die entsprechenden Transporter zu bugsieren ist kompliziert genug, aber dann versperren sich die Besitzer in den engen Canyons mit ihren Vehikeln gegenseitig den Weg. Das Wiehern der panischen Gäule und die aufgeregten Dispute ihrer Besitzer gehören zu jedem Feueralarm in Malibu dazu.

In diesem Fall war die ganze Stadt auf den Beinen. Irgendwann entschied sich die Polizei dazu, den Pacific Coast Highway auf allen vier Spuren nur noch in eine Richtung befahren zu lassen. Hauptsache weg vom Feuer, weg von dieser bedrohlichen Wolke, die schwarz und riesig über dem Meer stand.

Unser Hausmeister ist ein umsichtiger Mann aus Polen und ist nicht nur ein genialer Alleskönner, sondern war auch polnischer Meister im Motorradgeländefahren. Er flankierte das Auto meiner Frau auf seinem Motorrad. Die eine Katze kotzte bereits, die andere miaute kläglich, und Thea war nicht mal mehr Zeit geblieben, auf die Toilette zu gehen. Dass sie meine Rilke-Handschrift des Gedichts »Der Panther« beim Verlassen des Hauses nicht von der Wand genommen hat, ist absolut verständlich. Ich hätte es auch hängen lassen. Sein Verlust hat mir eine Sympathiewelle der deutschen literarischen Elite eingebracht, die sonst alles, was in Malibu verloren geht, als einen Gewinn für den Rest der Menschheit betrachtet.

Aber so weit waren wir noch nicht. Meine Frau war froh, dass der Hausmeister auf seiner Motocrossmaschine eine Restauranttoilette am Pacific Coast Highway für sie entdeckt und besetzt hatte, und ich bereitete mich auf einen Galaabend für eine amerikanische Hamburgerkette vor, den ich, Monate vorher, vertraglich zugesagt hatte. Zwischen Tombola und Dessert rief mein Sohn aus New York an: »Papa, von der Windmühle kannst du dich, glaub ich, verabschieden, in Malibu ist der Teufel los.«

Genaue Informationen gab es nicht, und ich verließ mich nach wie vor auf mein Glück, das mich in solchen Fällen noch nie verlassen hatte. Zwischen mehreren Selfies mit Frauen im Abendkleid, deren Männer Filialen der Hamburgerkette besaßen, googelte ich auf dem Handy hin und her. Meine Frau und die Katzen saßen mittlerweile in einem kleinen Hotelzimmer in Santa Monica, aber ob unser Haus noch stand, wusste niemand. Auch in Malibu war es mittlerweile dunkel geworden, und auf allen Newskanälen sah man Häuser, aus denen die Flammen schlugen. Richtig mulmig wurde es mir zum ersten Mal, als ich in einem Livebericht jemanden rufen hörte: »Oh my god, the windmill's on fire!«

Was man auf dem wackeligen Handyfilm erkennen konnte, hatte allerdings wenig mit unserer erhabenen Trutzburg mit Wasserturm und Löschteich zu tun. Ich dachte an den Feuerwehrmann, der in der Auffahrt sein Lager aufgeschlagen hatte. Der Mann war bestimmt wieder vor Ort.

Ich moderierte tapfer das große Finale der Hamburger-Party und erschien in aufgeräumter Posierlaune zum Abschiedsfoto mit den Vorständen. Während es geschossen wurde, muss das Haus gerade in Flammen aufgegangen sein. Kann sein, dass der Handyfilmer recht hatte. Auf jeden Fall war ein Stück Glut vom tosenden Wind gegen die hölzerne Hülle der Windmühle gedrückt worden, die weit über dem restlichen Haus aufragte. Diese glühende Faust hatte sich durch die Wand gebohrt, und es trat ein, was wir immer gewusst hatten: Wenn die Windmühle brennen würde, wäre der Rest des Hauses verloren.

So muss es gewesen sein. Die sozialen Medien waren auch hier schneller als jede Nachrichtenmeldung. Die Tochter des englischen Erbauers, der seine Schöpfung an mich verloren hatte, stand wohl in direkter telefonischer Verbindung zu einem Nachbarn, der aus sicherer Entfernung einen Blick auf die Mühle gehabt haben muss. Er hatte der Evakuierungsanordnung nicht Folge geleistet, weil er sich auf der anderen Seite des Canyons und hoch auf dem Berg gute Chancen ausrechnete, vom Feuer verschont zu bleiben. Ihr Facebook-Eintrag las sich wie ein Nachruf: »Traurig müssen wir Euch davon in Kenntnis setzen, dass der Traum meines Vaters nicht mehr lebt. Die Malibu-Mühle ist völlig verbrannt.«

Eigentlich war es ja mein Traum, der da in Schutt und Asche lag. Es ist aber in solchen Momenten offensichtlich völlig unmöglich, die ganze Dimension einer so schockierenden Tatsache zu begreifen. Vielleicht war's ja doch eine Verwechslung. Die unsinnigsten Gedanken an möglicherweise verlorene Gegenstände schwirrten mir durch den Kopf. Meine weißen Turnschuhe, auf die ein Künstler das Cover von *Abbey Road* als Miniatur gemalt hatte. Die Beatles auf diesem weltberühmten Zebrastreifen zierten meine Sneakers. Ich war der Einzige, der so was hatte. Die unverschämten Studien meiner Nase, die der österreichische Karikaturist Manfred Deix mir geschenkt hatte. Das konnte nicht alles einfach weg sein.

Mein Sohn meldete sich wieder aus New York am Telefon und sagte: »Scheiße.« Der sensiblere rief aus San Diego an und fragte: »Papa, seid ihr okay?« Meine Frau saß in einem winzigen Hotelzimmer, eine Katze auf dem Nachttisch, die andere im Bad. Sie sagte einfach nur: »Nein!«

Und ich zählte die McDonald's-Gutscheine, die ich meinem Enkel versprochen hatte.

War ich okay? Mir war gerade das Dach über dem Kopf weggeflogen und ich saß in Galauniform und mit perfekter

Frisur in einem Münchner Hotel. Es war fast wie in der Nacht, in der meine *Wetten, dass..?*-Karriere zu Ende gegangen war. Damals war ich nach dem Unfall von Samuel Koch ebenfalls in einem Hotel und versuchte zu begreifen, was gerade geschehen war.

Die Parallelen lagen auf der Hand. Meine Show und mein Haus hatten ihre beste Zeit hinter sich. Der Samstagabend war nicht mehr das Kaminfeuer, um das sich die Familie versammelte, eine alte englische Windmühle und das Badezimmer von Coco Chanel schienen ebenso aus der Zeit gefallen wie eine Zwölfjährige, die jedes Wort aus *Pippi Langstrumpf* kennt. Ich hatte dem ZDF vorgeschlagen, die Sendung nicht mehr so oft auszustrahlen, ich hatte meiner Frau vorgeschlagen, langsam an den Verkauf der Mühle zu denken. Sowohl die Verantwortlichen in Mainz als auch Thea wollten von einem Rückzug nichts hören, und ich gab mich schnell geschlagen. Schließlich fühlte ich mich in der barocken Umgebung durchaus wohl und hatte sie immer noch vollständig im Griff. Der Bühnenauftritt am Samstagabend mit Eurovisionsfanfare und großem Beifall schien mir ebenso zuzustehen wie mein eigener Billardsalon, den man durch die ehemaligen Türen des Orient-Express betreten konnte. Aber ich hatte mich mit Blick auf meine umfangreiche Büchersammlung schon das eine oder andere Mal gefragt, was aus diesen Schinken werden würde. Dass einer meiner Söhne irgendwann auch nur einen der über siebzig Karl-May-Bände mit dem klassischen Goldrücken aufschlagen würde, war eher unwahrscheinlich. Von der Thomas-Mann-Gesamtausgabe mit Lederrücken will ich an dieser Stelle gar nicht erst anfangen. Der große Brockhaus in der Prachtausgabe von Hundertwasser hatte sich schon seit einiger Zeit erledigt. Was meine Söhne wissen müssen, das googeln sie, und bei Hundertwasser denken sie an Sprudel. Meine erlesene Kleidersammlung wäre irgendwann von den barmherzigen Brüdern der Heilsarmee gratis entsorgt worden, und ein trauriger Penner in East L.A. hätte sich für den Gehrock geniert, den ich an jenem denkwürdigen Samstagabend im ZDF getragen hatte, an dem mir Madonna erschienen war.

Gedanken wie diese hatten mich schon des Öfteren angeflogen, aber wenn ich dann in der Novembersonne am Pool dem Rauschen des eigenen Wasserfalles lauschte, hatte ich doch stets das Gefühl, dass ich alles richtig gemacht hatte und dass ich nirgendwo anders hingehörte als auf dieses unwirkliche kleine Archipel jenseits der Wirklichkeit.

Ich hatte nicht mit so viel Anteilnahme gerechnet. Wem in Malibu die Hütte abbrennt, dem begegnet man in Deutschland mit begrenztem Mitgefühl. Hatte ich zumindest erwartet. Im Frankenwald brennt es selten, und wer sich in die ewige Sonne Kaliforniens zurückzieht, dem trocknet nicht nur das Hirn aus, dem brennt halt irgendwann auch das Haus ab, das eh die Deutschen mit ihren Fernsehgebühren bezahlt haben. Von dieser Haltung war jedoch nichts zu spüren. Die hiesige Klatschpresse hatte zwar die Fotos von der Brandstelle eher als ich, und als ich sie sah, verflogen letzte Zweifel. Das waren tatsächlich die Überreste meiner Existenz der letzten fünfundzwanzig Jahre. Im privaten Kreis waren vor allem die wenigen Bekannten entsetzt, die uns in der Mühle besucht hatten. Sie wussten, mit welcher Inbrunst meine Frau dort aus der ganzen Welt Dinge zusammengetragen hatte, die man ganz sicher nicht in einem schwedischen Möbelhaus findet. Für Liebhaber eines minimalistischen Einrichtungsstils war unser Zuhause die Hölle pur. Wer in seinem weißen

Hamburger Loft schon einen Eames-Chair als Zugeständnis an nostalgischen Schwulst begreift, der konnte sich nach einer Hausbesichtigung bei uns gleich vom Wassserturm der Windmühle stürzen, dessen technische Sinnlosigkeit sich gerade erst bewiesen hatte.

Bei den vereinzelten Fans, die ich im Kunst- und Literaturbereich habe, hatte ich aber heimtückisch einen ganz besonderen Verlust laut beklagt: Mir war tatsächlich eine Handschrift von Rainer Maria Rilke verglüht, die gerahmt in der Eingangshalle neben einem Ölschinken hing, auf dem Salome das abgeschlagene Haupt des Johannes schwenkte. Dem weinte ich keine Träne hinterher, aber der Rilke traf mich schwer. Ihn hatte ich nicht auf dem Radar, als der Hausmeister anrief und noch hätte retten können, was zu retten war. Die Patek Philippe fiel mir ein, der Rilke nicht. Das ärgert mich. Ich hatte den »Panther« von dem Berliner Filmproduzenten Horst Wendlandt ohne ersichtlichen Grund geschenkt bekommen. Eine großzügige Geste, die mich damals sehr berührte. Vor allem wegen der zweiten Seite. Auf der linken stand das Gedicht, an dem Rilke mit Tinte und in schwer lesbarem Sütterlin noch einige Worte durch andere ersetzt hatte, und die andere Seite war ein Brief, in welchem er im Sommer 1902 das Gedicht einer Verehrerin zukommen ließ. Er erwähnte, dass es »... schon die eine oder andere Abschrift« davon gäbe »... aber Du vor allem hättest es haben sollen«, und dann schwurbelt der große Rainer Maria Rilke, dass er dieser Frau gerne einen Hund geschenkt hätte, mit dem er dann, gemeinsam mit ihr »... durch Gärten« streifen wolle, aber »... ich bin arm«. Kein Hund, keine Gärten. Das sah schon sehr danach aus, als wollte der mittellose Poet damit einer wohlhabenden Dame die Idee einflüstern, dass er mit seiner Kohle etwas knapp war, sie hingegen genügend davon hatte.

Ob und wie sie ihm geantwortet hat, entzieht sich meiner Kenntnis, aber dieser winzige, exklusive Blick in den Kopf eines literarischen Genies, das ich hoch verehre, hat mir immer viel bedeutet. Er hat zum wiederholten Male eine Erkenntnis bestätigt, die ich als Leitmotiv durch mein Leben schleife: Es reduziert sich alles auf das Menschliche. Dieser Maxime folgend, hatte ich natürlich beschlossen, sofort zurück nach Kalifornien zu fliegen, um den Schicksalsschlag mit meiner Frau gemeinsam zu meistern und das zu tun, was ich am besten kann: eine beschissene Lage schönzumoderieren.

Thea war inzwischen im Haus von Wolfgang Petersen untergekommen, der sich seit seinem Hollywooderfolg *In the Line of Fire* mit diesen Dingen auskennt. Seine Frau Maria ist eine große Tierfreundin und teilt mit meiner die Liebe zu Katzen im Allgemeinen und zu unseren beiden Maine Coon im Besonderen. Ihr Gästehaus ist bereits entsprechend ausgerüstet, und ich hätte die ohnehin schon von der Flucht leicht verstörten Sensibelchen Pearly und Lucy nur noch weiter aus dem Konzept gebracht. Deshalb fand meine Frau die Idee mit meinem psychologischen Betreuungsangebot nicht so toll. Ihre Windmühle war weg, daran konnte auch ihr Windbeutel nichts mehr ändern. Also arbeitete ich weiter meinen deutschen Terminkalender ab.

Die italienische Diva Sophia Loren suchte gerade einen Walker für ihren Besuch beim deutschen Fernsehpreis Bambi, und ich hatte mich unentgeltlich zur Verfügung gestellt. An meinem Arm schritt sie, schön und aufrecht wie immer, über den roten Teppich. In das übliche Geschrei der Fotografen mischten sich die Rufe einzelner Klatschjournalisten. »Thommy, baust du wieder auf?« und »Bleibst du in Malibu?« waren die am häufigsten gestellten Fragen. Das mit dem Wiederaufbau ist natürlich Quatsch, die Windmühle war dreimal so alt wie Sophia Loren und ebenso wie sie ein Einzelstück. Ich klammerte mich also stumm grinsend an die italienische Filmlegende, und die klammerte zurück. Als Doppel erschienen wir auch auf der Bühne, und als ich Sophia vor Publikum und Kameras interviewte, versagte, wie zu meinen besten Fernsehzeiten, prompt die Technik des Dolmetschers. Das führte zu einem lustigen, aber inhaltsleeren Dialog, wie man ihn von mir kennt. Ich gab ein paar Brocken Spanisch zum Besten, ein Zuschauer, der offensichtlich Italienisch konnte, sprang aus seinem Sitz und wollte übersetzen. Die reife Diva, der man nicht ansieht, dass sie weit über achtzig ist, war von dieser Posse zu Recht verwirrt und verlor den Rest ihrer Übersicht. Immer noch ineinander verhakt, zerrten wir uns gegenseitig wieder von der Bühne, worauf Heino Ferch, der als nächster Laudator an der Reihe war, mich wieder auf dieselbe zurückrief. Mit Blick auf meinen älteren siamesischen Zwilling, mit dem ich mittlerweile am Ellenbogen zusammengewachsen war, fragte ich aus dem Off: »Mit oder ohne?« Man wollte mich ohne, und ich habe die Loren seitdem nicht mehr gesehen. Ich hoffe, es geht ihr gut.

Im Scheinwerferlicht kam eine sehr viel jüngere, nicht minder schöne Frau auf mich zugeeilt, und ich glaubte die hübsche Sängerin Fergie von den Black Eyed Peas in ihr zu erkennen. Als die Beauty anfing zu reden, merkte ich, dass sie es nicht war, aber hatte immer noch keinen Schimmer, mit wem ich es hier zu tun hatte. Die Redaktion des Bambi hatte die rührende Idee gehabt, wenigstens eine der in Malibu geschmolzenen Trophäen gegen ein neues Modell auszutauschen. Inzwischen dämmerte mir auch, dass es sich bei der Schönheit um Liv Tyler handelte, die im Kinohit *Herr der Ringe* als Prinzessin unterwegs war. In meinem Hirn war sie ebenfalls als Königstochter abgeheftet, aber der Vater war mir näher als sein Kind. Steven Tyler ist der Frontmann der amerikanischen Rockband Aerosmith, deren Gesamtwerk ich fast so schätze wie das von Rainer Maria Rilke. Ich stammelte deswegen hocherfreut, aber im Moment gerade nicht passend: »Ich kenne deinen Vater …«

Es gibt Menschen, die das schauspielerische Talent der Tochter infrage stellen. Ich wurde eines Besseren belehrt. Liv Tyler hatte mich noch nie in ihrem Leben gesehen, aber beklagte den Brandschaden mit solcher Inbrunst, dass ein Großteil des Publikums den Eindruck haben musste, sie wäre mindestens einmal pro Woche dort bei uns zum Frühstück gewesen. Sie übergab mir das Ersatzreh mit feuchten Augen, und ich hatte den Eindruck, dass ich ihr wirklich leidtat. So weit hatte ich es also gebracht. Anlässlich von Preisverleihungen für mein »Lebenswerk« durfte ich mir bereits mehrfach meinen eigenen Nachruf anhören. Aber das war der erste Preis, den man mir aus Mitleid überreichte.

Es ließ sich nicht länger vermeiden, ich musste meinem Schicksal ins Auge sehen, oder passender ausgedrückt: mir die Asche aufs Haupt streuen. Im Flieger nach L.A. waren die Stewardessen besonders zuvorkommend. Der Chefsteward kondolierte zum Rilke, und der Kapitän wollte wissen, ob ich gut versichert sei. Das wusste ich, ehrlich gesagt, zu diesem Zeitpunkt selber nicht ganz genau. Man hatte mir zwar mittlerweile bestätigt, dass ich versichert war, aber wie gut, das musste sich erst herausstellen. Zu diesem Zwecke verabredete ich mich mit zwei Vertretern der Feuerversicherung direkt an der Brandstelle. Ich fuhr die gleiche Strecke wie die letzten zwanzig Jahre, und in meinem Kopf lief der gleiche Film ab, den ich in diesem Zeitraum immer gesehen hatte: erst die Abzweigung vom Pacific Coast Highway, die viele Gäste verpasst hatten, wenn sie mich zum ersten Mal besuchten, und dann den leichten Hügel abwärts in den üppig zugewachsenen Canyon. Von da aus sah man bereits den weißen Turm der Mühle mit dem weit ausgreifenden Windrad. Ich sah ihn auch diesmal, weil ich ihn sehen wollte. Aber nur in dem Film, der in meinem Kopf lief. In der Wirklichkeit klaffte da eine Lücke, die sich nie wieder schließen würde.

Die einzelne kalifornische Palme, die neben dem Monument einer vergangenen europäischen Tradition immer am falschen Platz stand, hatte dem Feuer ihre Krone geopfert und reckte sich nun wie ein einsamer Bleistift verloren in den strahlend blauen Himmel. Alles war wie immer in Malibu, nur unser Zuhause war weg.

Die kalifornischen Buschfeuer kennen keine Logik. Als würde ein Irrer die Regie führen, legen sie ein Haus in Asche, um das nächste zu verschonen. Diese riesigen Brände erzeugen ihr eigenes Wetter, sagt die Feuerwehr. Der Santa-Ana-Wind bläst eine Minute wie ein Orkan, um in der nächsten völlig einzuschlafen, bevor er sich wieder erhebt, um die Glut erneut vor sich herzutreiben. Keiner weiß genau, wie diese Feuer entstehen. Mal sind es idiotische Camper, die sich ihr Würstchen grillen, mal zündelnde Kinder. Es gibt auch Fälle, wo keiner was dafür kann: Raubvögel lassen sich auf einer defekten elektrischen Leitung nieder und stürzen brennend wie eine Fackel ins trockene Gras. Der Anlass ist lächerlich unspektakulär, ein Funke, ein Flämmchen. Das Ergebnis sind Milliardenschäden und menschliche Tragödien.

In Malibu leben viele Menschen, deren Vorfahren dort für wenig Geld unscheinbare Häuschen erworben haben, in denen ihre Nachkommen immer noch leben. In unserem Canyon wohnt ein alter »Cabinet Maker«, der mit seinem Pick-up-Truck immer noch die Schränkchen ausliefert, die er in seiner Werkstatt zusammenzimmert. Einigen Hippies, die in den Sechzigern zum Surfen und Kiffen nach Malibu gekommen waren, gefällt es dort nach wie vor. Sie schlurfen in Latzhosen durch den Supermarkt und haben nie das Peacezeichen von ihrem VW-Bus gepult. Auf Sylt ist die Millionärsdichte sicher höher als entlang des Pacific Coast Highway. Und wenn es brennt, rückt die Community zusammen. Die Fußpflegerin umarmt mich jetzt immer, bevor sie mir an die Zehennägel geht, und in der chemischen Reinigung gab es die Klamotten gratis zurück, die dort den Brand überlebt hatten. Natürlich waren es die falschen, die richtigen waren verkohlt.

Die beiden Herren von der Versicherung trugen als Dienstkleidung T-Shirts mit dem Aufdruck ihres Arbeitgebers und erinnerten mich an Bestattungsunternehmer. Die Hemden waren bekleckert, der Gesichtsausdruck belämmert. Sie hatten seit Tagen nichts anderes gehört als Klagen. Die Amerikanerin neigt im Katastrophenfall zur Hysterie, der Amerikaner zur Übertreibung. Die beiden Kerle stapften kurz mit diesem unvermeidlichen gelben Schreibblock, der sich »legal pad« nennt, durch die Trümmer und waren sich schnell einig: »a total loss!« Sie hatten schon genügend weinende Frauen respektvoll getröstet und hatten entsprechend viele Männer auf ihrer Liste, deren Klavier plötzlich aus Gold und deren Schreibtisch aus Platin gewesen war. An mich würden sie sich wohl kaum erinnern. Sie wussten nichts von Baggerwetten und Gummibärchen. Von dem Haus, aus dem vor nicht allzu langer Zeit erst Pierce Brosnan ausgezogen war, stand auch nichts mehr, und seine James-Bond-Filme hatten sie bestimmt gesehen. Deshalb erschien es mir wichtig, bei ihnen einen Eindruck zu hinterlassen, unter dem sie sich an mich erinnern würden, wenn ich auf ihrer langen Liste an der Reihe war.

Ich machte also auf cool und fragte sie, ob mir denn als Geschädigtem auch so ein schickes T-Shirt, wie sie es gerade trugen, zustehen würde. Das hat sie erkennbar gefreut, und sie erklärten mir ausführlich die Geschäftsregeln: Mir stünden im, ja bereits bestätigten, Falle eines »total losses« drei Versicherungssummen zu: mit »dwelling« meinten sie das Gebäude an sich, »contents« wäre alles, was beim Schütteln des Hauses herausgefallen wäre, und »art« war das, was an der Wand hing.

Weil die beiden den Rilke sicher nicht kannten, faselte ich was von meinem »Warhol«. Den kannten sie. Andy Warhol hatte zu Zeiten des Erbauers eine Ausstellung seiner »New York Factory« in der Mühle veranstaltet und hatte aus diesem Anlass auf eines seiner Mickey-Mouse-Poster die Windmühle erkennbar an den Rand gekritzelt und das Ganze mit einem kurzen persönlichen Dank unterschrieben. Und alles, was Warhol unterschrieben hat, muss heute mindestens eine Million Dollar wert sein.

Die Herren von der Versicherung wiegten zurückhaltend die Köpfe, es war Zeit, den weltberühmten deutschen Humor aus dem Hut zu ziehen. Die Frage war rein theoretisch, und der liebe Gott hat es ja zum Glück verhindert, aber wenn denn meine Schwiegermutter – god forbid! – noch im Haus gewesen wäre: Fiele das dann unter »contents« oder »art«? Ich hatte den sicheren Boden der »political correctness« damit weit verlassen. Eine falsche Antwort könnte eventuell eine Klage wegen seelischer Grausamkeit zur Folge haben, und scherzen würde man über so was ja sicher nicht. Die hatten keine Ahnung vom deutschen Humor.

Immerhin, die Sache hat gewirkt. Die Herren haben mich nicht vergessen, denn die Kohle ist inzwischen auf einem Festgeldkonto. Nicht so viel, wie ich gehofft hatte, aber mehr, als mir Leonardo DiCaprio mal spontan für das Haus geboten hatte, als ich es noch auf keinen Fall verkaufen wollte. Das macht es leichter, aber bringt mir meinen Rilke nicht zurück und meiner Frau keinen ihrer Hüte. Um den Rilke tut es mir wirklich leid.

EVERLASTING LOVE

Love Affair

Irgendwo habe ich mal gelesen, dass in keinem Bereich der Literatur so viel gelogen wird wie bei Autobiographien. Dem Verdacht, Literatur zu erzeugen, war ich sowieso nie ausgesetzt, und als ich in *Herbstblond* meine Lebensgeschichte erzählt habe, bin ich so nahe wie möglich an der Wahrheit geblieben, ohne mir dabei unnötig zu schaden. Das konnte ja nun wirklich keiner von mir verlangen.

In beruflichen Dingen ist mir vieles geglückt, sodass ich heute auf eine herbstbunte Karriere zurückblicken kann. Es »bunt getrieben« zu haben ist die unsympathische Art älterer Männer, sich an ein Liebesleben zu erinnern, das selten so stattgefunden hat und wenn, dann klingt das zumindest unappetitlich. Ich bin in dieser Beziehung ohnehin ein bisschen verklemmt und fand das brünftige Geröhre selbstverliebter Platzhirsche, die ihre amourösen Abenteuer öffentlich zum Besten gaben, immer peinlich. Ich habe mich auch stets gewunden, wenn mich die Sirenen der Klatschpresse dazu überreden wollten, mein privates Glück mit einer »schönen Fotostrecke« zu dokumentieren. Die herzerwärmenden Geschichten dazu hätte ich natürlich liefern können, notfalls hätte man auch welche erfunden. Liebesglück läuft als Thema für den Boulevard immer. Damals wie heute.

Ich erinnere mich an die Zeit, in der noch einige wenige Platzhirsche stellvertretend für den deutschen Durchschnittsmann amourös unterwegs waren. Curd Jürgens und Gunter Sachs lebten und liebten mal in Saint-Tropez oder Sankt Moritz, sie gestalteten den Ortswechsel auf Jachten oder im Rolls-Royce und ernährten sich ausschließlich von Kaviar und Champagner. Das waren die Projektionsflächen für alle, die sich gerade mal einen VW-Käfer leisten konnten, in dem sie die Leberwurstbrote futterten, die ihre Frau am Morgen im Bademantel geschmiert und in die Brotzeitbüchse gepackt hatte. Deren Liebesleben fand statistisch eineinhalbmal pro Woche statt, und geredet wurde darüber gar nicht, auch weil es nicht der Rede wert war.

Heute breitet jeder, der es für RTL in den Dschungel schafft, seine klebrigen Lovestorys öffentlich aus. Es gibt sie natürlich noch, die massentauglichen Glücksfälle. Das Glück ist dabei meistens ein kurzes. Kaum hat man den Anfang der Lovestory erzählt, schon ist sie zu Ende. Ich bin weder der Fanclubvorsitzende von Helene Fischer noch der von Florian Silbereisen, meinen Respekt haben sie trotzdem, denn die beiden haben von Beginn bis zum Ende ihrer Beziehung im medialen Bereich alles richtig gemacht. Trotzdem hatte ich immer ein ungutes Gefühl, wenn ich die beiden lachend und singend in einer Gazette über blühende Almwiesen tanzen sah. Ähnliche Zweifel hatten mich schon bei Claudia Schiffer und ihrem Zauberkünstler David Copperfield beschlichen. Beide Beziehungen gingen mich nichts an, trotzdem hatten sie was Faszinierendes. Zu schön, um wahr zu sein.

Das Ende des Alpenglühens bei Helene und Florian hat mich dann gleichermaßen verstört und beruhigt. Genervt hat mich die immer noch funktionierende Erzählfolge in den Medien.

Erst die bittere Nachricht: Es! Ist! Aus! Dann die psychologische Aufarbeitung durch das entsprechende Fachpersonal. Zwei Alphatiere, deren Welten auseinandergedriftet sind, im Erfolg hat man sich verloren. Neu ist allerdings die Mitwirkung der Betroffenen, auch wenn sie über Anwälte und Publizisten darum bitten, von den Medien in Ruhe gelassen zu werden, und sich auf ihre Privatsphäre berufen. Über die eigenen Social-Media-Kanäle versichert man seinen Followern allerdings gleichzeitig, weiterhin ein kameradschaftliches Miteinander pflegen zu wollen, es gibt selbstverständlich weitere gemeinsame Pläne, und man vermittelt den tief empfundenen Dank an alle Fans, die das getrennte Paar nicht fallen lassen, sondern bitte den beiden Einzelkämpfern nun getrennt in den Kampf um Downloads, Einschaltquoten und Klicks folgen sollen.

Die Chefredakteure der Frauenzeitungen knirschen mit den Zähnen, ihre Deutungshoheit wurde genauso ausgehebelt wie die Exklusivität von Paparazzifotos der Verlassenen und Verzweifelten, die stellen nun eigene Fotos der glücklichen Trennung ins Netz. Man rächt sich mit den üblichen Nachfolgestorys. Die verlassene Ex ist immer eine schöne Geschichte, und meistens braucht sie in ihrer Not auch ein bisschen Kohle. Im Glücksfall von Helene Fischer, die ja von einem Luftakrobaten aufgefangen wurde, setzt sich die Exfreundin des Turners auch noch auf den Bahnsteig und lässt sich mit ihren Koffern fotografieren, bevor sie in den Zug nach Nirgendwo steigt. Solche Fotos will keiner der Betroffenen sehen, aber sie bleiben einem nicht erspart. Dann folgt noch verbindlich der »Streit ums Geld«, der entweder »bitter« oder »gnadenlos« zu sein hat.

Das war's dann meistens schon, und das ist auch die erfreuliche Seite der neuen Entwicklung. Das Schlachtfest wird zügig durchgezogen, denn die Aufmerksamkeitsspanne des Publikums wird immer kürzer. Als der Talkkönigin Sabine Christiansen von der Entertainerin Ulla Kock am Brink der Mann ausgespannt wurde, erregte das die *Bild*-Zeitung über mehrere Wochen. Die sehr viel spektakulärere Trennung von Helene und Florian schaffte es nur ein paar Tage auf die Titelseite und wurde dann sofort an die ewig raunenden Klatschblätter durchgereicht, die allesamt auch schon bessere Zeiten gesehen haben.

Ich muss zugeben, dass mich die Angst, derart öffentlich verwurstet zu werden, zeit meines Promilebens immer verfolgt hat. Ob solche Geschichten dann wahr, halb wahr oder erfunden sind, spielt am Ende keine Rolle mehr. Ich habe keine Ahnung, was am Fall Kachelmann nun wahr oder Fiktion ist, ich sehe nur einen Mann, der freigesprochen wurde, aber dessen Namen oder Arbeit man kaum noch ohne entsprechende Assoziationen zur Kenntnis nehmen kann. Selbst für einen Komiker wie Karl Dall war irgendwann Schluss mit lustig. Im besten Fall war er nicht nur trief-, sondern auch blauäugig, als er nächtens irgendwo eine Frau in sein Zimmer einlud. Irgendetwas bleibt immer hängen – »aliquid semper haeret« stand schon in meinem Lateinbuch, und das hab ich mir genauso zu Herzen genommen wie das »Quidquid agis ...«: Was du auch tust, handle klug und bedenke das Ende.

Ich habe nie damit gerechnet, selbst in die Verlegenheit zu kommen, das Ende meiner Beziehung erleben und auch noch kommentieren zu müssen. Jeder, der eine solche Trennung hinter sich hat, weiß, dass einem so was an die Nieren geht und dass das Letzte, was man dabei braucht, der neugierige Blick der Medien ist. Die Gewohnheit, bei allem, was man tut, beobachtet zu werden, hilft einem in solchen Momenten wenig. Man durchlebt solche Lebensphasen mit den exakt gleichen Gefühlen wie Menschen, deren Leben sich nicht in der Öffentlichkeit abspielt. Sie sind für mich ebenso schmerzhaft, peinlich und schwer zu beschreiben wie für jeden anderen, der sie durchlebt hat. Und das sind viele.

In diesem Buch geht es aber darum, Ihnen die Wahrheiten meines Lebens nicht vorzuenthalten, ohne mir selbst dabei mehr als nötig zu schaden. Ich bin mir dieses Dilemmas durchaus bewusst und strebe folgenden Ausweg an: In meinem Leben habe ich mit Fremden und Freunden, Geschwistern und Söhnen, Männern und Frauen immer gern über Beziehungsfragen gesprochen. Betrachten Sie dieses Kapitel also bitte nicht nur als die Summe meiner persönlichen Erfahrungen, sondern auch als meine gesammelten Erkenntnisse in diesem Bereich. Ich bin in einem Alter, in dem mir nichts Menschliches mehr fremd ist, was den Umgang mit dem anderen Geschlecht betrifft. Mit dem eigenen kann ich nicht dienen. Der einzige Mann, den ich auf den Mund geküsst habe, war mein Vater.

Als Teenager habe ich erregt an parfümierten Liebesbriefen geschnüffelt. Der Duft war meistens bereits verflogen, wenn ich sie aus dem Briefkasten zog. Das war romantisch, aber langwierig und harmlos. Der erotische Bereich wurde sehr vorsichtig erforscht, Petting nannte man das damals, und die Erkundungsreisen führten nicht sehr weit. In meinem Falle waren sie eher etwas zittrig und überängstlich. Heute muss ich damit leben, dass meinem Nachwuchs in den sozialen Netzwerken intime Fragen beantwortet werden, die ich niemals im Leben zu stellen gewagt hätte.

Aber auch ich habe dazugelernt, auf dem zweiten Bildungsweg sozusagen. Inzwischen weiß ich, was läuft, denke aber gar nicht daran, alles zu enthüllen, was bei mir gelaufen ist. Dem interessierten Leser rate ich dazu, alles, was ich über die Beziehung zwischen Frau und Mann, Ehe und Partnerschaft im Folgenden von mir gebe, als die Essenz dessen zu betrachten, was ich gehört und gesehen, gelesen und erlebt habe. Wenn Sie unbedingt meine Person hinter dem Geschriebenen identifizieren wollen, empfehle ich folgendes Vorgehen: Erwarten Sie von mir nur das Beste, aber trauen Sie mir das Schlimmste zu. So habe ich es immer selbst mit mir in diesen Dingen gehalten.

Meine Biographie, die jeder bei Wikipedia nachlesen kann, lässt mir zeitlich ohnehin wenig offiziellen Spielraum für ausgedehnte Forschungsreisen in Sachen Sex und Liebe. Ich war siebenundzwanzig, als ich geheiratet habe, und zweiundzwanzig, als ich meine Frau kennengelernt habe. Mit achtundsechzig war ich immer noch verheiratet und bin erst auf den letzten Metern aus der Kurve geflogen. Dazu später mehr.

Irgendwie hatte ich die Langstrecke bis zu diesem Zeitpunkt hinbekommen. Man hätte erwarten können, dass so ein Beispiel Schule macht und ich, mit erhobenem Zeigefinger, meinem Nachwuchs dieses Modell zumindest eindringlich ans Herz gelegt hätte. Hab ich nicht, und es hätte auch nichts gebracht. Einer meiner Söhne ist bereits geschieden, nachdem er mich im zarten Alter von zwanzig Jahren entgegen meinem ausdrücklichen Wunsch zum Großvater gemacht hatte.

Aber lassen Sie mich von vorne beginnen. Mein Vater wurde 1902, also in grauer Vorzeit, geboren. Meine Mutter 1921, der Altersunterschied von neunzehn Jahren erschien mir immer gewaltig. Er hat meine Eltern wohl nie besonders gestört. Die tragische Tatsache, dass mein Vater bereits mit zweiundsechzig starb, hat zumindest verhindert, dass meine Mutter irgendwann einen Greis zu Hause sitzen hatte. Sie selbst wiederum, Witwe mit Anfang vierzig, hat nach dem Tode ihres Mannes nie wieder eine Beziehung gehabt. Ich hätte das bemerkt, denn ich habe immer im Stillen darauf gehofft, dass mir irgendein Kerl den Stress abnehmen würde, der einzige Mann im Leben meiner Mutter zu sein, der nicht flüchten konnte, wenn es brenzlig wurde.

Wie sie ohne Mann sexuell klarkam, war für mich kein Thema. Erstens hat es mich nicht interessiert, zweitens ging es mich nichts an, und drittens wurde über so was in einem frommen Haus wie dem unseren nie gesprochen. Die Tatsache, dass sie überhaupt Sex miteinander hatten, erschien mir ohnehin sehr weit hergeholt. Ich hatte als Ministrant frühzeitig an das Konzept der unbefleckten Empfängnis zu glauben, die mir auch in diesem Falle die beste Lösung zu sein schien. Meine Schwester muss gezeugt worden sein, als mein Vater sich bereits im biblischen Alter von achtundfünfzig Jahren befand. Hier war Urvater Abraham aus dem Alten Testament offensichtlich das leuchtende Vorbild, mir war das Ganze damals etwas peinlich.

Meine Mutter war wohl auch keine Zierde der frühen Emanzipationsbewegung, sie sah sich ganz in der Tradition der hingebungsvollen Ehefrau, die alles, was der »Vati« als gut und richtig empfand, auch für sich als das Maß aller Dinge akzeptierte. Er war offensichtlich nicht ganz so unbedarft, zumindest musste ich auf dem Kulmbacher Standesamt beim Abholen seiner Sterbeurkunde die Frage beantworten, ob es Kinder aus der ersten Ehe gegeben hatte. Ich wusste weder was von Kindern noch von einer ersten Ehe. Meiner Mutter war die entsprechende Nachfrage etwas peinlich, sie wollte nicht, dass irgendein Schatten auf den Mann ihres Lebens fiel. Offensichtlich hatte mein Vater als junger Rechtsanwalt eine gut laufende Kanzlei in Breslau zusammen mit der schon etwas schlechter laufenden älteren Inhaberin geheiratet. Aber dann kam der Krieg, und dann kam meine Mutter, das junge Gänschen mit der weißen Haube einer Lazarettschwester.

Ich habe weder meinen Vater noch meine Mutter jemals nackt gesehen, nur einmal mussten mein Bruder und ich aus pädagogischem Grunde antreten und zuschauen, wie meine kleine Schwester gestillt wurde. Als ich mit neunzehn zur Musterung für die Bundeswehr nach Bayreuth musste, ermahnte mich meine Mutter am Vorabend durch die geschlossene Badezimmertür: »... und wasch dir dein Glied!« Ich war ziemlich erschrocken, denn ich fand es eher überflüssig, dass sie wissen musste, ob ich überhaupt eins hatte und dies auch noch auszusprechen wagte. Man kann also, ohne mir zu nahe zu treten, durchaus behaupten, dass ich etwas verklemmt aufgewachsen bin, was erotische Freiheit betrifft.

Da hat sich zu meinen Lebzeiten doch einiges geändert. Mein jüngerer Sohn wohnt in New York und ist mittlerweile Ende zwanzig. Schlimm genug, was er dort erlebt, ich weiß aber nicht, ob ich dankbar oder verzweifelt darüber sein soll, dass er es mir auch noch erzählt. »Too much information ...«, sagt der Amerikaner, kurz bevor er sich die Ohren zuhält.

Warum geht diese Generation so offen und flexibel mit einem Thema um, das ich eher verdruckst und ängstlich angehe? Von mir hat er's nicht. Ich war mir so lange sicher, dass ich in diesem Bereich alles richtig mache, indem ich das imitierte, was meine Eltern mir vorgelebt haben.

»Was Gott verbunden hat, das soll der Mensch nicht trennen« und das gnadenlose »... bis dass der Tod euch scheidet«

habe ich als Ministrant bei unzähligen Hochzeiten schon im Knabenalter für den richtigen und einzigen Weg gehalten, ohne ihn jemals infrage zu stellen. Meine Internistin hat mir zwar erklärt, dass diese Denkungsart nur in einer Zeit funktionieren konnte, in welcher Tod das grausame Spiel wesentlich früher beendete als zu unserer Zeit. Ein Ehepaar in früheren Zeiten brachte es selten auf die gemeinsamen siebenundvierzig Jahre, die Thea und ich miteinander durchs Leben gingen. Ich hatte mich aber durchaus auf die Langstrecke eingestellt und bin sie dann ja auch gegangen. Selten war ich unglücklich dabei, was aber auch daran liegen kann, dass ich insgesamt nicht dazu neige, unglücklich zu sein.

Es gibt unterschiedliche Arten von Männern, was wohl keine besonders hellsichtige Erkenntnis ist. Die eine Spezies schaut gerne und neugierig auf die andere, jenseits des Zaunes, ist aber selten in der Lage, ihr dorthin zu folgen. Ich kenne Kerle, deren größtes Glück es ist, sich immer wieder neu zu verlieben. Sie taumeln von Rausch zu Rausch, sind sich nicht zu schade, das eher feminine Bild von »Schmetterlingen im Bauch« immer wieder aufs Neue zu bemühen, und man muss Herbert Grönemeyer ewig dafür dankbar sein, dass er die Idee mit den Flugzeugen hatte. Da klingt wenigstens etwas von Ingenieurskunst und Hochgeschwindigkeit mit. Die zarte, romantische Seite der Angelegenheit wird dabei etwas grummelig in ein Terrain befördert, auf dem Mann sich auskennt und eher zu Hause fühlt.

Ich habe mich sehr früh – und vielleicht zu früh – auf die altlateinische Position des »pater familias« zurückgezogen. Der »gute Hirte«, der ständig dafür sorgt, dass ihm keines seiner Schäfchen verloren geht, war eine Position, auf der ich mich immer wohlgefühlt habe. Ich habe mich um die Zahnspangen meiner Kinder gekümmert, mir den Bankautomatencode meiner Frau gemerkt, weil sie ihn dauernd vergessen hat, und habe den Muttertag für wesentlich wichtiger gehalten als den Valentinstag. Das mag auch daran gelegen haben, dass ich zum Muttertag schon als Kind Gedichte auswendig gelernt habe, die ich meiner Mutter dann auch noch in schriftlicher Form, verziert mit einer bunten Borte, an ihrem Festtag feierlich überreicht habe. Der Valentinstag wurde von der Deutschen Interessenvertretung für Schnittblumen erst von den Amerikanern übernommen, als ich bereits im besten Mannesalter war und runde Ehejubiläen feierte. Zudem habe ich es immer vermieden, im Duty-free-Laden noch schnell ein paar Schnapspralinen mitzunehmen, nur weil rosa Herzchen darauf waren. Gleiches gilt für Kölnisch-Wasser-Kombos, auf denen »I love you« steht.

Viele Männer meines Alters haben damit kein Problem. Sie wussten es nie besser und haben nichts dazugelernt. Dafür haben sie einiges verpasst: Die verwunderlichen Junggesellenabschiede, bei denen mit identischen T-Shirts uniformierte Herrengruppen in Kompaniestärke Mallorca angreifen, waren zu unserer Zeit unbekannt. Es ist mir auch nicht erinnerlich, dass meine Frau vor unserer Eheschließung irgendwelche »Mädelsabende« zelebrierte, zu denen ein strippender Bodybuilder oder Briefträger engagiert wurde. Ich habe sie auf dem Medizinerball in München kennengelernt, was schon einen wesentlich erweiterten Aktionsradius bedeutet, die Mehrzahl meiner ehemaligen Klassenkollegen wurde im Umkreis von zwanzig Kilometern von Kulmbach fündig, was ihre Ehefrauen betrifft. Da kann schon rein statistisch irgendwas nicht stimmen, aber ein Großteil dieser Ehen besteht noch. Beinahe hätte ich geschrieben »funktioniert« noch, aber das wäre sicher ein bisschen zu viel der Kühnheit. Die haben alle ihre Silberhochzeit bereits vor vielen Jahren gefeiert und fragen sich – nicht immer muss von mir die Rede sein – bei jedem Jubiläum, ob denn immer gut war, was letzten Endes gut ging. Kann ja gar nicht. Aber auch ich habe meinen Söhnen das »monogame« Modell vorgelebt und war zutiefst irritiert, als der jüngere bereits nach zwei Jahren Ehe den Stecker zog.

An dieser Stelle korrigiert er mich immer und belehrt mich, ohne zu erröten, dass es seine junge Frau war, die ihn vor die Tür setzte. Auch so ein angelernter Reflex. Ich hätte es immer so gedreht, als wäre ich der Herr des Handelns gewesen. Mein Bruder doziert immer noch, wie wichtig es für einen Mann in einer Beziehung ist, die »Lufthoheit« nicht zu verlieren. Aber wie viel Spielraum bleibt einem denn in einer Partnerschaft, die einem Modell folgt, das sich überlebt zu haben scheint? Das Motto »Durchhalten um jeden Preis« kam innerhalb meiner Lebenszeit auf den Schrotthaufen, auf den es gehört. Eine Scheidung jedoch war im katholischen Dunstkreis meiner Jugend noch ein in jedem Falle zu vermeidender GAU. Und ich glaubte damals allen Ernstes noch, dass es für treue Männer an der Himmelspforte ein Fleißkärtchen geben würde. »Geschieden« war ein Prädikat, das zwischen den Zähnen hervorgezischt wurde, mit abgesenkter Lautstärke, damit die Kinder es nicht hörten. Wir haben es natürlich gehört und waren entsprechend entsetzt.

Alleinstehende Frauen waren ehrsame Witwen, zu meiner Zeit gab es noch die allgemein bedauerte »Kriegerwitwe«. Frauen, die aus eigenem Entschluss ledig waren, gab es kaum. Sie waren entweder »sitzen geblieben« oder, obwohl durchaus noch in der Blüte ihrer Jahre, »alte Jungfern«. Ein kleiner, aber durchaus nicht des Wahnsinns bezichtigter Kreis ging allen Ernstes noch »ins Kloster«.

Wer in einem solchen Denkmuster groß geworden ist, musste ja nach heutigen Maßstäben verpeilt enden. Im Gegensatz zu vielen meiner Altersgenossen rede ich mir diese Sichtweise nicht schön, sondern bin durchaus bereit, sie zu diskutieren und im Ernstfall auch aufzugeben. Trotzdem klebt sie mir wie Hundedreck an den Schuhsohlen. Einfacher ist es natürlich, das zu beklagen, was an die Stelle unseres wenn auch verkorksten, so doch vertrauten Weltbildes getreten ist.

Ich habe bereits eingestanden, dass es unsinnig ist, die Liebe seines Lebens in der gleichen Schulklasse oder der nächsten Dorfdisco zu vermuten. Aber ich wage auch zu bezweifeln, dass sie auf Tinder unterwegs ist. Das ist eine eigentlich geniale App, die nichts weiter darstellt als die Weiterentwicklung des »Computer Nr. 3«. Schlagerkundige Oldiefans werden sich an den Song von France Gall erinnern, den sie in den Sechzigern trällerte: »Der Computer Nummer drei, sucht für mich den richtigen Boy … Denn einer von vielen Millionen wartet auf mich irgendwo …« Im Zeitalter der Algorithmen ist es nicht mehr schwer, den exakt passenden Deckel für jeden Topf zu finden, egal welch toxische Brühe darin brodelt. Es ist allerdings das Schicksal dieser unglücklichen Köche beiderlei Geschlechts, dass sie die Suppe nie ganz auslöffeln, weil sie entweder nicht schmeckt oder man doch noch eine andere Geschmacksnote probieren möchte, bevor man sich gemeinsam zu Tische setzt. Unsereiner will sich rühmen, die Suppe ausgelöffelt zu haben, aber kann auch nicht behaupten, dass sie immer und zu jeder Zeit geschmeckt hat. Auch da ist meine Generation folgsam der Ansage gefolgt: Was auf den Tisch kommt, wird gegessen. Bevor wir die Küche und deren Sprachbilder verlassen: Sie haben es bereits gemerkt, ich rede bei diesem Thema etwas um den heißen Brei herum.

Lassen Sie mich deshalb die eigenen Spuren etwas verwischen und allgemeiner werden. Im Bereich zwischenmenschlicher Beziehung gibt es kein Richtig oder Falsch. Rezepte, die Ihnen geholfen haben, schlagen bei mir nicht an, jeder wurschtelt sich durch, so gut er kann, und weiß im Ernstfall dann auch nicht, wie es weitergeht. Therapeuten haben mir nur Dinge erzählt, auf die ich selbst längst gekommen war. Meine eigene Lebens- und Liebeserfahrung hat meine Söhne in diesen Fragen keinen Zentimeter weitergebracht. Dabei ist es doch ganz einfach: Es gibt nur zwei unterschiedliche Arten zu lieben. Da staunen Sie, was? Lassen Sie mich erklären, was es damit auf sich hat. Damit Sie sich das merken können, müssen wir zwar ins Englische ausweichen, dafür hilft uns die Kraft des Reimes:

Der Fachmann unterscheidet in »Mild Love« und »Wild Love«. Leider gibt es beides nicht im gleichen Bett, nur eines davon auf Dauer, und wer beides gleichzeitig will, bekommt Stress.

Und fragen Sie mich bitte nicht, was die bessere Empfehlung ist. Es gibt keine. Für die etwas Schwerfälligeren unter Ihnen hier die ausführlichere Erklärung. Wir sind uns dabei einig, dass dies nur der männliche Blickwinkel sein kann und daher automatisch nicht der richtige, was die weibliche Sichtweise betrifft. Egal, ich bin bereits in den Fettnapf getreten, jetzt werfe ich ihn auch gleich um. Jeff Lynne muss sie auch gekannt haben, denn er hat sie mit seinem Electric Light Orchestra als »Evil Woman« ausführlich besungen: Die sinnbetörende und gleichzeitig verstörende Femme fatale geistert seit Menschengedenken durch die Köpfe der Männer. Sie ist überall und begegnet uns im Alten Testament genauso wie in der bildenden Kunst und in der Literatur. Zu Zeiten meines Vaters stand sie »...unter der Laterne, vor dem großen Tor«, während meiner Pubertät hat sie es auch in die Rockmusik geschafft. Für jeden sieht sie anders aus, jeder will von ihr in einen anderen Abgrund gezogen werden. Welches Bild von ihr man auch vor Augen hat, als eines sieht man sie nicht: Als Mutter seiner Kinder. Das ist dumm, das ist verwerflich, das ist überholt. Ich weiß. Meine Frau sagt in solchen Momenten immer »... ich sag ja nur«. Und von Frauen ist ja hier die Rede.

Wild Love hat immer einen wunderbaren Anfang, dem in der Tat ein Zauber innewohnt, aber auch ein furchtbares Ende. Der Tag des Zornes und der Zähren kommt verbindlich für alle, die sich in solch eine Verstrickung begeben. Denn Wild Love ist immer aufs Ende hingedacht. Das Finale furioso ist ein verbindlicher Teil dieser Beziehungsform, die nie ein ruhiger Fluss sein kann und will. Sie hat zu jeder Zeit etwas leicht Hysterisches, steht immer auf der Kippe, lebt davon, dass sie immer gerade so überlebt, und ist eine lustvolle und beschwerliche Reise durch Höhen und Tiefen. Die Ebene kennt sie nicht. Sie kostet unendlich viel Kraft, gibt alles, wenn sie gibt, und nimmt alles, wenn sie nimmt. Es gibt Menschen, die nur in dieser Spirale leben und lieben können. Die sich zwanghaft immer an Partner binden, von denen sie ausgesaugt werden wie von einem Vampir, um dann entkräftet und geschwächt entsorgt zu werden.

Diese Beziehungen sind von großer Faszination, die Höhen und Tiefen durchlebt man mit Glücksgefühlen und Angstattacken wie eine Fahrt auf der Achterbahn. Aber danach geht's einem schlecht. Der Kreislauf wird schneller, die Auszehrung wird nach jedem Ende sichtbarer. Man bemitleidet Menschen, die in einer solchen Beziehung leben, weil sie leiden, und man beneidet sie, weil sie leben. Wer's nicht erlebt hat, wird es nie erfahren. Und auch hier weiß ich nicht, was besser ist: diese Erfahrung zu genießen und das Ende zu durchleiden oder gleich die gesunde Diät der eher gewürzlosen »Mild Love« zu sich zu nehmen.

Der Vorteil dieser Variation ist es, deren Anfang kaum genießen zu können, ihn aber auch nicht verhindern zu wollen. Auch diese Form der Liebe kommt irgendwann zu einem stillen Ende, das man aber ebenfalls nicht mit großer Gefühlswallung zur Kenntnis nehmen muss. Es gibt nämlich kaum einen spürbaren Übergang zwischen dem Ende einer dahinplätschernden Beziehung und dem Beginn der gepflegten Gleichgültigkeit, die jedem seine Welt lässt, die der andere nur noch betritt, nachdem er vorher höflich angeklopft hat. Mild Love ist das, was unsere Vorfahren mit großer Kunst gepflegt haben und was sie von Generation zu Generation als Königsweg des fruchtbaren Miteinanders an ihren Nachwuchs vererbt haben. Gottes Auftrag lautete: Wachset und mehret euch. Lust und Leidenschaft hat er dabei nicht erwähnt.

Es ist ja eine Binsenweisheit, dass Ehen, die von den Eltern gegen den Willen der Betroffenen gestiftet worden waren, oft länger gehalten haben als manch ungestüme Liebesheirat, wo nach kurzer Zeit schon die Fetzen geflogen sind. Mild Love ist eben der ruhige Fluss, der ohne Stromschnellen, Untiefen und unvorhersehbare Windungen gemächlich dahinzieht. Nichts ist überraschend, alles ist planbar. Man kann gefahrlos auf Sicht fahren, wenn mal leichte Nebel aufziehen. Das Ruder liegt ruhig in der Hand, man darf auch mal einnicken, es geht ohnehin meist geradeaus. Die Biegungen sind weit, die Strömung gibt die Richtung vor, und man kennt die Strecke. Es ist ohnehin immer die gleiche. Und es ist längst nicht mehr entscheidend für das sichere Erreichen des Zieles, ob Steuermann oder Steuerfrau auf der Kommandobrücke stehen. Wer an Bord das Sagen hat, spielt ebenfalls keine Rolle mehr, Kapitän oder Leichtmatrose. Mal ist es er, mal ist es sie, keiner ist euphorisch, keiner leidet. Beide würden behaupten, sie sind glücklich. Keiner würde sagen, er ist unfrei. Mit dem Satz von Marie von Ebner-Eschenbach: »Die glücklichen Sklaven sind die erbittertsten Feinde der Freiheit« wüssten sie nichts anzufangen.

Ich behaupte, damit hätte ich viele Langzeitverbindungen, ohne bösartig zu sein, treffend beschrieben. Ist ja auch nichts dagegen zu sagen, oder? Wenn es da nicht in der menschlichen Natur einen Haken gäbe. Von der männlichen weiß ich es verbindlich. Der Steuermann selbst des behäbigsten Großtankers träumt immer wieder mal davon, sich im kleinen Schlauchboot eine wilde Klamm hinunterzustürzen oder die wirbelnden Strudel eines reißenden Bergbaches zu bezwingen. Er träumt diesen Traum, während er in Schleichfahrt die Bojen ins Auge fasst, die ihm sichere Fahrt auf der Ideallinie zwischen den weiten Ufern garantieren.

Und seine Träume sollte man nie aufgeben, mit dem Alter hat das nichts zu tun. Ich bin herbstblond und träume herbstbunt. Was wäre, wenn sich zwischen Mild Love und Wild Love auf wundersame Weise doch der goldene Mittelweg auftut? Wenn plötzlich ein Einhorn aus dem Zauberwald tritt, schön, milde und zahm? Und dann schüttelt es die Mähne und wird zur feurigen Geliebten, die Ihnen den Kuss aufdrückt, der den hässlichen Frosch wieder zum ansehnlichen Prinzen werden lässt.

Alberne Träume einsamer alter Männer, die in der Herbstsonne dösen und wieder anfangen, an Märchen zu glauben? Vorsicht, Freunde! Das ist passiert, das kann passieren. Ihnen und mir, nicht allen. Aber Millionen spielen Lotto, weil einer hin und wieder den Jackpot knackt. Und ob das eine Sie oder ein Er ist, alt oder jung ist, dumm oder schlau, interessiert Fortuna nicht die Bohne. Und wenn der oder die Glückliche nicht sehr alt oder sehr dumm ist, dann wird er oder sie die Chance ergreifen und es der Welt noch mal zeigen.

Das gilt auch für alle, die an der Wild Love verzweifelt und bei der Mild Love eingeschlafen sind. Sogar für diejenigen, die es auf dem Strom der Mild Love so weit gebracht haben, dass sie die Einmündung ins Meer schon vor Augen haben. Wenn Sie am Ufer ein Einhorn sehen sollten, springen Sie und schwimmen Sie an Land. Egal wie tief das Wasser an dieser Stelle ist: Retten Sie sich, bevor Sie der große Ozean der Gleichgültigkeit verschluckt.

LOVE HURTS

Nazareth

Dem aufmerksamen Leser wird das Einhorn nicht entgangen sein, das ich im vorangegangenen Kapitel noch
scheu durch den stillen Tann streifen ließ. Inzwischen ist das
Fabeltier auf die stark befahrene Autobahn geraten und versucht erfolglos, sich vor den Scheinwerfern der rasenden Meute
wieder ins Dunkel zu flüchten.

Es gelingt mir deshalb nicht mehr, in verhuschten Mär-
chenbildern die Wirklichkeit zu verschwiemeln. Auch das
gehört zu den Herausforderungen eines bunten Herbstes: Farbe
bekennen. Die Aufwärmübungen für den Winter erscheinen plötzlich überflüssig, wenn noch einmal der Frühling
auszubrechen scheint. Dass dies nur eine Scheinblüte sein
kann, glaubt der Lebenserfahrene zu wissen, aber dem Schwär-
mer ist das egal. Die warme Spätsonne wird als »Indian Sum-
mer« in vielen Popsongs inbrünstig besungen und ist auch
in unseren Breiten als »Altweibersommer« ein bekanntes
Klimaphänomen. Er kommt, wenn man schon nicht mehr
mit ihm rechnet, und ist manchmal eine überraschend stabile
Wetterlage.

Aber jetzt Schluss mit Märchenstunden und Wetterverglei-
chen. Im Klartext: Mir ist etwas passiert, das mich ziemlich
aus der Bahn geworfen hat und was ich mit meinem Traum

von einem bunten Herbst selbst heraufbeschworen habe. Ich habe mich noch einmal verliebt.

Das hat nicht nur die Redakteurinnen diverser Frauenzeitungen auf die Palme gebracht, sondern auch mich und vor allem meine Frau. Zum Auslöser dieser späten Hormonwallung kommen wir noch. Ich kann mich ja schlecht als deren Opfer beschreiben. Aber wenn man seine Gefühlswelt in langen Jahren geordnet hat, mit sich im Reinen zu sein scheint und glaubt, man hat das erreicht, was so schön mit »innerem Frieden« bezeichnet wird, ist man noch keineswegs in der Sicherheitszone, in der man sich wähnt.

Ich kann an dieser Stelle nicht mehr so tun, als ginge es nicht um mich, aber ich kenne viele Männer, die nicht nur in meinem Alter, sondern auch in meiner Lage sind: Es fehlt ihnen weder an Geld noch an Anerkennung, die Kinder machen nicht mehr das, was man von ihnen will, sondern völlig zu Recht das, was sie selber wollen. Die eheliche Langzeitverbindung wird nach außen zum Beweis eines geglückten Lebens, und nach innen ist sie die Versicherung des Berechenbaren. Dieses Gerüst ist sinnvoll, belastbar und trägt viele Menschen verlässlich über die letzte Phase ihres Lebens. Ich habe dies auch so gesehen und habe mich wie der kluge Mann gefühlt, der das Casino mit seiner Beute durch die Hintertür verlassen hat, als es für ihn nichts mehr zu gewinnen gab. Den Slogan »Neues Spiel, neues Glück« hielt ich für die unverschämte Anmache einer unseriösen Glücksspielindustrie. Meine Umgebung bestärkte mich in dem Gefühl, »es hinter mir zu haben«, meine Finanzlage bestätigte mich in dem Gefühl, es gut gemacht zu haben. In meiner Altersgruppe stimmte man eher Karl Lagerfeld zu, der damals noch lebte und davon überzeugt war, dass »Sex etwas für junge Leute« sei.

Dass ich trotzdem auf dumme Gedanken kommen könnte, versuchte eine gute Freundin damit zu verhindern, dass sie mir zum vermeintlich richtigen Zeitpunkt Winston Churchills kleines Bändchen *Vom Lesen und Malen* schenkte. Mit einiger Penetranz beschreibt der englische Staatsmann und Universalgelehrte in diesem Essay, wie viel spätes Glück ihm der späte Griff zum Pinsel beschert hatte. Er hatte erst mit vierzig den Weg in die Malerei gefunden, in einem Alter, in dem ich noch in bunten Klamotten zu rockiger Musik hinter dem Plattenteller herumhüpfte. In diesem Buch tut er so, als habe er angesichts der Seerosen vor seiner Malpalette endlich den »aequus animus« gefunden, der mir schon mit vierzehn im Lateinbuch begegnet ist und mir schon damals wurscht war, jener Gleichmut, der einem älteren Herrn das Wichtigste im Leben sein sollte. Ich habe Churchill diese Entrücktheit schon beim Lesen nicht abgenommen und konnte zwischen dem bulligen Machtmenschen und mir auch keine sonstigen Parallelen entdecken. Weder ist es absehbar, dass ich noch einen Krieg gewinnen werde, noch ist zu befürchten, dass man mir den Literaturnobelpreis aufdrängen wird.

Allerdings besitze ich genau so einen Zylinder, wie Churchill ihn gerne aufgesetzt hat. Slash von der Rockgruppe Guns N' Roses hat ihn auch. Und ich rauche durchaus auch mal eine Zigarre, wenn die Gelegenheit sich bietet. Das war's dann aber schon an Übereinstimmungen. Die stille Erkenntnis des englischen Politikers »Glücklich sind die Maler, denn sie sind niemals einsam« war für mich bedeutungslos, denn alleine hab ich mich in meinem Leben nie gefühlt. Die ruhigen Minuten neben meiner Frau waren ganz im Gegenteil eine willkommene Abwechslung zu der Party, auf der ich beruflich und privat fast ständig zu Gast war. Mir hat also nichts gefehlt, das mir bewusst gewesen wäre. Ich habe mich immer als der Glückspilz empfunden, als den mich meine Umwelt auch immer bezeichnet hat.

Und doch muss mir was gefehlt haben. Beim Geburtstag eines befreundeten Produzenten hatte ich eigentlich vorgehabt, ein paar TV-Kollegen aus alten Zeiten wiederzusehen, aber wurde davon durch eine Frau abgelenkt, die offensichtlich weder ein Selfie mit mir wollte noch mir mitzuteilen hatte, dass sie »mit mir aufgewachsen« sei. Dieser Spruch fliegt mir in letzter Zeit dauernd um die Ohren, und die Menschen, deren Jugend ich offensichtlich entscheidend beeinflusst habe, sind auch bereits grau um die Schläfen. Der einzige Anklagepunkt, zu dem ich mich schuldig bekenne, ist das Geständnis, die Tischkärtchen auf dem Esstisch ausgetauscht zu haben. Ich sollte beim Dinner neben einer Kollegin sitzen, die ebenfalls im Fernsehen moderiert, kannte also bereits alle Geschichten, mit denen wir uns zwischen Vorspeise und Dessert gegenseitig gelangweilt hätten. Ich glaubte deshalb, mit dem Umsetzen der Namenskärtchen uns beiden einen Gefallen zu tun. Das klappte nur bedingt, denn der ältere Herr, neben dem sie gelandet war, verließ das Essen zur Halbzeit wegen Kreislaufproblemen. Ich blieb bis zum Schluss und moderierte anschließend an der Bar weiter.

In diversen Klatschblättern gibt es unterschiedliche Berichte über das, was dann folgte, eine Diskussion, an der ich mich nicht beteiligen möchte. Keine einfache Zeit jedenfalls für alle Beteiligten. Was die Sache zusätzlich erschwerte, war die verfluchte Öffentlichkeit, in der sich mein Leben abspielt. Man unterstellt unsereinem immer, dass man die positive Seite dieser Aufmerksamkeit in den Momenten gerne genießt, in denen sie einem Vorteile bringt, aber schnell im Unterholz verschwindet, wenn die Blitzlichter der Fotografen Momente beleuchten, in denen man nicht »erwischt« werden möchte. Nun macht es einen Unterschied, ob man schlicht vom Leben gestreift wird oder einer alten Dame die Handtasche entreißt. Das sieht die Boulevardpresse natürlich anders, und diese Seite der Medaille scheint mir auch für die Leser interessant zu sein, die keine Nachhilfe in der Kunst brauchen, sich zur falschen Zeit in die richtige Frau zu verlieben.

Mir war klar, dass ich unter Dauerbeobachtung stehe, bin aber ohnehin ständig von unterschiedlichen Menschen unterschiedlicher Geschlechter umgeben. Neuerdings weiß man ja, dass es davon mehr gibt, als man früher gedacht hat. Ich merkte allerdings schnell, dass sich die Schlinge um mich zuzog. In einem Restaurant wurde mir von einer Dame am Nebentisch mit vielsagendem Blick die Visitenkarte eines Verlages zugeschoben, der sich um die Verbreitung klassischer Lyrik kaum Verdienste gemacht hat. Bei meinem Anwalt rief einer dieser unangenehmen »Gesellschaftsreporter« an, die ihr ständiges Interesse am Leben anderer Menschen gerne als »Recherche« maskieren, und ein Fotograf, der uns nicht fotografierte, tat dies in einer Heldenpose, als hätte er gerade ein Kind vor dem Ertrinken gerettet. Ich war kurz davor, öffentlich vorgeführt zu werden.

Das Ergebnis dieser Erkenntnis war ein ausführliches Gespräch mit meiner Frau und meinem Medienanwalt. Von letzterem möchte ich an dieser Stelle ausführlicher berichten als von ersterem. Er war überzeugt, er hätte eine ganze Reihe von Mitteln, gewisse Unverschämtheiten zu verhindern. So bliebe der Name und das Bild der betroffenen Frau eine rechtlich schützbare Angelegenheit, solange sie nicht im »öffentlichen Leben« stünde. Das tut sie nicht, aber Bild und Name geisterten schon am nächsten Tag durch die bunten Blätter. Dagegen könne man klagen, beschied mir der Rechtsgelehrte, aber wie man Zahnpasta zurück in die Tube bekommt, konnte er mir auch nicht sagen. Auch fotografiert werden dürften wir gemeinsam nur bei »öffentlichen Auftritten«, also zum Beispiel bei Premieren oder auf dem roten Teppich. Ich wagte einen gemeinsamen Friedhofsbesuch, bei dem wir allerdings, der Zombies wegen, Händchen hielten. Nachdem auf den Paparazzifotos keine Grabsteine zu sehen waren, verortete mich die Illustrierte, die sie veröffentlichte, im »zweiten Frühling«. Soll man sie wegen so was anzeigen?

Mit Klagen gegen die Presse ist das so eine Sache. Ich habe es mehrfach versucht. Es ist noch nicht lange her, da wurde mir ein Dokument zugestellt, aus dem hervorging, ich hätte in letzter Instanz gegen ein deutsches Nachrichtenmagazin vor Gericht gesiegt. Ich hatte allerdings keine Ahnung mehr, wogegen ich ein paar Jahre zuvor geklagt hatte. Mit meinem Vertrauen in die Rechtsprechung, wenn es um den Schutz des Privatlebens geht, ist es ohnehin nicht sehr weit her. Ich habe die Kopie eines Briefes gesehen, den der Anwalt eines großen Medienhauses zur Rechtfertigung der Berichterstattung verfasst hatte. Darin war fein säuberlich aufgelistet, wo man mich in den letzten Wochen mit meiner Flamme überall gesichtet hatte. Öffentliche Plätze, bekannte Restaurants, von denen einige als »bekannte Prominententreffs« bezeichnet wurden. Mir kommt es so vor, als gäbe es ein eng gesponnenes Netz aus Wichtigtuern und Informanten, die nicht Besseres zu tun haben, als ihre Beobachtungen in diesem Fachbereich an interessierte Schmierlappen weiterzugeben.

Eine Bekannte spielte mir die Anfrage einer Journalistin vor, die sie auf ihrem Anrufbeantworter festgehalten hatte. Ich bin froh, dass ich mein Blutdruckmessgerät nicht dabeihatte, es wäre explodiert. Diese Freundin, die mich und meine Frau gut kennt, wurde gebeten, ihr Herrschaftswissen in Bezug auf uns und unsere Beziehung preiszugeben. Es ging hier nicht um Konten auf den Cayman Islands oder um finstere Rechtsverstöße, sondern um pure Neugier an Details aus meinem Privatleben. Wenn man diese schleimige Ranwanzerei dann mit eigenen Ohren zu hören bekommt, überfällt selbst einen entspannten Typen wie mich die kalte Wut. Ich kann diese Aushorcherei einfach nicht als »Journalismus« akzeptieren und empfinde die gedruckten Ergebnisse solcher Schnüffelei schlicht als Unverschämtheit.

Nachdem offensichtlich auch die Mitarbeiter dieser Gazetten einen gewissen Rest an Selbstachtung benötigen, halten sich die Verlage aufwendige Rechtsabteilungen, deren Anwälte sich dann gerne als Bollwerk des Rechts aufspielen, dem es ausschließlich darum geht, eine freie Berichterstattung in einem demokratischen Staatswesen zu garantieren. In diesem Sinne beantwortete der Anwalt eines Verlages meine mauligen Beschwerden, ich wolle privat in Ruhe gelassen werden, mit einer sauberen Liste von Zitaten, die ich irgendwann zu persönlichen Dingen von mir gegeben hätte. Damit hätte ich mein Recht auf Privatheit bereits freiwillig ans Messer geliefert. Na prima. Um jeden Leugnungsversuch zu verhindern, lieferte er auch gleich eine Liste aller Tatorte, auf denen ich mit meiner neuen Flamme eindeutig identifiziert worden war. Unter anderem Händchen haltend auf einem Marktplatz und beim Lunch in einem Restaurant, das zudem noch gerne von »Prominenten« besucht wird.

Ich versuchte erst gar nicht, meine Frau zu bitten, mir als Alibi zu dienen, und bekannte mich schuldig im Sinne der

Anklage. Ich habe allerdings kurz überlegt, ob ich dem Juristen, der die Überwachungsprotokolle unterschrieben hatte, die kurze Nachfrage zumuten sollte »... und dafür haben Sie Recht studiert?«, aber ich habe davon abgesehen, weil ich mich über eine andere akademische Fakultät noch mehr empört habe.

Das sind die Diplompsychologen, die sich die Schilder, die sie an ihre Praxen schrauben, mit den Honoraren der Billigblätter vergolden lassen, denen sie für Fernanalysen jederzeit und ohne zu wissen, worum es wirklich geht, zur Verfügung stehen. Ich konnte mit Interesse und ohne meine Krankenkasse bemühen zu müssen in den entsprechenden Fachorganen nachlesen, was gerade in meinem und natürlich im Innenleben meiner Frau vorging. Das ist natürlich sehr angenehm und hat mit der Wirklichkeit so wenig zu tun wie die Schwangerschaftsanalysen adliger Damen, deren Ultraschallfotos »der Redaktion vorliegen«.

Es gab allerdings auch einige hellsichtige Kommentare klügerer Journalisten, die sich vor allem darin einig waren, dass ein älterer Showmaster vor den Irrungen und Wirrungen des Lebens genauso wenig gefeit ist wie ein Straßenbahnschaffner. Und dass ich mich geirrt haben könnte, nehme ich genauso demütig in Kauf wie das schlechte Gewissen, das mich zwischendurch umtreibt. Auch wenn mein Anwalt mich belehrt hat, dass es in solchen Dingen falsch ist, von »Schuld« zu sprechen. Man müsse sich nur seiner »Verantwortung« stellen. Dazu bin ich bereit, was es aber für keinen der Betroffenen leichter macht. Und es ist auch nur eine halbwegs beruhigende Erkenntnis, dass man selbst in einer langen Reihe von Menschen steht, die diesen Weg im Leben und in der Dichtung bereits gegangen sind.

Und weil ich gerade von »Irrungen und Wirrungen« gesprochen habe: Als ich mich verlaufen hatte und noch nicht wusste, ob dieser Weg in die Irre führen würde oder in die Gewissheit, hat mir ein Dialog sehr geholfen, den Theodor Fontane seinen Figuren in den Mund legt, als sie am Sinn ihrer verbotenen Liebe zweifeln und kurz davorstehen, sich zu trennen. Lene sagt an dieser Stelle zu Botho: »Ich hab es so kommen sehn, von Anfang an, und es geschieht nur, was muss. Wenn man schön geträumt hat, so muss man Gott dafür danken und darf nicht klagen, dass der Traum aufhört und die Wirklichkeit wieder anfängt ...«

Ich habe mich dazu entschlossen, noch einmal zu träumen, und werde schon wissen, was ich zu tun habe, wenn »die Wirklichkeit wieder anfängt«. Bis dahin ist alles gut.

DON'T STOP ME NOW

Queen

Meine humanistischen Klugscheißereien habe ich in mein literarisches Werk immer wieder einfließen lassen, und der Altphilologe wird zu Recht bemerken, dass ich über die Sinnsprüche, die im Lateinlehrbuch von Landgraf-Leitschuh aus den Sechzigerjahren abgedruckt waren, nicht weit hinausgekommen bin. Ausgerechnet im vorletzten Kapitel muss ich auch noch Konfuzius bemühen, wo mir Augustinus doch viel näher liegt. Aber dass der »Weg das Ziel« ist, habe ich auch gerade erst bemerkt.

Meine erklärte Absicht war es eigentlich, als abgeklärte Fernsehlegende in Malibu die Füße hochzulegen, während die Nation sich nur schwer mit dem Gedanken abfinden kann, ihre Samstagabende ohne mich zu verbringen. Malibu ist abgebrannt, die Nation plant das Wochenende ohne mich, und statt in meiner kalifornischen Windmühle in die Abendsonne zu blinzeln, die glutrot im Pazifik versinkt, habe ich mir mit neuer Partnerin in Baden-Baden eine renovierte Dachwohnung gemietet, von der aus man einen hübschen Blick auf den Merkur hat. Einen Berg, der mickrige sechshundertachtundsechzig Meter hoch ist und auf den man mit der Seilbahn fahren kann. Was ist passiert? Bin ich als Weltmann gescheitert? Habe ich als Ehemann versagt?

Kann man so sehen, sehe ich nicht so. Mein Lebensweg hat in der letzten Etappe aber doch ein paar überraschende Wendungen genommen, und ich bin alles andere als unglücklich darüber. Bunt sollte er ja werden, der Herbst, aber mit einem solchen Farbenzauber hatte ich nicht gerechnet.

Ich hatte mich darauf eingestellt, keiner dieser Klammeraffen zu werden, die nicht loslassen können. Es gibt sie in allen Geschäftsbereichen. Die Medien zeigen immer wieder mit dem Finger auf Politiker, Geschäftsleute und Kreative, die nicht zu bemerken scheinen, dass sie ihre beste Zeit hinter sich haben. Zu denen wollte ich nie gehören und hatte deswegen die Weichen entsprechend gestellt. Keine lauten Shows mehr, sondern ein paar abgeklärte Lebensweisheiten zwischen zwei Buchdeckeln. Keine Farbspülungen sollten das Grau in meiner Frisur mehr kaschieren, dem lauten Entertainer sollte der leise Denker folgen, und aus dem Berufsjugendlichen sollte nahtlos der coole Alte werden.

In Märchenbüchern heißt es von alternden Königen immer, dass sie »ihr Ende nahen fühlten«. Ich habe nichts dergleichen verspürt, bin aber in einem vorauseilenden Gehorsam den Gesetzen der Natur gegenüber sofort auf die Bremse getreten, als mir von verschiedenen Seiten zugerufen wurde, es wäre jetzt so weit. Die meisten dieser Warner meinten es gut mit mir und wollten mir wohl das Schicksal des albernen Greises ersparen, der noch tanzt, wenn die Musik schon aufgehört hat zu spielen. Aber gerade die Musik war es, mit der meine späte Karriere noch mal anfing auf Touren zu kommen.

Bei allen meinen Tätigkeiten habe ich immer am Rundfunkmikrofon das Höchstmaß an Glückseligkeit erreicht. In meinen frühen Radiozeiten habe ich in diesem Medium gelebt wie die Made im Speck. Es gab für mich als Radiostar im Bayerischen Rundfunk in den Siebzigerjahren weder im Hause eine Konkurrenz noch im gesamten Sendegebiet von Rosenheim bis Hof und über die »Zonengrenze« hinaus. Mit dem jugendlichen Publikum und dessen Musik wollte keiner was zu tun haben. Außer mir. In meiner täglichen Radiosendung mit dem wenig kreativen Titel *Pop nach 8* habe ich eine ganze Teenagergeneration ein Leben lang für mich eingenommen. Wenn ich nun einmal im Monat im Radioprogramm von Bayern 1 die gleichen dummen Witze mache wie einst und die gleiche Musik spiele, ist für Sie und mich die Zeit stehen geblieben. Als ich die Schnapsidee hatte, mir den Silvesterabend 2018/19 live bei einer Radioparty um die Ohren zu hauen, gab es sechzigtausend Anfragen für Tickets. Der Laden läuft also wieder.

Im Fernsehen gibt es nicht mehr viel zu holen, aber das ZDF hat sich gerade entschlossen, mich zu meinem drohenden siebzigsten Geburtstag noch einmal mit *Wetten, dass..?* in den Ring zu schicken. Darauf freue ich mich. Außerdem bin ich damit dem Schicksal entgangen, an diesem runden Geburtstag auf einem Thron zu sitzen, um mir von Günther Jauch oder Barbara Schöneberger die Gäste zutreiben zu lassen, die sich vor dem alten Herrn in Respekt verneigen. Bei dem Gedanken wird mir ganz elend.

Um aber zu verhindern, dass ich für immer dazu verdammt bin, in meinen Programmen alternde Rockhelden vorzustellen, habe ich mich anderen Betriebsfeldern zugewandt. Ich habe zwar im Herbst 2018 noch mal in einer großen Samstagabendshow im ZDF an die Sechzigerjahre erinnert, aber das war schon eine etwas wacklige Angelegenheit. Der ergraute Lockenkopf Donovan, der noch persönlich »Atlantis« versinken sah und in den Sechzigern einige respektable Hits hatte, ist schon etwas tüttelig. Alle erinnern sich noch an seine Songs »Hurdy Gurdy Man« und »Mellow Yellow«, aber der Komponist selbst hat schon etwas Mühe, noch den Text zu finden. Die amerikanische Liedermacherin Melanie hat immer noch die prägnante Stimme, mit der sie »Ruby Tuesday« zum Welthit machte, ist aber mittlerweile eher feierfreudig unterwegs. Am Tag vor der Aufzeichnung rief mich ein besorgter Hoteldirektor an und warnte mich, dass sich die Barrechnung für meinen US-Gast gerade dem vierstelligen Bereich nähere. Die Popgruppe The Box Tops hatte mit »The Letter« 1967 einen Welthit, weswegen wir sie eingeladen hatten. Wir hätten aber jede Rentnerband aus Fuhlsbüttel zum Playback in der Hamburger Musikhalle antreten lassen können. Keiner konnte sagen, ob es wirklich die gleichen alten Knaben waren, die da in den Sechzigern gefordert hatten: »Gimme a ticket for an aeroplane … Lonely days are gone, I'm a-going home: My Baby just a-wrote me a letter.«

Auch Peter Fonda, der Held aus dem Kultfilm *Easy Rider*, hat die Nase voll davon, ständig zu den Klängen von Led Zeppelin auf der Harley in TV-Studios zu fahren. Er beantwortete die gleichen Fragen, die ihm seit fünfzig Jahren gestellt werden, mit den gleichen Antworten, die er seit einem halben Jahrhundert gibt. Ist mir recht geschehen.

Das ZDF hat mir für den Herbst 2019 die *Große Achtziger-Show* in Aussicht gestellt. Ich nähere mich also der Gegenwart in Riesenschritten. Vorher musste ich allerdings noch die Abrechnung für *50 Jahre ZDF-Hitparade* abliefern. Ich erwähne dies nur, weil ich mich vor ein paar Jahren noch energisch dagegen gesträubt hätte, das Erbe von Dieter »Thomas« Heck anzutreten. Aber man wird im Alter flexibler, und man hat natürlich auch neue Argumente. Wenn Bata Illic vor einigen Jahrzehnten in schlechtem Deutsch beklagte, dass er noch »Sand in den Schuhen aus Hawaii« mit sich herumschleppte, durfte man noch über das schlechte Deutsch lästern und fragen, ob nun der Sand oder die Schuhe aus Hawaii waren. Heute verbieten sich solche Unverschämtheiten, und auch eine Verunglimpfung von Rex Gildos Hüftschwung bei »Fiesta Mexicana« hätte »Hossa, hossa!« einen gewaltigen Shitstorm zur Folge. Also kann ich mich mit dieser Moderation zum Rächer der Entrechteten und Verfolgten aufspielen und gleichzeitig am Samstagabend wieder mal einem bunten Anzug ins Scheinwerferlicht verhelfen, der sonst in meinem Kleiderschrank vor sich hingammeln müsste.

Aber auch ich sehe, dass meine Zeit als Showmaster schon deswegen zu einem Ende kommen muss, weil kaum noch jemand im deutschen Fernsehen solche Shows sehen möchte. Kürzlich habe ich den letzten Wetteinsatz eingelöst, der aus meiner Zeit bei *Wetten, dass..?* noch offen war. Am 17. November 2001 hatte die Stadt Böblingen gegen mich gewettet, es würde ihr gelingen, auf dem Marktplatz der schwäbischen Stadt trotz herbstlichen Nieselregens eine Strandparty mit Volleyball und Calypsoband zu organisieren. Ich hielt die Schwaben für viel zu bequem, sich das anzutun, und versprach dem Sänger der Gruppe Pur, bei seiner Band im Chor zu singen, wenn die Wette nicht aufging. Die Böblinger schleppten Tonnen von Sand in die Stadtmitte, auf dem sie dann Beachvolleyball spielten. Ich verlor die Wette krachend und drückte mich mit Erfolg achtzehn Jahre lang, diese Wettschuld einzulösen. Bei der *Goldenen Kamera* im Frühjahr 2019 war ich dran. Meine Wette hatte ich vor 14,6 Millionen Zuschauern an einem Samstagabend verloren. Achtzehn Jahre später waren dem deutschen Fernsehen, ebenfalls an einem Samstagabend zur gleichen Sendezeit im gleichen Sender mehr als zwölf Millionen Zuschauer abhandengekommen. Es guckten gerade mal zwei Millionen zu.

Die Fernsehshow, wie ich sie kann und kannte, gibt es in dieser Form nicht mehr, und ich habe das nie beklagt, denn Veränderungen müssen sein, es hat sie immer gegeben. Man muss sich halt neue Betätigungsfelder aussuchen. Ich habe versucht, an meine kurzfristig unterbrochene Karriere als Deutschlehrer anzuknüpfen, und wollte dem Intendanten des ZDF eine Literatursendung mit mir aufquatschen. Der war nicht abgeneigt, aber sein Programmdirektor konnte mit der Idee nichts anfangen. Als öffentlich-rechtlicher Volkshochschulreferent war ich nicht gefragt. Beleidigt versuchte ich es eine Nummer kleiner und fand Gehör beim Direktor des Bayerischen Fernsehens.

Die ersten Folgen von *Gottschalk liest?* sind erfolgreich gelaufen. Auf das Fragezeichen hatte ich aus Angst vor den Fürsten des Feuilletons bestanden, von denen ich zum Teil die befürchteten Prügel bekam. Ich hatte die Autorin eines Romans schlicht mit der Hauptfigur des Werkes in Verbindung gebracht und irgendwann auch zwei Figuren der Handlung verwechselt. So was passiert natürlich nur Laien und schlichten Gemütern. Ich bekenne mich in Sachen Literatur, wie die Mehrzahl der Leser, zu beidem. Getröstet hat mich ein aufmunternder Brief des nachweislich sehr klugen Schriftstellers Ferdinand von Schirach, der in der ersten Ausgabe bei mir zu Gast war. Mit der Sendung hatte ich die Anzahl derer, die sonst zu dieser Zeit zusehen, auf Anhieb verdoppelt. Das war dem von der Kritik gefeierten Literatur-Juristen nicht entgangen. Er freute sich über meinen Einsatz »in einem Land, in dem bereits jeder fünfte Zehnjährige eine Leseschwäche hat. Ich finde das großartig und bin Ihnen dankbar, dass Sie etwas für die Literatur tun …« Also lasse ich das Feuilleton weiter raunzen und trau mich auch in Zukunft, dort zu lesen, wo ich früher nur geredet habe. Im Fernsehen.

Auch das Kino hatte ich ja, gemeinsam mit Mike Krüger, nicht ungeschoren davonkommen lassen. Ergraute Männer mit Enkeln an der Hand versichern mir bei allen möglichen Gelegenheiten, dass sie immer noch Fans der *Supernasen* seien und ob es denn nicht noch eine späte Fortsetzung dieser Filmreihe geben würde. Fortsetzung sicher nicht, aber Mike und ich haben kürzlich in der Tat über einen »krönenden Abschluss« nachgedacht. Immerhin sind wir beide nachweislich in den Achtzigerjahren als *Die Einsteiger* in einem Western verloren gegangen, in den uns Mike mit seiner wundersamen Erfindung hineingebeamt hatte. Ein kleiner Junge hatte in bösartiger Absicht die Kassette aus dem Rekorder gezogen und uns damit zu ewigem Verbleib in dem Streifen verbannt. Nur weil er eifersüchtig darauf war, dass ich mit seiner Mutter geflirtet hatte. Ja, auf so eine Handlung muss man erst mal kommen. Für Mike Krüger und mich kein kreatives Problem. Mein Partner war ja immerhin jedem Deutschen schon deshalb als genialer Bastler bekannt, weil es ihm problemlos gelungen war, »den Nippel durch die Lasche zu ziehen«. Es schien uns beiden durchaus charmant zu sein, in einem ähnlich kreativen Drehbuch drei Jahrzehnte später wieder aus dem Fernsehgerät zu plumpsen, in dem wir in den Achtzigern verschwunden waren. Gealtert, aber nicht gereift. Wie im wirklichen Leben auch. Wir hätten uns angesehen, und Mike hätte zu mir den entscheidenden Satz gesagt: »Wie siehst du denn aus, du bist ja alt?«, worauf ich geantwortet hätte: »Du auch. Aber bei dir ist das kein Problem, du hast immer scheiße ausgesehen, aber ich war mal hübsch.«

So hätte das laufen können, Dialogtechnisch haben wir uns ja nie was geschenkt. Und dann hätte sich Mike eine Kippe angezündet, und wir hätten ein paar dumme Witze gemacht, die man heute auf keinen Fall mehr machen dürfte. Und wir hätten was von der DDR gefaselt und über Bundeskanzler Helmut Kohl gelästert, ohne zu wissen, dass es beide nicht mehr gibt. Fanden wir lustig und haben überlegt, ob das nicht doch noch ein unterhaltsamer Kinofilm werden könnte. Aber das Kino hat sich ebenso wie das Fernsehen zuungunsten solch harmloser Spaßmacher verändert, wie es die *Supernasen* waren. Die beiden Haudraufs Bud Spencer und Terence Hill wären an der Kinokasse heute genauso chancenlos wie ein Bösewicht namens *Dr. Fu Man Chu* oder ein tölpelhafter Witzbold wie der grimassierende Louis de Funès. Das machten uns mehrere Filmproduzenten mehr oder weniger unumwunden klar. Die paar freundlichen *Supernasen*-Fans, die uns vermissten, würden im Ernstfall lieber zu Hause Fußball auf Sky gucken, statt ihre Enkel an der Hand zu nehmen, um bei nasskaltem Herbstwetter mit ihnen ins Kino zu gehen. Und die Enkel würden schnell bemängeln, dass wir keine Superhelden sind, die mit Zauberkraft und großer Trickkiste zum x-ten Mal die Welt retten. Special Effects sind heute beim Nachwuchs gefragt. Auch wenn Mike Krüger von der Nordseeküste kommt, ist er kein *Aquaman*, und ich bin kein James Bond, auch wenn ich es als Teenager gerne geworden wäre.

Dafür bin ich Mr. Gummibär und stehe für die längste Werbetätigkeit für ein Unternehmen im *Guinness-Buch der Rekorde*.

Mein Altersruhegeld habe ich mir nicht aus Fernsehgebühren zusammengekratzt, sondern der Tatsache zu verdanken, dass ich als Werbefigur für ganz unterschiedliche Firmen unterwegs war. Erst hat man mich zum Aushängeschild für die Burgerkette McDonald's gemacht, die den deutschen Markt erobern wollte. Ob ich dem Nachwuchs einen Gefallen damit getan habe, ihm Bratwurst und Schnitzel aus- und Hackfleischbuletten einzureden, lasse ich mal dahingestellt. Ich war damals cool, die Hamburger hot, und ich brauchte das Geld. Ich weiß nicht, wo die Aktien der Post mittlerweile liegen, aber als der gelbe Riese zur Jahrtausendwende an die Börse ging, engagierten die Manager mich und meinen Bruder als Werbefiguren. Auch ich hab mich damals gefragt, warum ich die Beute teilen musste, aber als Werbefigur für Geldgeschäfte war ich nutzlos. Eine Marktanalyse hatte ergeben, dass mir deutsche Männer zwar ihre Töchter und in den meisten Fällen auch ihre Frauen anvertraut hätten, aber nicht ihr Geld. Wahrscheinlich hatten sie Angst, ich würde es für unsinnige Klamotten ausgeben. Mein Bruder, der sich bis zum Ersten juristischen Staatsexamen durchstudiert hatte, trug immer den gleichen Anzug und ähnliche Krawatten wie der deutsche Durchschnittsmann. Der holte die Kerle, und ich überzeugte die Frauen. Bei den Gummibären lief es so, dass deren Erfinder und alleinige Herrscher über das Haribo-Imperium Hans Riegel einen Narren an mir gefressen hatte und mit sechzig den Eindruck, ich sei ein junger Mann. Nachdem er ebenso wenig alt werden wollte wie ich, dachte er das auch noch mit neunzig und sah in mir immer noch den sechzigjährigen Jüngling. Ich hatte nichts dagegen, aber der Werbeleiter des Unternehmens wurde bereits erkennbar unruhig. Solange Hans Riegel lebte, hatte er aber nichts zu melden. Als der geniale Unternehmer dann mit gut neunzig starb, womit schon niemand mehr gerechnet hatte, hielt ich noch eine Rede an seinem Grab und war dann den Job los. Der einzige Vorteil war daran, dass von mir nicht mehr dauernd verlangt wurde, dass ich Goldbären verteile, sondern dass ich selbst ständig welche geschenkt bekam.

Dass sich in meinem Alter weder Red Bull noch Apple bei mir melden würden, um mir einen Werbevertrag anzubieten, war mir klar. Aber ich war doch überrascht, als mir tatsächlich ein Angebot ins Haus flatterte, mit dem ich nicht gerechnet hatte. Es war meiner fortgeschrittenen Reife angepasst, aber es ging weder um Treppenlifte noch um Potenzmittel, sondern um Hörgeräte. Arnold Schwarzenegger riet mir zwar nachdrücklich dazu, das Angebot abzulehnen, aber ich dachte nicht daran und fühlte mich zum ersten Mal in der Position des »coolen Alten«, zu der ich mich bisher nicht bekennen wollte. Die Hörspezialisten erklärten mir nämlich, dass ihre Dinger nichts mit diesen beigen Ohrenschmalzstöpseln zu tun hatten, an die ich sofort denken musste. Inzwischen kann man mit diesen Hightechgeräten ebenso telefonieren wie Musik hören, wenn man sie mit seinem Smartphone verbindet. Noch habe ich genug Haare, um die winzigen Teile darunter zu verstecken, und bin seitdem in meiner eigenen Klangwolke unterwegs.

Die Audiologen hätten sich allerdings sicher gefreut, wenn sie bei mir wenigstens eine leichte Hörschwäche festgestellt hätten. Nachdem das keine Bedingung für den Werbevertrag war, musste ich beim Hörtest auch nicht mogeln. Meine Ohren sind in Ordnung, selbst das stundenlange Radiohören unter der Bettdecke zu Teenagerzeiten hat ihnen nicht geschadet. Mein kleiner Neckermann-Empfänger für achtzehn

Mark hatte genau so einen Kopfhörer, wie man sich die Hörgeräte immer noch vorstellt. Meine Söhne haben sich die Ohren schon zu Kindeszeiten mit Walkmännern und später Smartphones zugeballert. Die sind sicher froh, wenn ich ihnen mein Gratishörgerät mal vererbe.

Meine Brillen werden sie nicht bekommen, denn die habe ich bereits verschenkt. Ich brauche sie nicht mehr, seit ich mir die Augen operieren lassen habe. Ich hatte immer was von »Lasern« gehört, aber nicht so recht begriffen, worum es da ging. Außerdem hatte ich immer geglaubt, dass gegen diese typische Alterserscheinung kein Kraut gewachsen wäre. Dieses bittere Gefühl, unter der Dusche zu stehen und raten zu müssen, in welchem Fläschchen jetzt das Duschgel ist und in welchem das Haarshampoo, kennt jeder, der über fünfzig ist. Eine ständige Erinnerung daran, dass im Alter nichts besser, aber alles schlechter wird. Ich habe mir dann oft bockig den Conditioner unter die Arme geschmiert, um mir die nachlassende Sehschärfe nicht eingestehen zu müssen. Ein grauer Star war ich selber, haben wollte ich keinen!

Also setzte ich mir die Brille auf und las mir einen Prospekt, der in einem Flugzeug ausgelegt war, sorgfältig durch. Das »Nie mehr Brille« war groß genug geschrieben, um es auch ohne lesen zu können. Ich latschte dann tatsächlich in eine Hamburger Praxis, um mir die Sache anzuhören, und hatte das Glück, dass der Arzt ein Däne war. Mit diesem Akzent hört sich nicht mal die Beschreibung eines elektrischen Stuhles gefährlich an. Wenn ich ihn recht verstanden habe, hat man mir meine eigenen Linsen, die sich auch bei Dänen im Alter von ungefähr fünfzig Jahren weigern, sich weiterhin »sssusammensssusiehen«, wie es sich eigentlich gehört, gegen neue ausgetauscht, die bei Zeiss extra nach meinen Bedürfnissen hergestellt wurden. Die Prozedur hat bei jedem Auge ungefähr acht Minuten gedauert, und ich habe an einem Tag das rechte und am nächsten das linke hingehalten.

Hat tatsächlich funktioniert. Den automatischen Griff zur Brille konnte ich mir wieder abgewöhnen, und ich lese meine Mails jetzt wieder mit einem gewissen Stolz von meinem Smartphone ab, ohne vorher nach irgendwelchen Sehhilfen kramen zu müssen. Ich besaß Kneifer, Monokels und Brillen in allen Farben, weil ich es mit Protesten jeder Art so halte, dass sie zumindest einen gewissen Showwert haben müssen. So werde ich es auch eines Tages mit der Krücke halten, wenn ich sie brauche. Ich habe schon eine kleine Sammlung parat, eine sogar mit eingebautem Degen. Aber die Sache mit den Augen hatte noch einen weiteren positiven Effekt.

Es war das erste Mal, dass ich einen Prozess, der mit dem Altern zu tun hatte, wirklich abschalten konnte. Auch wenn ich etwas lichtempfindlicher geworden bin, sehe ich wieder wie ein Luchs. Ich versuche mit Workout und zunehmender Sensibilität meinen Körper nicht vorschnell dahinwelken zu lassen. Zu operativen Maßnahmen lasse ich mich vorerst nicht hinreißen. Herumschneiden lasse ich an mir sicher nie. Männer, die es getan haben, sehen in den seltensten Fällen hinterher jünger, aber immer anders aus. Besser fast nie.

Und so marschiere ich jetzt mit klarem Blick, aber schon einem etwas wackligen Knie auf die siebzig zu. Ich muss zugeben, dass ich lügen würde, wenn ich sage, darauf freue ich mich. Ich will alt werden, aber nicht älter, und mir ist klar, dass das ein Blödsinn ist. Also werde ich weitermachen wie bisher. Nicht unvernünftig, aber auch nicht zu vernünftig. Ich habe manches richtig gemacht im Leben und vieles falsch. Mancher Fehler fühlte sich besser an als die richtige Alternative.

Ich musste erkennen, dass es mehr Schwarz gibt als Weiß und sehr, sehr viel Grau.

Das haben klügere Menschen als ich sehr viel früher erkannt und sehr viel besser beschrieben. Aber man muss den Herbst erreicht haben, um zu erkennen, wie wunderbar der Frühling sich anfühlt. Wer nur älter wird, aber nicht klüger, der ist schön blöd.

IT'S MY LIFE

Bon Jovi

Als die Medien den ehemaligen Basta-Kanzler Gerhard Schröder mal wieder wegen der nächsten Ehe oder dem nächsten russischen Oligarchenfreund in der Kur hatten, ich weiß nicht mehr genau, was es war, wahrscheinliches beides, maulte der nur unwirsch zurück: »Es ist mein Leben, nicht Eures.«

Das hat mir imponiert. Recht hat der Mann, nur weil ihn jeder kennt, soll er alles so machen, dass es jedem passt. Kratzbürstig, wie er sein kann, ließ er seine Kritiker mit einem Argument an sich abprallen, gegen das es wenig zu sagen gibt. Klingt halt nicht besonders nett und kundenfreundlich. Solche Überlegungen haben mich immer davon abgehalten, gleichermaßen die Krallen auszufahren, wenn man mir private Dinge öffentlich krummgenommen hat. Dass dies immer wieder passierte, hat mich einerseits vor manchem Blödsinn bewahrt, hat mich sicher aber auch das eine oder andere Abenteuer gekostet, an dem ich Spaß gehabt hätte. Ich weiß, es ist müßig, darüber nachzudenken, aber ich ertappe mich doch immer öfter bei Gedankenspielen, die mit »was wäre passiert, wenn …« beginnen.

Ja, was wäre aus mir geworden, wenn alles so gelaufen wäre, wie ich mir das eigentlich vorgestellt hatte? Den frommen

Wunsch, als Priester im Weinberg des Herrn tätig zu werden, hatte ich schon aufgegeben, bevor ich überhaupt mit der Schule fertig war. Aber bei einer Berufsberatung kurz vor dem Abitur schrieb ich noch »diplomatischer Dienst« in die entsprechende Spalte des Fragebogens. »Radio-DJ« erschien mir doch dem Ernst der Frage nicht angemessen zu sein. Die Mitarbeiter des Arbeitsamtes, die da in grauen Anzügen den Abiturienten beim ersten Schritt ins wahre Leben behilflich sein wollten, hätten mich gleich an den psychologischen Dienst weitergereicht. Warum nicht gleich Popstar oder »der nächste James Bond«? Wäre ich übrigens auch alles gerne geworden. Aber »diplomatischer Dienst« erschien mir meinen Begabungen angemessen und hatte zumindest einen Hauch von James Bond. Ein Diplomatenausweis war fast so gut wie die FBI-Marke, die Jerry Cotton in meinen Groschenromanen alle Türen öffnete.

Mein Onkel Konrad war in den Sechzigerjahren an der deutschen Botschaft in Bagdad tätig, hatte ein eigenes Pferd und rauchte Peter Stuyvesant. Ein Weltmann, wie ich es werden wollte. Dass er nicht ständig von Frauen umschwärmt wurde, muss an seiner Glatze gelegen haben. Bei mir würde das anders laufen, und Bagdad muss zu dieser Zeit eine romantische Oase gewesen sein, in der sich Orient und Okzident friedlich miteinander vergnügten. Da wollte ich hin und säße heute auf den Resten eines Pulverfasses, dessen Explosion ich miterlebt hätte. Vielleicht hätte man mich auch in Island stationiert, und ich hätte zumindest ein Pony gehabt, aber bestimmt keinen Spaß.

Heute bin ich überzeugt, der diplomatische Weg wäre nicht meiner gewesen. Ich hätte eine Außenpolitik gemacht, die mit der vorgegebenen Linie wenig zu tun gehabt hätte, und wäre wegen Aufsässigkeit ziemlich schnell gefeuert worden. So wäre es mir auch im Schuldienst gegangen, den ich mir als Notausgang schöngeredet hatte, falls das mit der Radiokarriere nicht gelaufen wäre. Ich habe sogar bis zum Ersten Staatsexamen durchgehalten, was aber mehr das Verdienst meiner Mutter war, der ich die Schmach ersparen wollte, 1971 in Kulmbach die Einzige zu sein, deren Sohn nach dem Abitur nicht studierte, sondern moderierte. Immer wenn sie stolz herumposaunte, dass ich »Germanistik und Geschichte« studierte, erschrak ich ein bisschen. Echt?

Eine politische Karriere hätte ich auf jeden Fall hinbekommen, denn ich hätte nur Sachen erzählt, für die man mich ganz bestimmt gewählt hätte. Allerdings wäre ich auch da irgendwann abgesägt worden, denn meine Doktorarbeit hätte keiner ernsthaften Prüfung standgehalten. Ich hätte sie entweder abgeschrieben oder mir von irgendjemandem schreiben lassen. Dass ich da nächtelang Sekundärliteratur gewälzt hätte – undenkbar. Und die Zitate hätte ich gleich so erfunden, dass sie auf jeden Fall gepasst hätten. Ein Fiasko.

Ich glaube im Rückblick, das Radio war wirklich der einzige Ort, wo ich ungebremst das erzählen konnte, was mir gerade einfiel, und dafür noch Beifall bekam. Das Unsinnige mit dem Sinnlosen zu verbinden war immer meine Lieblingsbeschäftigung. Dass ich damit finanziellen und beruflichen Erfolg hatte, ist ein ähnliches Wunder, wie es der Herr bei der biblischen Hochzeit zu Kanaan gewirkt hat: Wasser zu Wein!

Neben dem nutzlosen Gedanken, was alles hätte danebengehen können, muss ich mich natürlich auch fragen, was nun wirklich geklappt hat und was denn noch zu tun ist. Letzteres verbunden mit der Frage, wie viel Zeit mir dafür noch bleibt.

Beruflich hat eigentlich alles geklappt. Ich wollte ins Radio und schaffte es ins Fernsehen, als dieses Medium bedeutender war als je zuvor und mächtiger, als es jemals wieder sein wird. Es mag etwas größenwahnsinnig klingen, aber so mussten das auch die Beatles erlebt haben, die zu meiner Teenagerzeit den hüftenwackelnden Elvis beerbten und eine neue Form von Popmusik schufen, mit der sie meine ganze Generation fürs ganze Leben prägten. Steve Jobs hatte ähnliches Glück, als er sein Apple-Imperium gründete. Die Zeit war für ihn reif, als er im richtigen Alter war. Ich wurde weder so reich wie er noch so weltberühmt, aber ich lebe noch. Das ist mir wesentlich lieber. Und gibt mir noch ein bisschen Zeit, darüber nachzudenken, was ich hätte anders machen sollen. Gibt es etwas in meinem Leben, das ich anders machen würde, wenn ich die Chance bekäme, es noch einmal zu leben? Nicht wirklich.

Denn mit meinen Möglichkeiten habe ich erreicht, was es zu erreichen gab. Vielleicht hätte ich mir eine etwas andere Grundausstattung gewünscht. Damit meine ich jetzt nicht, dass ich es in der Kunst des Klavierspiels gerne weitergebracht hätte. Ich war nicht unbegabt, aber einfach zu faul zum Üben und habe nicht verstehen wollen, dass sich andere einfach vors Piano gesetzt und »Lady Madonna« gespielt haben. Ohne täglich die »Hanon-Fingerübungen« vor sich hin zu klimpern. Dazu fehlte mir einfach das Talent, so wie mir viele Talente gefehlt haben. Ich hatte nur das einer großen Klappe, dafür aber einer sehr großen. Und das hat gereicht.

Was mir gefehlt hat, und das bedauere ich, ist der Mut zum Widerspruch. Ich habe zu oft Ja gesagt im Leben und zu oft geschwiegen. Das klingt aus meinem Munde etwas abwegig, aber ich habe manchmal nur drauflosgeplaudert, anstatt wirklich etwas zu sagen. Und manchmal habe ich nicht das gesagt, was ich gedacht habe und hätte sagen sollen. Da war ich immer etwas feige. Auch im Einfordern von Dingen, die mir durchaus zustanden. Ich habe Konfrontationen vermieden, wo ich sie hätte suchen sollen. Meine Angst, die Stimmung zu verderben, war genauso groß wie meine Angst, manchen Dingen auf den Grund zu gehen, wozu ich sie hätte ausdiskutieren müssen. Über manches habe ich hinwegmoderiert, ohne es anzusprechen. Vieles blieb ungesagt, was ich hätte sagen sollen, vieles, was ich gesagt habe, hätte ungesagt bleiben können. Aber ich finde, einem, der immer nur unterhalten wollte, kann man das nachsehen.

Gemerkt habe ich es ja, aber die Konsequenzen habe ich nicht daraus gezogen. Das wäre vielleicht die Chance für die Lebenszeit, die mir noch bleibt: Wahrhaftig zu sein. Nicht mehr das vor mich hin zu moderieren, was mein Gegenüber hören möchte, sondern ihm das zu sagen, was ich wirklich denke, ob es ihm passt oder nicht.

In Zeiten, in denen ein Shitstorm nach dem anderen über das Land zieht, ist das vielleicht sogar schon wieder die bessere Alternative. Die Erregungsphasen werden kürzer und kürzer, und ich stelle erstaunt fest, dass in der Abendsonne tatsächlich auch die Zwerge lange Schatten werfen. Pubertierende Blogger und Influencer haben sich das Selbstbewusstsein zugelegt, das mir offensichtlich ein wenig abhandengekommen ist. Dabei sind all diese Klicks eine Schummelwährung, denn da irrlichtern Millionen verstörter Kinder durch das Netz, die nicht alles wirklich verstehen und schon gar nicht verdauen, was sie da täglich in sich reinschmeißen. Wir müssen uns vor Halbwüchsigen nicht dauernd als Deppen fühlen, nur weil wir ab der dritten Fernbedienung überfordert sind und das Passwort mit dem User-Namen verwechseln. Dafür wissen wir, wann man »dass« mit zwei s schreibt und wann mit einem.

Also sollte ich den Rest der Strecke vielleicht mit durchgestrecktem Rückgrat hinter mich bringen und nicht in Demutshaltung und schon gar nicht mit falschem Respekt vor der lärmenden Online-Konkurrenz. Da mach ich jetzt mir und Ihnen ein bisschen Mut. Und ich darf und werde nicht den Spaß am Leben verlieren, den ich anderen immer gepredigt habe. Das wird vielleicht etwas schwieriger, wenn die Bandscheibe zieht und man den dunklen Anzug öfter bei Beerdigungen trägt als bei Hochzeiten. Aber ich sehe um mich herum immer mehr Menschen, die sich die Stimmung nicht von der Anzahl an Jahren verderben lassen, die sie bereits unterwegs sind. Zu denen will ich lieber gehören als zu den Nörglern, die ständig am Wetter und oft an der Welt verzweifeln. Die leuchtet auch für Menschen jenseits der sechzig in den schönsten Farben. Wir sehen nicht nur die eine Blume, sondern den ganzen Strauß. Wir erinnern uns an das Grün des Frühlings, wir haben das Sommerblau noch im Herzen – aber jetzt kennt unser Leben alle Farben.

Es ist – herbstbunt.